U0963740

高职高专经管专业十三五规划教材

现代质量管理实务

● 主编　阮喜珍

WUHAN UNIVERSITY PRESS
武汉大学出版社

图书在版编目(CIP)数据

现代质量管理实务/阮喜珍主编．—2 版.—武汉：武汉大学出版社,2018.9
高职高专经管专业十三五规划教材
ISBN 978-7-307-20504-8

Ⅰ.现…　Ⅱ.阮…　Ⅲ.质量管理—高等职业教育—教材　Ⅳ.F273.2

中国版本图书馆 CIP 数据核字(2018)第 197960 号

责任编辑:唐　伟　　　责任校对:汪欣怡　　　版式设计:汪冰滢

出版发行：**武汉大学出版社**　（430072　武昌　珞珈山）
（电子邮件：cbs22@ whu.edu.cn　网址：www.wdp. com.cn）
印刷:武汉图物印刷有限公司
开本:720×1000　1/16　印张:19.25　字数:386 千字　插页:1　插表:3
版次:2009 年 1 月第 1 版　　2018 年 9 月第 2 版
2018 年 9 月第 2 版第 1 次印刷
ISBN 978-7-307-20504-8　　定价:39. 00 元

版权所有，不得翻印;凡购我社的图书，如有质量问题，请与当地图书销售部门联系调换。

前言

目前，企业基层、生产、服务第一线管理人员非常匮乏，而高职高专正是培养适应生产、建设、管理、服务第一线需要的高等技术应用型人才的摇篮。目前，虽然质量管理方面的教材较多，但理论性强而且深，基本是针对本科及本科以上学生使用，不适合高职高专的学生，也不适合高职高专的教学模式的改革。特别是经济管理类专业，处于改革的关键时期。"质量管理"是经济管理类专业的主要专业课程或专业基础课程，其教材和教学模式改革迫在眉睫，编写本教材可以解决当务之急，为培养满足社会需要的第一线管理人才作贡献。

考虑到高职教育突出技能性和实用性的特点和要求，本教材围绕现代质量管理实务操作的相关知识、技能要求进行编写。突出以质量管理岗位和工作任务所需的知识、技能要求进行教材内容体系的架构，即按现行企业相关管理岗位或质量管理项目所实施的实务操作技能和必备知识要求编写。采用通俗易懂的语言，既注重理论与方法的系统介绍，又穿插一些小案例、知识链接和小思考，增强了趣味性。着重介绍怎么做，力求通俗易懂，注重案例和图表的运用。每章均以质量管理案例引入，后面附有思考题、技能训练和案例分析。

本书以全国高职高专类院校经济管理类及其他专业学生为教学对象，同时也可作为企业管理人员培训和普通高等教育的教材或教学参考书。在教学中可以根据实际情况进行取舍。

在本书的编写过程中，参考和引用了许多学者的研究成果，在此谨向有关作者表示诚挚的感谢！

本书由阮喜珍教授编著，教材共分为九章，其中第一章、第二章、第三章、第四章、第五章、第七章、第八章由阮喜珍编写；第六章由阮喜珍和铁路职业技术学院的曾毅编写；第九章由阮喜珍、龙菊梅编写；由阮喜珍总纂全书。本书得到了武汉大学出版社的领导和编辑的大力支持以及同行专家的关心、帮助和指导，在此一并表示感谢！

由于编者水平有限，难免存在欠缺，恳请读者批评指正。

编　者

2018 年 7 月

目录 CONTENTS

第一章　现代质量管理概述

学习目标

知识目标

在学习完本章之后，你应该能够：

◎理解质量及质量管理的含义；

◎明确质量的产生过程和质量管理的主要内容；

◎了解质量管理的发展历程；

◎掌握全面质量管理的内涵、特点、指导思想及PDCA循环工作法。

技能目标

◎能用所学知识对企业质量管理状况进行分析；

◎能结合企业具体情况提出进行全面质量管理的一些措施；

◎提高分析企业质量管理案例的能力。

引　例

海尔严格的质量管理

海尔之所以能成为行业领军名牌，除了得益于雄厚的高新技术实力和以高科技新产品创造市场的经营理念，还得益于严格的质量管理。因为，产品质量和经济效益是辩证统一的，没有好的质量就没有好的经济效用。倘若一个企业在质量上不追求完美，那么所做的一切工作就不能令顾客满意。而追求完美的质量又是一种管理的艺术，如果企业能建立正确的观念并且执行有效的质量管理计划，就能预防不良产品的出现，使工作充满乐趣，生产力高度发挥效用，就不会为整天层出不穷的质量问题而头痛。在这一点上，海尔冰箱的做法就令世人折服。同时，海尔为了抓好冰箱质量管理，制定了一套易操作的以“价值券”为中心的量化质量考核体系，行使“质量否决权”。简单地说，如果干一件得一分钱的活，干坏了一件则罚一元钱，即干坏一件等于白干了100件，并即时兑现。“质量否决权”的管理方式在每一位员工心里深植了“质量第一”的观念。生产中，职工把每一道工序都想象成用户，产品依次流转，质量层层把关，环环扣紧，保证了出厂的都是全优的产品。海尔人本身就愿意把产品的高质量作为其为用户提供优质服务的前提。他们认为，只有高质量的产品为企业赢得了更大的市场份额，企业才会在实力不断壮大的基础上投入更多的人力、物力、财力去建设完善的服务网络，以不断创新的服务形式直接与消费者进行面对面的交流与沟通。通过定期与不定期上门回访，将用户的最新需求及在使用过程中发现的质量问题以最便捷的渠道反馈回企业，如此一来，产品与服务质量的不断提高形成了一种良性的循环发展态势。取法乎上，方得乎中。一时的好质量，不是永久的好质量。只有质量管理理念不断提高，不断深化，才可以获得质量提升而成本降低的效果，也才能够为顾客创造更大的利润空间。

这一案例表明：质量是企业的生命，企业的生存在于质量，企业的发展壮大也在于质量，要走质量效益型发展道路，采用切实可行的管理方法进行质量管理与控制。不断提高产品质量是企业永恒的主题。

1.1 质量及质量管理的概念

1.1.1 质量的含义

在生产发展的不同历史时期，人们对质量的理解随着科学技术的发展和社会经济的变化而有所变化。自从美国贝尔电话研究所的统计学家休哈特(W. A. Shewhart)博士于1924年首次提出将统计学应用于质量控制以来，质量管理的思想和方法得到了丰富和发展。一种新的质量管理思想和质量管理方式的提出，通常伴随的是对质量概念的重新理解和定义，美国质量管理专家朱兰(Joseph H. Juran)博士把产品质量定义为：“质量就是使用性。”克劳斯比(Philip Crosby)则把产品质量定义为：产品符合规定要求的程度。现代管理科学对于质量的定义涵盖了产品的“适应性”和符合“规定性”两方面的内容。

随着ISO9000标准在企业的广泛应用，ISO9000关于质量的定义逐渐为越来越多的人所接受。ISO9000系列国际标准(2000版)中关于质量的定义是：“质量

(Quality)是一组固有特性满足要求的程度。”“要求”是指“明示的、通常隐含的或必须满足的需求或期望”。上述定义可以从以下几个方面去理解：

质量不仅是指产品质量，也可以是某项活动或过程的工作质量，还可以是质量管理体系运行的质量。质量是由一组固有特性组成，这些固有特性是指满足顾客和其他相关方的要求的特性，并由其满足要求的程度加以表征。

特性是指区分的特征。特性可以是固有的或赋予的，可以是定性的或定量的。质量特性是固有的特性，并通过产品、过程或体系设计和开发及其后的实现过程形成的属性。

满足要求就是应满足明示的(如合同、规范、标准、技术、文件、图纸中明确规定的)、通常隐含的(如组织的惯例、一般习惯)或必须满足的(如法律、法规、行业规则)需求和期望。顾客和其他相关方对产品、过程或体系的质量要求是动态的、发展的和相对的。

在这个定义中，所指的“固有的”(其反义是“赋予的”)特性是指在某事或某物中本来就有的，尤其是那种永久的特性，包括产品的适用性、可信性、经济性、美观性和安全性等。

1. 适用性

适用性是指产品适合使用的特性，包括使用性能、辅助性能和适应性。注意产品的使用性能与产品功能的区别：产品的功能反映产品可以做什么，产品的使用性能是指产品做得怎么样；辅助性能是指保障使用性能发挥作用的性能；适应性是指产品在不同的环境下依然保持其使用性能的能力。如一辆轿车，其有无天窗属于汽车的功能范畴，不属于质量范畴，天窗是否好用、是否漏水则属于使用性能问题，属于质量范畴；一块手表走时是否准确属于使用性能范畴，是否带有夜光功能则属于辅助性能范畴，是否提供水下 30 米防水则是适应性范畴。

2. 可信性

产品的可信性包括可靠性和可维修性。可靠性是指产品在规定的时间内和规定的使用条件下完成规定功能的能力，它是从时间的角度对产品质量的衡量。可维修性是指产品出现故障时维修的便利程度。对于耐用品来说，可靠性和可维修性是非常重要的，如汽车的首次故障里程、平均故障里程间隔、车体结构是否易于维修等都是顾客十分重视的质量指标。

3. 经济性

产品的经济性是指产品在使用过程中所需投入费用的大小。经济性尽管与使用性能无关，但是消费者所关心的。如空调是一种需要消耗电能的产品，在达到同样的制冷效果时能耗越低给顾客带来的节约就越大；洗衣机则是一种需要大量消耗水的产品，在达到同样洗净比的前提下，用水越少则其经济性越好。

4. 美观性

产品的美观性是指产品的审美特性与目标顾客期望的符合程度。顾客通常不会对一种产品的审美特性提出具体要求，但当产品的外观、款式、颜色不符合顾客的审美要求时，顾客就会排斥这种产品；当产品的外观、款式、颜色符合顾客的审美要求时，顾客就会被这种产品所吸引。如瑞士 Swatch 手表的成功更多地应归功于其对顾客审美需求的准确把握。

5. 安全性

产品的安全性指产品在存放和使用过程中对使用者的财产和人身不会构成损害的特性。不管产品的使用性能如何、经济性如何，如果产品存在安全隐患，那不仅是消费者所不能接受的，政府有关部门也会出面干涉或处罚生产企业。对于家用电器、汽车、工程机械、机床设备、食品、医药等，安全性是一个特别重要的质量指标。

因此，对产品质量的评价判断可以从以上 5 个方面来综合考虑。当然，对于不同的产品来说，质量的内涵可能有所偏重，有的产品如易耗品不需要考虑可维修性的问题，有的产品如复印纸不需要考虑安全性的问题，有的产品如地下供热管道则无须过多考虑美观性的问题。从企业的角度来看，必须深入识别顾客对产品质量特性的关注重点，避免闭门造车，防止顾客关心的质量特性不足、顾客不重视的质量特性投入过多的情况发生。

【知识链接 1-1】

理所当然的质量特性与富有魅力的质量特性

企业还应注意理所当然的质量特性与富有魅力的质量特性的区别。如果企业的产品仅仅具有理所当然的质量特性，只能保证顾客不会不满意，但无法保证顾客满意；只有具有富有魅力的质量特性，产品才会有吸引力，企业才会赢得忠诚顾客。如果企业满足于理所当然的质量特性表现，那么企业的质量管理工作就可能出现事倍功半甚至适得其反的效果。我国有家有名的钟表制造企业在深陷亏损困境时，其质量部门负责人还坚持认为企业亏损的原因在于产品质量太好、产品太耐用导致顾客需求不旺，殊不知这位质量负责人所指的质量仅仅是理所当然的质量特性的一个方面，难怪企业无法吸引更多的顾客。

理所当然的质量特性和富有魅力的质量特性不是一成不变的，随着时间的推移和社会的进步，原来富有魅力的质量特性会逐渐变为理所当然的质量特性而不再具有吸引力。例如，早在1908年，通用汽车公司的工程师们就在皇家汽车俱乐部会员们的面前拆解了3辆凯迪拉克轿车，并把这些零件混在一起，而后从中选择零件重新组装成车，然后驾车绝尘而去。这令在场的会员极为震惊，认为凯迪拉克车质量之高令人惊叹。显然在当时，汽车零件具有互换性是一种了不起的质量特性，是一种富有魅力的质量特性，这也是福特公司的n型车和t型车取得辉煌成功的重要原因；然而时至今日，即使农用三轮车的零部件也具有极高的互换性，零部件的标准化和互换性已经是理所当然的事情，不再是吸引顾客的富有魅力的质量特性。因此，任何企业都不能一味抱着过去的成功模式不放，需要积极寻求并打造富有魅力的质量。

1.1.2　工作质量和工程质量

在质量管理过程中，“质量”的含义是广义的，除了产品质量之外，还包括工作质量。质量管理不仅要管好产品本身的质量，还要管好质量赖以产生和形成的工作质量，并以工作质量为重点。工作质量一般指与质量有关的各项工作，对产品质量、服务质量的保证程度。工作质量涉及各个部门、各个岗位工作的有效性，同时，决定着产品质量、服务质量。然而它又取决于人的素质，包括质量人员的质量意识、责任心、业务水平。其中最高管理者的工作质量起主导作用，一般管理层和执行层的工作质量起保证和落实作用。

【知识链接1-2】

某集团的全员工作质量原则

提高工作质量是某集团实现腾飞的迫切要求。该集团的实践告诉我们，强调执行质量职能是全体人员的责任，全体人员都必须具有质量意识和承担质量的责任。该集团制定了提高全员工作质量的八项原则：

(1)准确性，指符合有关标准、规范、程序等的程度。准确性是工作质量的基本特征。

(2)时间性，指工作要及时、准时和省时。及时是遇事不拖延，马上就办；准时是按时完成任务，保证总体节奏的要求；省时是效率要高，以较少的时间完成较多的工作量。

(3)经济性，指在人力、财力、物力诸方面，投入要少，产出要多。每做一项工作，不仅要达到预期效果，而且应设法减少消耗，降低成本，做到少花钱，多办事。

(4)有效性，指满足预期功能，实现经济效益和社会效益的程度。例如设计某种卡具，不仅要看是否用于生产，而且要看有无经济效益和社会效益。

(5)主动性，指发挥人的主观能动性，必须调动全体人员的积极性，使之做到“我要干”，而不是“要我干”。对于管理、辅助系统及其成员来说，其工作内容不像生产系统那样明确直观，强调主动性就更有必要。

(6)服务性，指提供优良服务。企业是一个整体，企业与下属各部门之间、部门与部门之间、职工与职工之间都处在相互关联之中。每个部门或每个人的工作，都需要相互支持、协作和服务，这样才能促进全员工作质量的提高。

(7)文明性，指符合政策、法规和职业道德的要求。

(8)安全性，指工作不能危及人身和财产的安全。

由此可知，工作质量不仅涉及各个方面的工作，而且涉及工作内在的诸属性。为此，必须实行科学的管理，才能取得良好的工作质量。

工程质量是指服务于特定目标的各项工作质量的综合质量。工程质量是产品质量的保证，产品质量是工程质量的体现，因此，质量管理工作应着眼于对工程质量进行管理。对质量定义的认识将决定管理质量的工作内容和工作质量。一些企业内部对质量理解不正确、不全面或者不统一，在一定程度上影响了质量工作的效果。

1.1.3 质量管理的概念

质量管理(Quality Management)是指导和控制组织的与质量有关的相互协调的活动。指导和控制组织的与质量有关的活动，通常包括质量方针和质量目标的建立、质量策划、质量控制、质量保证和质量改进。质量管理是以质量管理体系为载体，通过建立质量方针和质量目标，并为实施规定的质量目标进行质量策划，实施质量控制和质量保证，开展质量改进等活动予以实现的，质量管理涉及组织的各个方面，质量管理是否有效关系到组织的兴衰。

质量策划即设定质量目标并规定必要的运行过程和相关资源以实现其目标的活动。质量策划涉及企业内部的众多方面，例如建立质量管理体系策划、产品实现过程策划、质量改进策划、适应环境变化的策划等。

质量控制即“致力于满足质量要求”的活动。它是通过一系列作业技术和活动对质量形成的整个过程实施控制的，其目的是使产品、过程或体系的固有属性达到规定的要求。它是预防不合格发生的重要手段和措施，贯穿于产品形成和体系运行的全过程。

质量保证是对达到质量要求提供信任的活动。质量保证的核心是向人们提供足够的信任，使顾客和其他相关方确信企业的产品、体系和过程达到和满足质量要求。它一般有两方面的含义：一是企业在产品质量方面对用户所作的一种担保，具有“保证书”的含义。这一含义还可引申为上道工序对下道工序提供的质量担保。二是企业为了提供信任所开展的一系列质量保证活动。这种活动对企业内来说是有效的质量控制活动；对外来说是提供依据证明企业质量管理工作实施的有效性，以达到使人确信其质量的目的。因此，质量保证包括取信于企业领导的内部质量保证和取信于用户的外部质量保证。

质量控制与质量保证有一定的关联性。质量控制是为了达到规定的质量要求所开展的一系列活动，而质量保证是提供客观证据证实已经达到规定质量要求的各项活动，并取得顾客和相关方面的信任。因此有效地实施质量控制是质量保证的基础。

质量改进是致力于增强满足质量要求能力的活动。质量改进的目的是提高企业满足质量要求的能力。它是通过产品实现和质量体系运行的各个过程的改进来实施的，涉及组织的各个方面，包括生产经营全过程中的各个阶段、环节、职能、层次，所以企业管理者应着眼于积极主动地寻求改进机会，发动全体成员并鼓励他们参与改进活动。

质量管理、质量策划、质量控制、质量保证和质量改进之间的关系如图 1-1 所示。

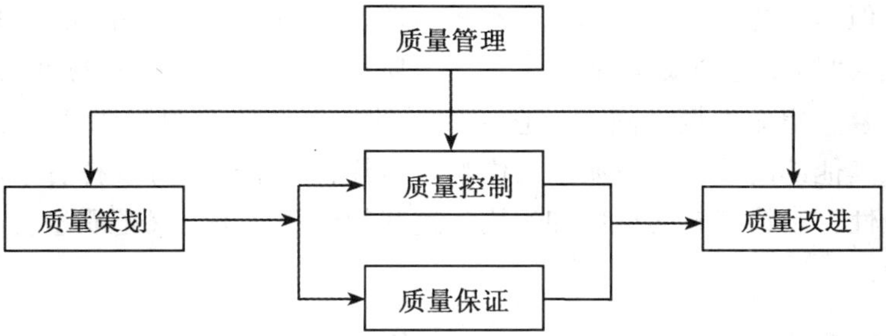

图 1-1 质量管理过程

1.1.4 质量管理的发展阶段

质量管理的发展，大致经历了三个阶段：

1. 质量检验阶段(20 世纪二三十年代)

20 世纪初，人们对质量管理的理解还只限于质量的检验。质量检验所使用的工具是各种检测设备和仪表，方式是严格把关，进行百分之百的检验。其间，美国出现了以泰勒为代表的“科学管理运动”。质量检验是在成品中挑出废品，以保证出厂产品质量。但这种事后的检验把关，无法在生产过程中起到预防、控制的作用。废品已成事实，很难补救。且百分之百的检验增加了检验费用。生产规模进一步扩大，在大批量生产的情况下，其弊端就凸显出来。一些著名统计学家和质量管理专家就注意到质量检验的问题，尝试运用数理统计学的原理来解决，使质量检验既经济又准确，1924年，美国的休哈特提出了控制和预防缺陷的概念，并成功地创造了“控制图”，把数理统计方法引入质量管理中，使质量管理推进到新阶段。

2. 统计质量控制阶段(20世纪四五十年代)

统计质量控制形成于20世纪40年代到50年代，主要代表人物是美国贝尔公司的工程师休哈特、道奇和罗米格等。这一阶段的特征是数理统计方法与质量管理的结合。休哈特认为质量管理不仅要搞事后检验，而且在发现有废品生产的先兆时就进行分析改进，从而预防废品的产生。控制图就是运用数理统计原理进行这种预防的工具。因此，控制图的出现，是质量管理从单纯事后检验转入检验加预防的标志，也是形成一门独立学科的开始。

第二次世界大战开始以后，统计质量管理得到了广泛应用。第二次世界大战结束后，美国许多企业扩大了生产规模，除原来生产军火的工厂继续推行质量管理的统计方法以外，许多民用工业企业也纷纷采用这一方法，美国以外的许多国家，如加拿大、法国、德国、意大利、墨西哥、日本也都陆续推行了统计质量管理，并取得了成效。但是，统计质量管理也存在着缺陷，它过分强调质量控制的统计方法，使人们误认为“质量管理就是统计方法”，“质量管理是统计专家的事”，使多数人感到高不可攀、望而生畏。同时，它对质量的控制和管理只局限于制造和检验部门，忽视了其他部门的工作对质量的影响。这样，就不能充分发挥各个部门和广大员工的积极性，制约了它的推广和运用。这些问题的解决，又把质量管理推进到一个新的阶段。

3. 全面质量管理阶段(20世纪60年代至今)

科学技术和工业生产的发展，对质量的要求越来越高。20世纪50年代以来，火箭、宇宙飞船、人造卫星等大型、精密、复杂的产品出现，对产品的安全性、可靠性、经济性等要求越来越高，质量问题就更为突出。要求人们运用“系统工程”的概念，把质量问题作为一个有机整体加以综合分析研究，实施全员、全过程、全企业的管理。上述情况的出现，促使“全面质量管理”的理论逐步形成。最早提出全面质量管理概念的是美国通用电气公司质量经理菲根堡姆。1961年，他出版了一本著作《全面质量管理》。他提出：“全面质量管理是为了能够在最经济的水平上并考虑到充分满足用户要求的条件下进行市场研究、设计、生产和服务，使企业各部门的研制质量、维持质量和提高质量活动成为一体的有效体系。”

【小思考 1-1】

质量管理发展的各阶段之间有何关系？

答：质量管理发展的各阶段不是孤立的、互相排斥的，前一个阶段是后一个阶段的基础，后一个阶段是前一个阶段的继承和发展，而每一次质量管理的发展既是一次质量飞跃，也是一场质量革命。可以预测，随着新技术的兴起以及由此而提出的挑战，人们解决质量问题的方法、手段将会更加完善和丰富，质量管理将会步入新的发展阶段。

1.1.5 质量管理的发展趋势

综合世界各国质量管理的发展演变情况及对今后发展的预测，普遍认为，今后的世界质量管理的发展趋势，有以下 6 个特点：

1. 以高层领导为主导的质量管理新时代已到来

目前，西方权威质量管理专家明确指出，质量管理已进入以领导为主的新时代。这一观点不仅被普遍接受，而且在实践中也得到证实。在美国专家介绍的案例中，所有重视质量的大公司，都是由总经理或总裁亲自过问质量战略和落实质量目标，并且在经营管理中时刻以质量为核心，强调全民的宏观和微观质量管理相一致的经营模式，这也是最有前途和生命力的经营理念。成功的大公司都有明确的质量管理战略目标，并且由总经理或总裁亲自制定有关质量战略内容。力争完美目标而达不到，比力争完美达到的非完美目标要好。

2. 迎接无缺陷挑战，使产品质量无缺陷，并达到世界最先进水平

这是西方质量界最推崇和广泛宣讲的概念。他们认为，经常生产无缺陷的产品实际是不可能的。但是作为质量管理，必须自上而下不断追求无缺陷的挑战，如果没有这种挑战精神严格要求，就永远达不到世界先进水平。这是一种辩证的哲学观点，目前西方的一些大企业普遍接受这一观点，并努力采取措施实施。

3. 强调参与质量管理

美国近年在质量管理方面提出了两个较有影响的理论，其一是费根堡姆博士的全面质量管理，已被世界各国广泛采纳和应用。其二是参与质量管理。全面质量管理在日本获得成功后，美国如梦初醒，而质量问题又源于不如日本能发动群众共同参与质量管理。因此，近年美国掀起一股参与质量管理热，把美国热衷于表现自己的个人主义用参与管理来取代。

4. 质量改进向隐蔽工厂挑战

所谓隐蔽工厂是指在实际活动中，由于运行失效而不得不为消除缺陷而客观存在着的、不被管理者所察觉的损失，这种活动或过程称为“隐蔽工厂”(Hidden Factory)。它提醒人们必须注意到，在每个企业和工厂中都存在着隐蔽的工厂。也就是在每个人的周围，都有一个隐蔽工厂挑战，减少和消除隐蔽工厂的负面作用，不仅是质量管理的重要任务，也是质量管理的新途径和新方向。

5. 开发软件管理，迎接新的挑战

在当今新技术迅速发展的时代，企业都在关心最近几年质量管理状态如何发展变化？过几年之后质量管理状态可能出现怎样的变化？对质量管理的变化采取什么对策？对待这些问题，美国质量专家认为，对未来质量管理工作的探讨，无疑会促进当前质量管理的发展。计算机辅助设计和制造及机器人的大量应用，特别是新的计算机不断推出和应用，将更好地发挥人工智能的作用，使管理方式和整个社会的经济结构发生变化，促进工业生产的发展和变化，从而导致未来质量管理的根本改变。为迎接由于新技术的应用而导致的质量管理的信息化和变革，美国质量管理专家们对软件管理的探讨和开发十分重视。所谓软件管理，是把整个质量管理看作一个完整的过程，并通过设计一种软件进行过程和目标管理来体现这一过程，从而形成全过程的质量管理软件系统。

6. 质量文化的兴起和塑造

质量文化是随着全面质量管理的深入发展而提出的新概念。全面质量管理在一定的文化环境下才能真正实施和发展，随之出现了质量文化的新概念。质量文化是质量管理的基础，质量文化通过价值观和信念的确立而得到巩固和发展。比如：全面质量管理提出全员参加、面向顾客、协力配合和控制全过程，承认这些概念的正确性和可能性就是一种信念。另外，认为以质量为核心的生产和经营者管理才能产生最大效益，这种价值观和信念，直接影响着企业和社会质量文化的发展和塑造，没有这些价值观和信念，也就谈不上全面质量管理，更谈不上质量文化。

【案例分析 1-1】

海尔的质量文化体系

在海尔的质量文化体系中，质量不仅指实物产品的质量，也指无形产品——服务产品的质量。在海尔，技术检验合格的产品不一定是合格产品，只有用户满意的产品才是合格产品。因为用户不满意，产品卖不出去，企业就没有利润可言。所

以，用户的满意就是海尔的工作标准，绝不能对用户说不。海尔重视产品的质量，更重视服务的质量，提出了零距离服务的理念。所谓零距离，其本质是心与心的零距离。只有企业同员工的心之间是零距离，员工才能同用户的心之间实现零距离，那就真正做到了卖一台产品赢得一颗用户的心。不但产品本身要达到检验标准，还要让所有的用户感到满意，这被海尔人称为“大质量”。经过多年的卓绝努力和苦心经营，海尔的服务在全国首屈一指，质量文化也已成为海尔珍贵的无形资产，随着海尔国际化的成功，这一卓越的质量文化正在向世界各个角落不断渗透。具体来说，海尔冰箱提升质量的过程分为三个阶段，即本土化认知阶段、本土化扎根阶段、本土化名牌阶段。这也是海尔走向世界的“三部曲”：第一步，按照创牌而不是创汇的方针，出口产品开拓海外市场，打知名度；第二步，按照先有市场，后建工厂的原则，当销售量达到建厂盈亏平衡点时，开办海外二厂，打信誉度；第三步，按照本土化的方针，实行三位一体的本土发展战略，打美誉度。经过三部曲，海尔产品逐步从播种到扎根，再到结出累累硕果。

分析：海尔重视质量文化体系建设，从文化的角度提高质量意识，形成了珍贵的无形资产——质量文化。

1.2 质量管理的研究对象、主要内容及基本过程

1.2.1 质量的形成

1. 质量螺旋

在实践中，人们逐渐认识到质量不是检验出来的，它有一个产生、形成和实现的过程。这一过程可用“朱兰螺旋曲线”来表示。朱兰(J. M. Juran)是美国质量管理专家，他用一条螺旋上升的曲线来反映产品质量形成的规律，如图 1-2 所示。所谓质量螺旋是一条螺旋式上升的曲线，该曲线把全过程中各质量职能按照逻辑顺序串联起来，用以表征产品质量形成的整个过程及其规律性，通常称为“朱兰质量螺旋”。朱兰质量螺旋反映了产品质量形成的客观规律，是质量管理的理论基础，对于现代质量管理的发展具有重大意义。

2. 质量环

质量形成过程的另一种表达方式是“质量环”。质量环包括 12 个环节(见图 1-3)。这种质量循环不是简单的重复循环，它与质量螺旋有相同的意义。

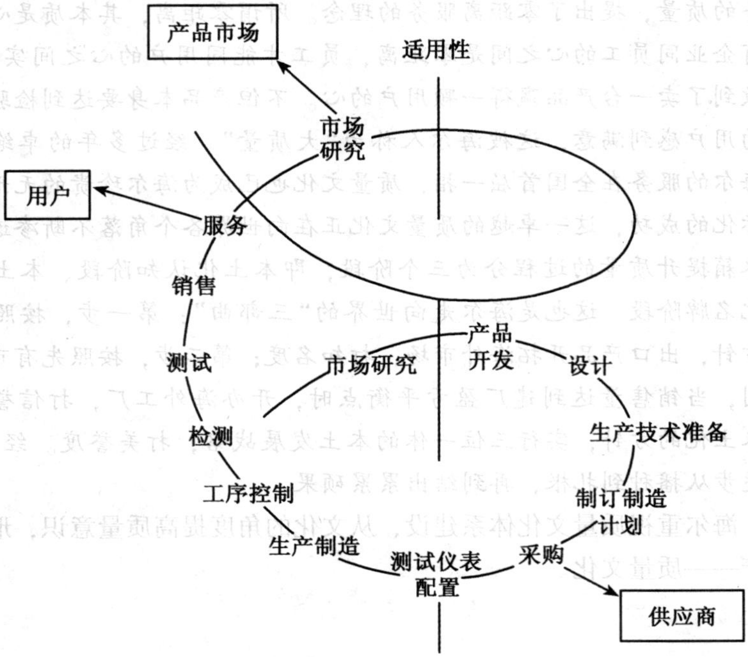

图 1-2　朱兰螺旋曲线

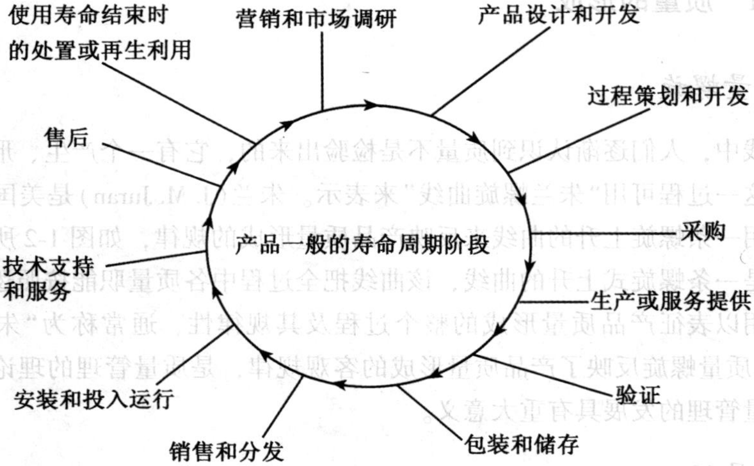

图 1-3　质量环

1.2.2　质量管理的研究对象及内容

1. 质量管理的研究对象

质量管理是研究和揭示质量形成和实现过程的客观规律的科学。

质量管理学是一门融硬科学和软科学于一体的边缘性、综合性学科，它依托于技术学科，适用范围广。凡涉及质量的问题，无论是产品质量，还是服务质量、工作质量、过程质量等均适用。近十年来，质量管理理论研究取得令人瞩目的进展，内容日益丰富，实践领域不断扩大。自质量管理体系的国际标准公布以来，质量管理进入了概念统一化、内容规范化、活动国际化时期。质量管理的研究范围包括微观的质量管理和宏观的质量管理。微观的质量管理着重从组织的角度，研究如何保证和提高产品质量、服务质量；宏观的质量管理着重从国民经济和全社会的角度，研究如何对企业、服务机构的产品质量进行有效的统筹管理和监督。

2. 质量管理研究的主要内容

质量管理研究的主要内容有以下几个方面：

(1)质量管理基本概念。任何一门学科都有一套专门的、特定的概念，组成一个合乎逻辑的理论概念。质量管理也不例外，如质量、质量环、质量方针、质量计划、质量控制、质量保证、质量审核、质量成本、质量体系等，是质量管理中常用的重要概念，应确定其统一、正确的术语及准确的含义。

(2)质量管理的基础工作。质量管理的基础工作是标准化、计量、质量信息与质量教育工作，此外还有以质量否决权为核心的质量责任制。离开这些基础，质量管理是无法推行或行之无效的。

(3)质量体系的设计(策划)。质量管理的首要工作就是设计或策划科学、有效的质量体系，无论是国家、企业还是某个组织的质量体系设计，都要从其实际情况和客观需要出发，合理选择质量体系要素，编制质量体系文件，规划质量体系运行步骤和方法，并制定考核办法。

(4)质量管理的组织体制和法规。应从我国具体国情出发，研究建立适合于我国经济体制和政治体制的质量管理组织体制和质量管理法规。当然，也要研究各国质量管理体制、法规，以博采众长、取长补短、融合提炼成具有中国社会主义特色的质量管理体制和法规体系，如质量管理组织体系、质量监督组织体系、质量认证体系等，以及质量管理方面的法律、法规和规章。

(5)质量管理的工具和方法。质量管理的基本思想方法是 PDCA 循环；基本数学方法是概率论和数理统计方法。由此而总结出各种常用工具，如排列图、因果分析图、直方图、控制图等。人们又根据运筹学、控制论等系统工程科学方法研制了关联图法、系统图法、矩阵图法、简线图法等新七种工具。此外，还有实验设计、方差与回归分析和控制图表等。6σ 管理也是一种重要的管理方法之一。

(6)质量抽样检验方法和控制方法。质量指标是具体、定量的。抽样检查或检验，实行有效的控制，都要在质量管理过程中正确地运用数理统计方法，研究和制定各种有效控制系统。质量的统计抽样工具——抽样方法标准就成为质量管理工程中一项十分必要的内容。

(7)质量成本和质量管理经济效益的评价、计算。质量成本是从经济性角度评定质量体系有效性的重要方面。科学、有效的质量管理，对企业有显著的经济效益。如何核算质量成本，怎样定量考核质量管理水平和效果，已成为现代质量管理必须研究的一项重要课题。

此外，还有可信性管理、质量管理经济效果的评定和计算以及质量文化建设等，也是质量管理研究的重要内容。

1.2.3 质量管理的基本过程

质量管理的基本过程大体上包括生产前(产品设计开发过程的质量管理)、生产中(生产过程中的质量管理)和生产后(服务过程质量管理)。

1. 产品设计开发的质量管理

产品的设计开发是一个复杂的过程，同时要满足来自用户和制造两方面的要求。所以其质量管理特别重要。在进行产品的设计开发质量管理时，应了解顾客需要什么样的产品和服务。正确识别用户的明确要求和潜在要求是产品的设计开发阶段进行质量管理的关键，也是确定新产品开发和设计的依据。识别的整个过程就是大量收集情报并进行系统分析。

【案例分析 1-2】

ZZ 公司如何控制设计质量？

产品的技术水平、档次、适用性主要取决于开发设计，在市场经济条件下，为适应电子产品技术更新与市场需求变化的快节奏，ZZ 公司在开发新产品抢占市场上，注入了很大的人力、物力、财力，增加新产品的投入，保证研制经费，通过引进技术人才，配备研制、实验的技术装备，新产品产值率达 80%以上，为公司赢得了显著的经济效益。

在新产品开发中，严格控制设计质量，实施设计验证和设计评审，对评审、验证中发现的问题认真组织质量改进，没有解决不转入下一工序，保证产品上线不带遗留问题。在新产品投入批量生产前，组织“投产前准备状态检查”，通过对产品的技术状态和质量水平，生产线的保证能力和质量控制、质量责任分配等等内容审定，并经公司开发部、生产部和质量部的领导审批方可投入批量生产。

在新产品开发中积极采用国际先进标准，根据市场需求和质量竞争的需要制定企业的内控标准，保证了新产品开发的高起点。1994 年、1995 年开发的 29″和 34″大屏幕彩电图像清晰、艳丽、稳定，音质优美、临场感强，并具有多制式多功能等特点，得到了广大消费者的青睐。

从新产品设计开始，就重视产品的安全、电磁兼容和可靠性的设计、评审和验证，公司开发的各种型号电视产品在投放市场前全部通过安全认证。

分析： 产品的设计开发是一个复杂的过程，要同时满足来自用户和制造两方面的要求。所以，其质量控制特别重要，要投入很大的人力、物力、财力、增加新产品的投入，保证研制经费。考虑市场需求、正确识别用户的要求是产品的设计开发阶段进行质量控制的关键，是确定新产品开发和设计的依据。

2. 制造过程的质量管理

制造过程的质量控制必须建立一个控制状态下的系统。所谓控制状态就是生产与运作的正常状态，即生产过程能稳定、持续地生产符合设计质量的产品。生产系统处于控制状态下才能保证合格产品的连续性和再现性。生产制造过程的质量控制包括工艺准备的质量控制、基本制造过程的质量控制、辅助服务过程的质量控制。进行工艺准备的质量控制时，首先要制订制造过程质量控制计划，其次要进行工艺的分析与验证，最后是进行工艺文件的质量控制。基本制造过程的质量管理是指从材料的进厂到产出最终产品的整个过程对产品的质量管理。基本任务是：严格贯彻设计意图和执行技术标准，使产品达到质量标准；实现制造过程中各个环节的质量保证，以确保工序质量水平；建立能够稳定地生产符合质量水平要求的产品生产制造系统。辅助服务过程的质量管理包括物料供应的质量控制、工具供应的质量控制和设备维修的质量控制等内容。

3. 服务过程的质量管理

在服务过程中应提供咨询介绍服务，技术培训服务，包退、包换和包修服务，维修服务，访问服务以达到质量控制的目的。售后服务的任务就是用以上提到的各种服务让顾客满意。售后服务直接面对顾客，服务的质量可以得到直接的反馈，服务质量的好坏往往可以通过顾客的满意度体现出来，而顾客对企业提供的服务是否满意，将会给企业带来极大的影响，这种影响往往是超乎想象的。

【知识链接1-3】

售后服务的内容

(1)为消费者安装、调试产品；(2)根据消费者要求，进行有关使用等方面的技术指导；(3)保证维修零配件的供应；(4)负责维修服务；(5)对产品实行“三包”，即包修、包换、包退(现在许多人认为产品售后服务就是“三包”，这是一种狭义的理解)；(6)处理消费者来信、来访，解答消费者的咨询。同时用各种方式征集消费者对产品质量的意见，并根据情况及时改进。客观地讲，优质的售后服务是品牌服务经济的产物，名牌产品的售后服务往往优于杂牌产品。名牌产品的价格普遍高于杂牌，一方面是基于产品成本和质量，同时也因为名牌产品的销售策略中已经考虑到了售后服务成本。就服务体系而言，产品的售后服务，既有生产厂商直接提供的，也有经销商提供的，但更多的是以厂家、商家合作的方式展现给消费者的。无论是消费者还是商家，都应该遵守诚信的原则。

1.3 全面质量管理概述

全面质量管理(Total Quality Management，TQM)是企业管理的中心环节，是企业管理的纲，它和企业的经营目标是一致的。进行全面质量管理可以提高产品质量，改善产品设计，加速生产流程，鼓舞员工的士气和增强质量意识，改进产品售后服务，提高市场的接受程度，降低经营质量成本，减少经营亏损，降低现场维修成本，减少责任事故。全面质量管理是组织全体职工和相关部门参加，综合运用现代科学管理技术成果，控制影响质量形成全过程的各因素，以经济的研制、生产和提供顾客满意的产品和服务为目的的系统管理活动。全面质量管理被提出后，相继为各发达国家乃至发展中国家重视和运用，并在日本取得巨大的成功。多年来，随着世界经济的发展，全面质量管理在理论和实践上都得到了很大的发展，成为现代企业以质量为核心的提高竞争力和获得更大利益的经营管理体系。

1.3.1 全面质量管理的特点

1. 全面的质量管理

全面的质量管理的对象——“质量”的含义是全面的，不仅要管产品质量，还要管产品质量赖以形成的工作质量和工程质量。实行全面的质量管理，就是为达到预期的产品目标和不断提高产品质量水平，经济而有效地搞好产品质量的保证条件，使工程质量和工作质量处于最佳状态，最终达到预防和减少不合格品、提高产品质量的目的，并要做到成本降低、价格便宜、供货及时、服务周到，以全面质量的提高来满足用户各方面的使用要求。

2. 全过程的质量管理

全过程的质量管理，即全面质量管理的范围是全面的。产品的质量，有一个逐步产生和形成的过程，它是经过企业生产经营的全过程一步一步形成的。所以，好的产品质量，是设计和生产出来的，不是仅靠检验得到的。根据这一规律，全面质量管理要求从产品质量形成的全过程，从产品设计、制造、销售和使用的各环节致力于质量的提高，做到防检结合，以防为主。质量管理向全过程管理发展，有效地控制了各项质量影响因素，它不仅充分体现了以预防为主的思想，保证质量标准的实现。而且着眼于工作质量和产品质量的提高。争取实现新的质量突破。根据用户要求，从每一个环节做起，致力于产品质量的提高，从而形成一种更加积极的管理。

3. 全员性的质量管理

全员性的质量管理，即全面质量管理要求参加质量管理的人员是全面的。全面质量管理是依靠全体职工参加的质量管理，质量管理的全员性、群众性是科学质量管理的客观要求。产品质量的好坏，是许多工作和生产环节活动的综合反映，因此它涉及企业所有部门和所有人员。这就是说，一方面产品质量与每个人的工作有关，提高产品质量需要依靠所有人员的共同努力；另一方面，在这个基础上产生的质量管理和其他各项管理，如技术管理、生产管理、资源管理、财务管理等各方面之间，存在着有机的辩证关系，它们以质量管理为中心，相互联系，又相互促进。因此，实行全面质量管理要求企业在集中、统一的领导下，把各部门的工作有机地组织起来，人人都必须为提高产品质量，为加强质量管理尽自己的职责。只有人人关心产品质量，都对质量高度负责，企业的质量管理才能搞好，生产优质产品才有坚实的基础和可靠的保证。

4. 多方法的质量管理

全面质量管理的方法是全面的、多种多样的，它是由多种管理技术与科学方法组成的综合性的方法体系。全面、综合地运用多种方法进行质量管理，是科学质量管理的客观要求。现代化大生产、科学技术的发展以及生产规模的扩大和生产效率的提高，对产品质量提出了越来越高的要求。影响产品质量的因素也越来越复杂，既有物质因素，又有人的因素；既有生产技术的因素，又有管理因素；既有企业内部的因素，又有企业外部的因素。要把如此众多的影响因素系统地控制起来，统筹管理，单靠一两种质量管理方法是不可能实现的，必须根据不同情况，灵活运用各种现代化管理方法和措施加以综合治理。

上述“三全一多样”，都是围绕着“有效地利用人力、物力、财力、信息等资源，以最经济的手段生产出顾客满意的产品”这一企业目标的，这是推行全面质量管理的出发点和落脚点，也是全面质量管理的基本要求。坚持质量第一，把顾客的需要放在第一位，树立为顾客服务、对顾客负责的思想，是推行全面质量管理贯彻始终的指导思想。

1.3.2 全面质量管理的基本指导思想

1. 质量第一，以质量求生存

任何产品都必须达到所要求的质量水平，否则就没有或未完全实现其使用价值，从而给消费者及社会带来损失。从这个意义上讲，质量必须是第一位的。市场的竞争其实就是质量的竞争，企业的竞争能力和生存能力主要取决于它满足社会质量需求的能力。“质量第一”并非“质量至上”。质量不能脱离当前的消费水平，也不能不考虑成本而一味追求质量。应该重视质量成本分析，综合分析质量和质量成本，确定最适宜的质量。

【案例分析 1-3】

医药公司的“生命”与质量

在某医药集团每月一次的总调度会上，尽管每次的主题和侧重都不同，但董事长一定会谈到的内容就是质量。对于这个在他眼中“生存与发展的重大课题”，董事长坚定地认为，“品牌”就是品质的牌子，归根结底说的是质量；而“做好药”从根本上说的还是质量。质量就是企业的生命线，是企业品牌的支撑点。在当前严峻的监管环境下，如果一个产品的质量出现问题，就可能导致整个企业的失败，造成不可挽回的后果。从这个意义上说，“药品生产企业是质量第一责任人”的理念和科学的质量管理就显得尤为重要。

分析：该案例说明了质量对企业的重要性，尤其是在医药业尤其重要。

2. 以顾客为中心，坚持用户至上

外部的顾客可以是最终的顾客，也可以是产品的经销商或再加工者；内部的顾客是企业的各部门和人员。实行全过程的质量管理要求企业所有工作环节都必须树立为顾客服务的思想。内部顾客满意是外部顾客满意的基础。因此，在企业内部要树立“下道工序是顾客”，“努力为下道工序服务”的思想。只有每道工序在质量上

都坚持高标准，都为下道工序着想，为下道工序提供最大的便利，企业才能目标一致地、协调地生产出符合要求，满足用户期望的产品。可见，全过程的质量管理就意味着全面质量管理要“始于识别顾客的需要，终于满足顾客的需要”。

3. 预防为主、不断改进产品质量

优良的产品质量是设计和生产制造出来的而不是靠事后的检验决定的。事后的检验面对的是已经成为事实的产品质量。根据这一基本道理，全面质量管理要求把管理工作的重点，从“事后把关”转移到“事前预防”上来；从管结果转变为管因素，实行“预防为主”的方针，使不合格产品消失在它的形成过程之中，做到“防患于未然”。当然，为了保证产品质量，防止不合格品出厂或流入下道工序，并把发现的问题及时反馈，防止再出现、再发生，加强质量检验在任何情况下都是必不可少的。强调预防为主、不断改进的思想，不仅不排斥质量检验，而且甚至要求其更加完善、更加科学。

4. 用数据说话，以事实为基础

有效的管理是建立在数据和信息分析的基础上的。要求在全面质量管理工作中具有科学的工作作风，必须做到“心中有数”，以事实为基础。为此必须要广泛收集信息，用科学的方法处理和分析数据和信息。不能够“凭经验，靠运气”。为了确保信息的充分性，应该建立企业内外部的信息系统。坚持以事实为基础，就是要克服“情况不明决心大，心中无数点子多”的不良决策作风。

5. 重视人的积极因素，突出人的作用

“各级人员都是组织之本，只有他们的充分参与，才能使他们的才干为组织带来收益。”产品和服务的质量是企业中所有部门和人员工作质量的直接或间接的反映。因此，全面质量管理不仅需要最高管理者的正确领导，更重要的是充分调动企业员工的积极性。为了激发全体员工参与的积极性，管理者应该对职工进行质量意识、职业道德、以顾客为中心的意识和敬业精神的教育，还要通过制度化的方式激发他们的积极性和责任感。

1.3.3　全面质量管理的基础工作

【案例分析 1-4】

某企业的质量管理基础工作

有一家企业，为了提高产品质量，计划在企业内部使用全面质量管理的统计工具。为此，企业请培训师，举办质量管理统计方法培训，各个部门负责人、质量检验人员全都参加，大家抱着喜悦的心情想大干一场。可是一段时间后，效果不尽如人意，问题究竟出现在什么地方呢？经调研发现，其根源在于这家企业质量管理基础工作相当薄弱。

分析：经调研发现，该企业质量管理基础工作相当薄弱，工作随意性大，缺乏标准化、规范化，计量工具检测仪器落后，生产数据统计不全，甚至有时没有记录。可以设想，这样一种管理基础，何谈先进的管理工具和方法的应用，更不用说产生什么效果。

做好一系列的基础工作是质量管理工作取得成效、质量体系有效运转的前提和保证，质量管理基础工作的好坏，决定了全面质量管理工作的水平，也决定了企业能否面向市场，长期地提供满足顾客要求的产品。全面质量管理的基础工作包括以下几个方面：

1. 质量教育培训工作

质量教育是质量管理的一项重要的基础工作。要通过质量教育不断增强职工的质量意识，并使之掌握和运用质量管理的方法和技术；使职工牢固地树立质量第一的思想，明确提高质量对于企业和国家的重要作用，认识到自己在提高质量中的责任，自觉地提高管理水平和技术水平，不断地提高自身的工作质量。在教育和培训过程中，要分析不同层次员工的需求，有针对性地开展教育和培训。

2. 标准化工作

标准化工作主要是指制定标准、组织实施标准和对标准的实施进行监督检查。对于企业来说，从原材料进厂到产品生产、销售等各个环节都要有标准，不仅要有技术标准，而且还要有管理标准、工作标准等，要建立一个完整的标准化体系。

【案例分析 1-5】

小和尚撞钟

有一个小和尚担任撞钟一职，半年下来，觉得无聊至极，“做一天和尚撞一天钟”而已。有一天住持宣布调他到后院劈柴挑水，原因是他不能胜任撞钟一职。小和尚很不服气地问：“我撞的钟难道不准时、不响亮？”老住持耐心地告诉他：“你撞的钟虽然很准时，也很响亮，但钟声空泛、疲软，没有感召力。钟声是要唤醒沉迷的众生，因此，撞出的钟声不仅要洪亮而且要圆润、浑厚、深沉、悠远。”

分析：本故事中的住持犯了一个常识性管理错误，“做一天和尚撞一天钟”的结果，是由于住持没有提前公布工作标准造成的。如果小和尚进入寺院的当天就明白撞钟的标准和重要性，我想他也不会因怠工而被撤职。

工作标准是员工的行为指南和考核依据。缺乏工作标准，往往导致员工的努力方向与公司整体发展方向不统一，造成大量的人力和物力资源浪费。因为缺乏参照物，时间久了员工容易形成自满情绪，导致工作懈怠。制定工作标准应尽量做到数字化，要与考核联系起来，注意可操作性。

既然我们有了工作标准就应该很好地去执行它，不要打折扣，不要等到领导认为你不能胜任工作才后悔。

所以，公司、各部门、各岗位的培训都是很重要的，为了让员工知道该怎么做，就必须定好标准，作好培训。

3. 计量工作

计量工作是保证产品质量的重要手段，做好计量工作，保证计量的量值准确和统一，确保技术标准的贯彻执行，保证零部件互换，是质量管理的一项重要的基础工作。计量工作要求必需的量具和化验，分析仪器、仪表等要配备齐全，根据不同情况选择正确的计量方法。因此企业应建立、健全计量机构和配备计量人员，建立必要的计量管理制度，以充分发挥其在质量管理中的作用。

4. 质量信息工作

质量信息是质量管理的耳目，也是一种重要的资源。它是改进产品质量、改善各环节工作质量最直接的原始资源和信息来源。要组织好企业内外信息反馈，正确认识影响质量的各因素的变化和质量波动的内在联系，掌握提高产品质量的规律。要使质量信息工作在质量管理中发挥应有的作用，首先，应建立企业的信息中心和信息反馈系统；其次，质量信息要实行分级管理，而且要有专人负责，特别要抓好最基层的信息管理，认真做好原始记录并及时上报；最后，要有一定的考核制度，才能保证信息系统的正常运行。

5. 企业内部的质量责任制

企业内部的质量责任制是企业经济责任制的重要组成部分，要把与质量有关的各项工作和广大职工的积极性结合起来，形成一个严密的质量体系。要有明确的职责和权限，要建立一套适宜的质量责任制度，并与经济责任制紧密结合起来，使每个职工都明确自己该做什么、怎么做、负什么责任、做好的标准是什么。做到人人心中有数，为提高产品质量（或服务质量）提供基本的保证。

6. 文明生产

若没有起码的文明生产条件，企业的质量管理就无法进行。因此，要充分发挥广大职工的聪明才智和当家做主的进取精神。群众性质量管理活动是文明生产的一个重要方面，其重要形式之一是质量管理小组。除了质量管理小组之外，还有很多群众性质量管理活动，如合理化建议制度、与质量相关的劳动竞赛等。总之，企业应该发挥其创造性，采取多种形式激发全员参与全面质量管理的积极性。

1.3.4 全面质量管理的工作方法——PDCA 循环

PDCA 循环是美国质量管理专家戴明博士首先提出的，它是全面质量管理所应遵循的科学程序。全面质量管理活动的全部过程，就是质量计划的制订和组织实现的过程，这个过程就是按照 PDCA 循环，不停顿地周而复始地运转的。PDCA 是英语单词 Plan（计划）、Do（执行）、Check（检查）和 Action（处理）的首字母组合，PDCA 循环就是按照这样的顺序进行质量管理，并且循环不止地进行下去的科学程序。在质量管理中，PDCA 循环得到了广泛的应用，并取得了很好的效果，因此有人称 PDCA 循环是质量管理的基本方法。

1. PDCA 循环的四个阶段、八个步骤

P 代表计划阶段。这个阶段决定质量管理的目标和怎样实现目标。

D 代表执行阶段。这个阶段是要严格按照计划规定的目标和具体方法去做实实在在的质量管理工作。

C 代表检查阶段。这个阶段就是检查 D 阶段是否完成了 P 阶段的目标，是否达到了预期效果。

A 代表处理阶段。这个阶段也可以叫“总结”阶段。对于从 D 阶段中找出的成功的经验或失败的教训，要进行纳入标准和总结遗留问题两个工作步骤。是经验就纳入标准化；是教训就作为遗留的问题，转入下一个循环去解决。

PDCA 循环作为科学的管理程序，四个阶段是相辅相成、缺一不可的，而且先后顺序不得颠倒。PDCA 循环充分体现了全面质量管理方法与传统的质量管理方法的差异，是把质量管理工作推向标准化、规范化工作轨道的金钥匙，是把各种质量管理方法融为一体的枢纽。PDCA 循环的八个步骤如图 1-4 所示。

2. PDCA 循环的特点

（1）大环带小环。如果把整个企业的工作作为一个大的 PDCA 循环，那么各个部门、小组还有各自小的 PDCA 循环，就像一个行星轮系一样，大环带动小环，一级带一级，有机地构成一个运转的体系（见图 1-5）。

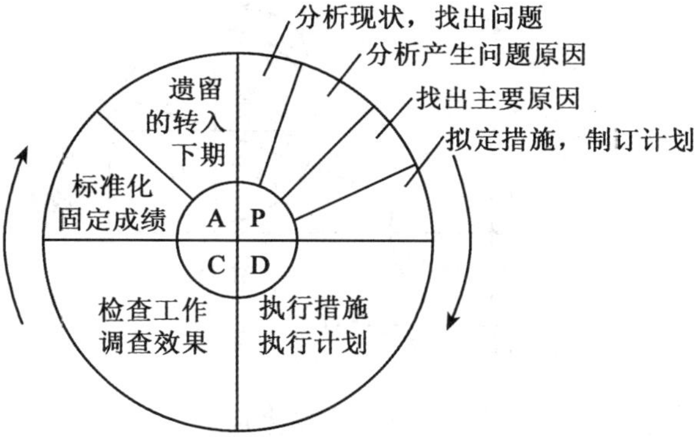

图 1-4　PDCA 循环的八个步骤示意图

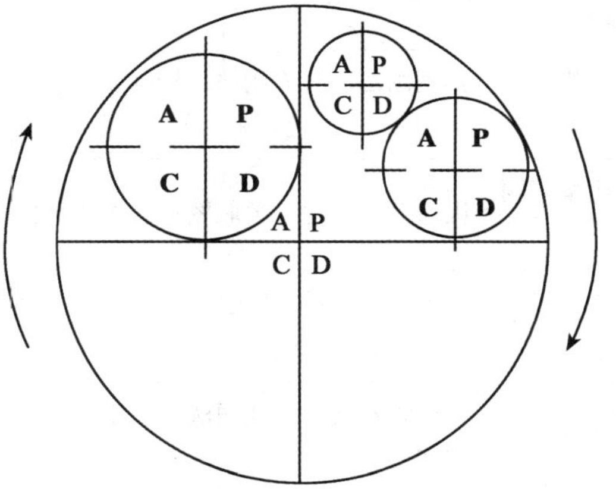

图 1-5　大环套小环

（2）梯式上升。PDCA 循环不是在同一水平上循环，每循环一次，就解决一部分问题，取得一部分成果，工作就前进一步，水平就提高一步。到了下一次循环，又有了新的目标和内容，更上一层楼。图 1-6 表示了这个阶梯式上升的过程。

（3）科学管理方法的综合应用。PDCA 循环应用以质量统计控制工具为主的统计处理方法以及工业工程（IE）中工作研究的方法，作为开展工作和发现、解决问题的工具。

【知识链接 1-4】

PDCA 循环的四个阶段八个步骤的具体内容和所用的方法如表 1-1 所示。

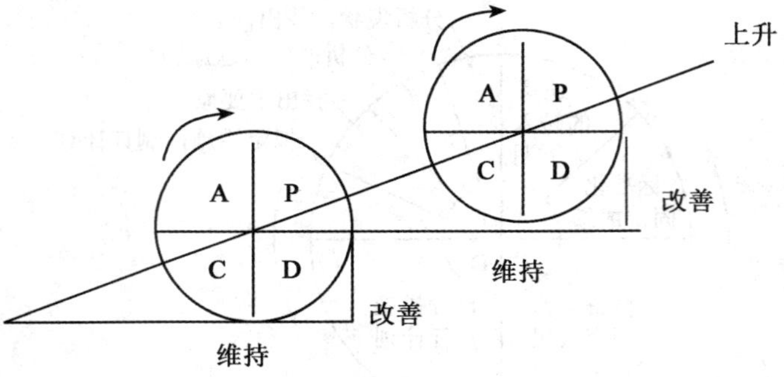

图 1-6　PDCA 循环上升

表 1-1　**PDCA 循环的具体内容及方法**

阶段	步骤		质量管理方法
	NO	管理内容	
P 阶段	1	分析现状，找出质量问题	排列图法、直方图法、控制图法、工序能力分析、KJ 法、矩阵图法
	2	分析产生质量问题的原因	因果分析图法、关联图法、矩阵数据分析法、散布图法
	3	找出影响质量问题的主要因素	排列图法、散布图法、关联图法、系统图法、矩阵图法、KJ 法、实验设计法
	4	制订措施计划	目标管理法、关联图法、系统图法、矢线图法、过程决策程序图法
D 阶段	5	执行措施计划	系统图法、矢线图法、矩阵图法、过程决策程序图法
C 阶段	6	调查效果	排列图法、控制图法、系统图法、过程决策程序图法、检查表、抽样检验
A 阶段	7	调查效果	标准化、制度化、KJ 法
	8	提出未解决的问题	转入下一个 PDCA 循环

PDCA 循环是有效进行任何一项工作的合乎逻辑的工作程序，在质量管理中得到了广泛的应用，并取得了很好的效果。之所以将其称为 PDCA 循环，是因为四个运行过程不是运行一次就完结，而是周而复始地进行，直到彻底解决质量问题。

【案例分析 1-6】

某纺织公司的全面质量管理

在推行全面质量管理之前，尽管某纺织公司按照行业要求建立了产品质量检验制度，但质量工作仅仅作为企业管理的一般性职能，并没有形成系统的管理，产品质量时好时坏，企业生产状况时起时落，曾一度成为纺织部统计的全国 30 家落后企业之一。随着经济的发展，企业将面对国内、国际两个市场的竞争对手的挑战，竞争将趋于更加公平和激烈。要使企业长盛不衰，必须形成自身特色，拥有自己的核心竞争能力。该公司从实际出发，瞄准国际竞争标准，确立质量是企业生命的新理念，导入全面质量管理，认真建章立制，做到"一切为用户服务，一切以预防为主，一切用数据说话，一切按 PDCA 循环办事"，努力提高产品质量，满足用户要求，在走向国际市场时造就了企业竞争新优势。具体做法如下：一是牢固树立"以用户要求为标准"的质量创新理念，把市场需要作为衡量企业质量标准的主要尺度。二是坚持实行一把手负责的质量责任体系，做到层层有责任目标，一旦出现质量问题，各有关部门负责人必须及时处理，迅速解决。三是抓售后服务质量，对合同的履行、用户意见处理、用户特殊要求的落实，都做到高度重视、认真对待。四是坚持质量培训，提高全员素质。产品工作是一项涉及面很广的群众性工作，不能只靠企业领导或少数管理员来抓，也不能仅仅依赖先进的工艺设备，必须坚持依靠全体职工抓质量，让"质量第一"的思想在全体职工的脑中深深扎下根。通过以上措施，以质量管理为中心，取得了明显的成效，即产品质量稳步提高，市场竞争能力不断增强，经济效益明显提高等。

分析：该公司之所以能提高竞争能力，经济效益明显提高，主要是推行全面质量管理，树立了正确的"质量第一，服务至上"全面质量管理的指导思想，抓好各项基础工作，质量教育、标准化等工作，运用 PDCA 循环解决质量问题。

【知识掌握】

□简答题

(1)质量和质量管理的含义是什么?

(2)简述质量管理的发展历史。

(3)全面质量管理含义是什么?有哪些特点?

(4)不同行业推行质量管理的过程中有哪些不同点?

(5)全面 PDCA 循环的四个阶段八个步骤是怎样的?

□判断题

(1)强调预防为主、不断改进的思想，降低了质量检验的重要性。　(　　)

(2)优良的产品质量是检验出来的。　(　　)

(3)采用统计方法控制产品质量最初来自于战争的需要。 ( )

(4)全过程的质量管理就意味着全面质量管理要“始于识别顾客的需要，终于满足顾客的需要”。 ( )

(5)与传统的质量管理相比，全面质量管理由以前的单纯符合标准要求转变为满足顾客需要。 ( )

□选择题

(1)主要通过严格检验来控制和保证出厂或转入下道工序的产品质量的质量管理阶段是( )。

A. 质量控制 B. 质量检验 C. 统计质量控制 D. 全面质量管理

(2)全面质量管理的思想强调的中心是( )。

A. 全员参与 B. 质量 C. 顾客 D. 过程

(3)全面质量管理起源于( )。

A. 日本 B. 中国 C. 苏联 D. 美国

(4)与确定顾客需要相联系的产品质量是( )。

A. 市场调研质量 B. 设计质量 C. 售后服务质量 D. 制造质量

(5)全面质量管理的基础工作包括( )。

A. 标准化工作 B. 计量工作 C. 质量信息工作 D. 质量责任制

E. 质量改进工作

【知识应用】

□案例分析

东风康明斯：以全面质量管理打造全程客户满意

在人们的传统思维中，质量通常是指产品质量，用科学标准定义产品质量，看得见摸得着。而随着体验经济的到来，企业对“质量”的看法发生了重大变化：质量不再仅仅指产品质量，也开始涵盖更加抽象的“工作”质量。它不再是一个产品概念，而是围绕用户，涵盖生产、交付、用户使用和售后的全业务流程的新概念，谁能最先转变思想，以用户为中心定义和检讨质量，持续改进，谁就能获得更高的用户满意度和用户忠诚，屹立于市场。在柴油发动机这个看似离最终用户比较遥远的领域，也有一家公司正在践行着“全面质量”的理念：从寂静的实验室到繁忙的生产线，再到遍布全国各地的服务站，东风康明斯发动机公司以客户为中心，持续改进，让全面质量管理“落地生根”。

在东风康明斯的“全面质量管理”中，产品质量是第一环节，也是保障用户利益最大化的核心环节。东风康明斯的产品在技术水平、排放水平等方面始终处于行业领先地位。而现代化的生产设备、先进的管理方法、科学的管理流程和工具，为制造出优秀的产品提供了坚实的基础。在东风康明斯有两个委员会，产品改进执行委员会(PIC)和产品质量决策委员会(PQC)。它们的职责是规范和管理公司的质量改进活动，运用流程的力量，快速清除改进中的障碍。这不仅为东风康明斯的质量管理提供了组织保障，也便于质量管理项目获得自上而下的资源支持。此外，东风康明斯还引进了康明斯七步工作法，即根据问题解决的逻辑，总结出解决问题的七个步骤，如确定问题、找出可能的原因、采取临时保护用户的措施、收集数据做实验、通过实验寻找最佳解决方案、落实执行、对改进的效果进行评估。既简化了解决问题的流程，又精准地击中问题要害，从而节省时间，提升客户满意度。

出色的产品质量，需要企业管理体系、制度、文化等多方面的配合和支持，其中执行力至关重要。这正是东风康明斯“百日质量”活动的目标。据悉，该活动一年举办一次，今年征集评选出的活动口号“好质量、好动力、好生活”更是准确传达了东风康明斯的质量文化内涵，以及创造美好生活的企业理念。活动包含很多内容，通过各种形式把员工的各种日常工作与质量紧密联系在一起，还编写了《质量知识手册》，该手册由质量部、产品部、采购部、制造工程部和生产部共同完成，内容涉及质量管理、质量体系管理、质量控制基础、质量改进四大方面，成为东风康明斯员工日常工作的一个基本指导工具。

发动机作为车辆的部件，其质量不仅仅在于生产线下线的评测，与整车匹配后的运行状况，更是与用户切身利益相关。在这个环节上，东风康明斯全面质量管理也得到了很好的体现。东风康明斯拥有股份的康明斯东亚研发中心为本土市场客户的整车匹配提供了有力的保障，其先进的先导实验室，可以通过实验模拟不同工况下的发动机和整机表现，提前发现匹配过程中可能出现的问题，并持续改进。比如，主机厂商需要开发用于华南地区的城市公交，就可以在先导试验室进行模拟高温、频繁起步状况下的发动机试验，把可能出现的质量问题在开发阶段就排除掉，而不必专门等到样车完成后到华南地区测试或在实际运行中发现大量问题。在整车行业产品日新月异的今天，这些举措可以更有效地改进产品质量，缩短开发周期、减少研发成本，也使整车厂商更具有竞争力。

用户在关注产品质量的同时，对服务质量的关注度也达到空前的高度。尤其在柴油发动机行业，维修服务的质量及便利性直接影响着用户的收益。东风康明斯提出的“专家服务、畅行天下”的战略规划，正是对用户服务需求变化的准确把握和及时反馈。正如东风康明斯营销公司副总经理李磊所说，“在电控发动机时代，我们希望为客户提供‘专家级服务’。力求通过高品质服务为客户带来更多的附加价值”。

服务若流于口号便失去了它的意义。东风康明斯充分认识到这一点，在保证提供优质产品的同时，还将全面质量管理的概念贯穿于服务品质的提升，一方面开展定期培训，将培训作为一种长效机制，使服务工程师服务技能水平得到持续提升，并辅以“服务大比武”，通过技能比拼，在短时间内快速提高服务人员的技能水平。另一方面，在康明斯全球维修数据库的保障下，东风康明斯的各服务站得到了强大的故障诊断支持：该联网数据库存储了多年来康明斯发动机在全球各种工况条件下的故障数据，能够迅速判断故障原因并给出建议解决方案。与此同时，东风康明斯还大力推进备件前置工作，加快完修速度，减少了最终用户等待时间。

质量是维护顾客忠诚的最好保证。东风康明斯正是以“全面质量管理”实现了全程客户满意。

问题：东风康明斯是如何进行进行质量管理的？其质量管理有何特点？

□综合实训

实训项目：企业的质量管理措施

1. 实训目的

(1)能用所学知识对企业质量管理状况进行分析；

(2)能结合企业具体情况提出如何进行全面质量管理的一些措施；

(3)提高分析企业质量管理案例的能力。

2. 实训内容

背景资料

A. 某物流公司是一家货代公司，业务相对单一，作业流程也相对简单，其业务流程主要分为两大部分：一是发运作业，二是到达作业。公司高管多多少少存在“重市场、轻管理”的思想观念，将精力大多投入市场开发等具体业务环节，对于企业的管理，包括质量管理重视不够，该物流公司在运营过程中遇到不少问题，服务质量水平不能得到顾客的完全认同。

B. 某机电安装公司，通过竞标承担了某化工厂的设备、管道安装工程。为兑现投标承诺，公司通过质量策划，确定了施工组织设计和相应的施工方案，并建立了现场质量保证体系，制定了检验试验卡，要求严格执行三检制。工程进入后期，为赶工期，采用加班加点办法加快管道施工进度，由此也造成了质量与进度的矛盾。质量检查员在管道施工质量检查时发现，不锈钢管焊接变形过大，整条管成折线状，不得不拆除，重新组对焊接，造成直接经济损失数千元。

C. 某机电安装公司，为进入某钢铁企业的承担工程，采取低价中标的方法承接了高炉热风炉鼓风机安装任务。由于利润低，施工单位资源投入不足，项目经理对该工程积极性不大，造成施工准备不充分，影响了施工进度和质量。项目经理在电缆采购时只注重价格，使一些伪劣电缆进入施工现场，蒙混过关。工程完工后，通过验收，交付使用单位，过了保修期的一个夏季，当工程满负荷运行时，出现电缆发热，并造成停机。

3. 实训要求

(1)以 5~6 人为一组，进行合理分工，每人应有明确任务；

(2)认真考察当地一家知名企业，熟悉其质量管理的制度、方法和手段；

(3)根据所学知识，对背景 A、B、C 中的企业质量管理现状进行分析；

(4)在分析的基础上，为如何改进质量管理提出措施；

(5)撰写实践报告，并做成 PPT。

(6)实践报告完成后设课堂讨论课，相互交流实训经验。

第二章 质量管理体系和质量认证

学习目标

知识目标

在学习完本章之后，你应该能够：

◎了解 ISO9000 系列标准的构成、特点以及质量管理体系的理论基础；

◎明确质量管理体系的总体设计、质量管理体系文件的编制；

◎熟知质量管理体系的运行、评价和改进；

◎掌握产品质量认证和质量管理体系认证的方法和步骤。

技能目标

◎能够参与企业质量管理体系的构建、运行、评价、改进、认证等工作。

引 例

某印刷公司的质量认证

某印刷公司领导清醒地意识到质量是企业的生命，导入 ISO9002 质保体系、采用 ERP 软件管理、学习海尔 OEC 管理方法、强化考核等多管齐下，推进印刷企业以质量管理为重点的生产管理。他山之石，可以攻玉，经过连续几年的努力，公司所属生产规模较大的骨干企业已有 4 家通过 ISO9002 复审，骨干印刷企业全部通过 ISO9002 认证。印刷质量管理水平明显提高，产品质量上升，客户投诉减少，非正常损耗下降，经济效益明显增长。各子公司采取 ISO9002 认证后，印刷质量比先前在许多指标上都有了改善。

案例表明：应用 ISO9000 系列国际质量标准不仅可以有效改进管理，提高效益，增加企业的知名度、美誉度，而且还能与国际质量管理标准接轨，更重要的还在于，把获得 ISO9000 系列国际质量体系认证的整个过程作为企业实行科学、规范管理，提高质量的一种方式，最终使企业在市场竞争中立于不败之地。这个案例证实了贯彻 ISO9000 系列标准的作用。

2.1 ISO9000 系列标准概述

产品和服务的质量要求通常是以技术标准为保证的。但由于现代产品技术含量高，不合格产品将带来严重后果，所以顾客的着眼点不再局限于产品的最终检验是否符合技术标准，而是要求产品在生产过程中的每一环节都有质量保证。为此，世界上许多国家都相应地制定各种质量保证标准和制度。国际经济、技术合作的深入发展，要求各国所依据的标准协调一致，以便成为评定产品和服务各厂商质量保证活动的统一尺度。1987 年，国际标准化组织(ISO)在总结各国质量保证制度的基础上，颁布了 ISO9000 质量管理和质量保证系列标准，并迅速被世界各国所采用。

2.1.1 ISO9000 系列标准介绍

1. ISO9000 系列标准的产生背景

国际标准化活动最早开始于电子领域，于 1906 年成立了世界上最早的国际标准化机构——国际电工委员会(IEC)。其他技术领域的工作原先由成立于 1926 年的国家标准化协会的国际联盟(International Federation of the National Standardizing Associations，ISA)承担，重点在于机械工程方面。ISA 的工作在 1942 年终止。1946 年，来自 25 个国家的代表在伦敦召开会议，决定成立一个新的国际组织，其目的是促进国际合作和行业标准的统一。于是，ISO 这一新组织于 1947 年 2 月 23 日正式成立，总部设在瑞士的日内瓦。ISO 于 1951 年发布了第一个标准——工业长度测量用标准参考温度。

ISO9000 系列标准是由 ISO 和 TC176 组织各国标准化机构协商一致后制定，经国际标准化组织(ISO)批准发布，提供在世界范围内实施的有关质量管理活动规则的标准文件，被称为国际通用质量管理标准。

ISO9000 系列标准遵循管理科学的基本原则，以系统论、自我完善与持续改进的思想，明确了影响企业产品/服务质量的有关因素的管理与控制要求，并且作为质量管理与质量保证的通用标准，适用于所有行业/经济领域的组织。

【知识链接 2-1】

ISO 和 TC176 简介

国际标准化组织(ISO)的前身是国际标准化协会(ISA)，成立于 1926 年。1946 年 10 月 14—26 日，来自中国、英国、法国、美国等 25 个国家的 64 名代表聚会于伦敦，决定成立一个新的国际标准化机构——国际标准化组织(ISO)。1947 年 2 月 23 日，ISO 正式宣告成立。ISO 不属于联合国，但与联合国许多组织和专业机构保持密切联系，如欧洲经济委员会、粮食及农业组织、国际劳工组织、教科文组织、国际民航组织等，是联合国的甲级咨询机构。其中，同国际电工委员会(IEC)的关系最为密切。根据分工，IEC 负责电工电子领域的国际标准化工作，其他领域则由 ISO 负责。

ISO 是世界上最大的国际标准化机构，是非政府性国际组织，总部在日内瓦。缩写“ISO”与机构英文全称首字母无关，而源于希腊语，表示“平等”、“均等”之意。

中国是 ISO 创始成员国之一，也是最初的 5 个连任理事国之一。1978 年 9 月中国恢复 ISO 成员身份。

任务:

在世界上促进标准化及其有关活动的发展，以便于国际物资交流和服务，并扩大在知识、科学、技术和经济领域中的合作。

宗旨:

——协调世界范围内的标准化工作；

——制定和发布国际标准并采取措施以便在世界范围内实施；

——组织各成员国和技术委员会进行信息交流；

——与其他国际组织共同开展有关标准化课题的研究。

TC176 即 ISO 中第 176 个技术委员会，全称是“质量保证技术委员会”，1987 年更名为“质量管理和质量保证技术委员会”。TC176 专门负责制定质量管理和质量保证技术的标准。

资料来源：http：//www. veryam. com/blog/pages/thisarticle. aspx？ bid = 464&aid = 20071105085806393.

2. ISO9000 系列标准的组成

(1)ISO8402：1986《质量——术语》

(2) ISO9000：1987《质量管理和质量保证标准——选择和使用指南》

(3) ISO9001：1987《质量体系——设计、开发、生产、安装和服务质量保证模式》

(4) ISO9002：1987《质量体系——生产和安装质量保证模式》

(5) ISO9003：1987《质量体系——最终检验和试验的质量保证模式》

(6) ISO9004：1987《质量管理和质量要素体系——指南》

其中，ISO9000 为该系列标准的选择和使用提供原则和指导；ISO9001、ISO9002、ISO9003 是三个质量保证模式；ISO9004 是指导企业建立质量体系，强化内部质量管理的指南。

【知识链接 2-2】

企业应用 ISO9001：2000 标准的意义

(1) 国际经济贸易的需要。ISO9000 质量保证体系已成为企业进入国际市场的通行证，ISO9000 自诞生以后很快受到欧洲乃至全球的普遍认同，ISO9000 质量体系认证已成为国际贸易中实质性的贸易壁垒，企业不取得认证将难以进入国际市场。

(2) 国内市场经济发展的需要，或为满足法律、法规规定要求的需要。

(3) 推行 ISO9000 有助于企业提高经济效益。ISO9000 讲求的是为一个企业的作业过程建立完善的运作系统，并加以有效管制，使各部门即每个员工职责分明，各项工作制度化，旨在将前后工作分成不同的环节去追究问题的根源，使通过这些过程所产生的产品或服务的品质得到保证。

(4) 加强和提高企业管理水平，增强企业内功和企业信誉；推行 ISO9000 有助于改善企业现存的问题。在推行 ISO9000 质量体系认证的过程中，质量体系的建立将会对企业普遍存在的问题加以制约，提高企业产品的安全性、可靠性、经济性和责任性的需要。

2.1.2　ISO9000 标准的改版

自 1987 年 ISO 9000 正式诞生以来，标准已历经了四次正式的改版：第一次改版发生在 1994 年，它沿用了质量保证的概念，传统制造业烙印仍较明显；第二次改版是在 2000 年，不论是理念、结构还是内涵，这都是一次重大的变化，标准引入了“以顾客为关注焦点”、“过程方法”等基本理念，从系统的角度实现了从质量保证到质量管理的升华，也淡化了原有的制造业的痕迹，具备了更强的适用性；第三次改版是在 2008 年，形成了标准的第四个也就是现行有效的版本，这次改版被定义为一次“编辑性修改”，并未发生显著变化；第四次就是现在正在进行着的2015年版本，这次改版在结构、质量手册、风险等方面都发生了变化。

1. 2015年改版

2014年5月：ISO 9001：2015 DIS版发布；2014年10月：新标准；2015年1月正式发布《ISO9001：2015版转换实施指南》；2015年5月ISO9001最终国际标准草案出台；2015年7月ISO9001最终国际标准草案发布；2015年9月新版ISO9001：2015正式发布；至2018年9月三年体系转换周期，所有的ISO9001：2008证书都将作废且失效。

2. 修订的目的

此次修订的目标主要集中于以下几个方面。

(1)为今后十年的质量管理体系标准建立一个稳定的框架，并引入八项重要的质量管理原则作为理论基础：加强可追溯性方面的一致性；突出“客户中心”理念；注重领导力；强调人的参与；系统管理方法；持续改进；基于事实的决策方法；互惠互利的供方关系。(2)具有足够的通用性，能适用于各个行业或领域的所有类型和规模的组织。(3)继续对当前为获得满意结果进行有效流程管理保持关注。(4)将2000年重大修订以来的质量管理实践和技术方面的变化纳入考虑范围，例如：用于控制客户资产的条形码系统；更为全面、高度整合的质量管理体系(QMS)软件；电子版本的质量手册、流程和表格；在作为企业必需的认证标准之外，客户对审计价值的期望；流程方法中日渐突出的持续改进衡量指标。(5)反映组织运营所面临的日益复杂而又瞬息万变的工作环境变化，如：员工的文化背景日趋多元化；客户对速度、价格和质量提出更高的要求；出于对事故和成本的考虑而日益关注企业内部的环境和安全问题；有助于多功能岗位发展的精益管理环境。(6)采用ISO导则——附件SL(高层结构)规定的通用结构、核心文本及定义，确保与其他ISO管理体系(如ISO14001)的兼容性。(7)简化组织对标准的有效执行及合规审查。(8)采用简洁的表述方式，确保新版标准的通俗易懂及对质量管理要求的一致解读。

3. ISO9001：2015质量管理体系新版标准重点变化

强调建立适合各组织具体要求的管理体系；要求组织高层能参与其中并承担责任，使质量与更广泛的业务策略相适应；风险防范意识贯穿整个标准，使整个管理体系适用于风险预防，并鼓励持续改进；对文件的规定性要求更少：如今组织机构可以自行决定需要记录什么信息，应该采用什么文件格式；通过使用通用的新高层结构与其他主要管理体系标准保持一致。

【知识链接 2-3】

企业推行 ISO 标准的作用

强化品质管理，提高企业效益；增强客户信心，扩大市场份额，在产品品质竞争中永远立于不败之地；提高全员质量意识，改善企业文化；第三方认证，提供最广泛的认可，节省了第二方审核的精力和费用；有效地避免产品责任；获得了国际贸易“通行证”，消除了国际贸易壁垒；法律责任减免：如更容易的许可，更少的检查以及简化的报告要求等；公众形象及社会关系，为消费者选择提供信心。

2.1.3　ISO9000 系列标准与全面质量管理的比较

1. ISO9000 系列标准与 TQM 的相同点

首先，两者的管理理论和统计理论基础一致。两者均认为产品质量形成于产品全过程，都要求质量体系贯穿于质量形成的全过程；在实现方法上，两者都使用了 PDCA 质量循环运行模式。其次，两者都要求对质量实施系统化的管理，都强调“一把手”对质量的管理。最后，两者的最终目的一致，都是提高产品质量，满足顾客的需要，都强调任何一个过程都是可以不断改进、不断完善的。

2. ISO9000 系列标准与 TQM 的不同点

首先，期间目标不一致。TQM 质量计划管理活动的目标是改变现状。其作业只限于一次，目标实现后，管理活动也就结束了，下一次计划管理活动，虽然是在上一次计划管理活动的结果的基础上进行的，但绝不是重复与上次相同的作业。而 ISO9000 系列标准的目标是维持标准现状。其目标值为定值。其管理活动是重复相同的方法和作业，使实际工作结果与标准值的偏差量尽量减少。其次，工作中心不同。TQM 是以人为中心，ISO9000 是以标准为中心。最后，两者的执行标准及检查方式不同。实施 TQM 的标准是企业结合其自身特点制定的自我约束的管理体制；其检查方主要是企业内部人员，检查方法是考核和评价(方针目标讲评，QC 小组成果发布等)。ISO9000 系列标准是国际公认的质量管理体系标准，它是供世界各国共同遵守的准则。贯彻该标准强调的是由公正的第三方对质量体系进行认证，并接受认证机构的监督和检查。

3. ISO9000 系列标准与 TQM 的结合方式

贯彻 ISO9000 系列标准和推行 TQM 之间不存在截然不同的界限，我们把两者结合起来，才是现代企业质量管理深化发展的方向。企业开展 TQM，必须从基础工作抓起，认真结合企业的实际情况和需要，贯彻实施 ISO9000 系列标准。企业在贯彻 ISO9000 系列标准、取得质量认证证书后，一定不要忽视甚至丢弃 TQM。在企业的实际工作中，我们主张把开展全面质量管理和实施系列标准有机地结合起来。在具体实施中，可按四类不同的企业，实行四种不同的结合方式。

(1)已开展全面质量管理多年并行之有效，取得成功经验的企业。这类企业过去的成功经验是实施系列标准的良好基础和条件，在此基础上，对照系列标准，结合企业的具体情况，发挥企业的优势，寻找自己的不足，进一步规范、完善企业的质量体系并保证其有效运转，促进企业质量管理工作和企业素质的提高。为了提高企业的信誉和竞争能力，企业可以考虑根据市场需要，向经国家认可和授权的权威机构申请对企业的质量体系认证。

(2)过去搞过全面质量管理，但只限于搞宣传教育或应用一些数理统计方法的企业。对于这样的企业来说，实施系列标准是一个“补课”的好机会。在系列标准指导下根据企业的产品、服务、工艺等具体情况，按照科学的程序去建立适用的质量体系使之贯穿于产品质量产生、形成和实现的全过程。明确划分职能，逐级分配，把各项工作落到实处，进一步加强质量教育工作，深刻领会全面质量管理和系列标准的系统性、科学原则，使全体职工都能理解全面质量管理的含义，并提高他们的素质和工作技能，应用数理统计方法要和改进质量相结合，真正发挥这些方法的作用，取得实效。加强质量成绩的考评工作，在质量活动取得成绩时，要给予肯定和鼓励，激励员工取得更多的成绩，总之，这样的企业通过实施标准，通过“补课”踏踏实实地工作，同样也可以提高管理水平，增强企业素质和竞争力。

(3)新建立的企业或是全面质量管理与实施系列标准工作尚未起步的企业。对于这类企业来说，更要强调开展全面质量管理和实施系列标准相结合。同样，根据企业的具体情况，在系列标准的指导下，按照企业的产品质量产生、形成和实现过程的规律，把影响这些环节的技术、管理等因素控制起来，建立质量体系并明确体系中的具体的质量职能和活动，然后，逐级进行质量职能的分配，并把各个环节的各项工作的“接口”均纳入质量体系的控制范围之内，使得企业的所有质量管理活动协调地发挥作用，获得一个整体的最佳效应。当然，在工作中也必须注意，切忌搞形式、重数量，否则就不能提高企业的管理水平，实现企业的经营目标。

(4)已通过认证机构认证的企业。对于这样的企业来说，其质量体系已比较完善，因此，它们的重点是继续深化全面质量管理，在原有的基础上，把企业质量管理水平提高到一个新的水平。

2.1.4　质量管理的八项原则

在总结 1994 版标准实践的基础上，ISO9000：2000 标准中 0.2 条款明确了质量管理的八项原则。这八项原则科学地总结了世界各国多年来理论研究的成果和实践的经验，体现了质量管理的基本规律，是2000版ISO9000系列标准的基础。

1. 以顾客为中心

组织依存于顾客。因此，组织应理解顾客当前的和未来的需求，满足顾客要求并争取超越顾客期望。顾客是每一个组织存在的基础，顾客的要求是第一位的，组织应调查和研究顾客的需求和期望，并把它转化为质量要求，采取有效措施使其实现。这个指导思想不仅领导要明确，还要在全体职工中贯彻。

2. 领导作用

领导必须将本组织的宗旨、方向和内部环境统一起来，并创造使员工能够充分参与实现组织目标的环境。领导的作用，即最高管理者具有决策和领导一个组织的关键作用。为了营造一个良好的环境，最高管理者应建立质量方针和质量目标，确保关注顾客要求，确保建立和实施一个有效的质量管理体系，确保应有的资源得到充分利用，并随时将组织运行的结果与目标比较，根据情况确定实现质量方针、目标的措施，确定持续改进的措施。在领导作风上还要做到透明、务实和以身作则。

3. 全员参与

各级人员是组织之本，只有充分参与，才能使他们的才干为组织带来最大的收益。组织的质量管理不仅需要最高管理者的正确领导，还有赖于全员的参与。所以要对职工进行质量意识、职业道德、以顾客为中心的意识和敬业精神的教育，还要激发他们的积极性和责任感。

4. 过程方法

将相关的资源和活动作为过程进行管理，可以更高效地得到期望的结果。过程方法的原则不仅适用于某些简单的过程，也适用于由许多过程组成的过程网络。在应用于质量管理体系时，2000版ISO9000系列标准建立了一个过程模式。此模式把管理职责，资源管理，产品实现，测量、分析和改进作为体系的四大主要过程，描述其相互关系、并以顾客要求为输入，提供给顾客的产品为输出，通过信息反馈来测定的顾客满意度，评价质量管理体系的业绩。

5. 管理的系统方法

针对设定的目标，识别、理解并管理一个由相互关联的过程所组成的体系，有助于提高组织的有效性和效率。这种建立和实施质量管理体系的方法，既可用于新建体系，也可用于现有体系的改进。此方法的实施可使企业在三个方面受益：一是提供对过程能力及产品可靠性的信任；二是为持续改进打好基础；三是使顾客满意，最终使组织获得成功。

6. 持续改进

持续改进是组织的一个永恒的目标。在质量管理体系中，改进指产品质量、过程及体系有效性和效率的提高，持续改进包括：了解现状；建立目标；寻找、评价和实施解决办法；测量、验证和分析结果，把更改纳入文件等活动。

7. 基于事实的决策方法

对数据和信息的逻辑分析或直觉判断是有效决策的基础。以事实为依据做决策，可防止决策失误。在对信息和资料做科学分析时，统计技术是最重要的工具之一。统计技术可用来测量、分析和说明产品和过程的变异性，统计技术可以为持续改进的决策提供依据。

【案例分析 2-1】

割草的男孩

一个替人割草打工的男孩打电话给一位陈太太说：“您需不需要割草?”陈太太回答说：“不需要了，我已有了割草工。”男孩又说：“我会帮您拔掉花丛中的杂草。”陈太太回答：“我的割草工也做了。”男孩又说：“我会帮您把草与走道的四周割齐。”陈太太说：“我请的那人也已做了。谢谢你，我不需要新的割草工人。”男孩便挂了电话。此时男孩的室友问他：“你不是就在陈太太那割草打工吗？为什么还要打这电话?”男孩说：“我只是想知道我做得有多好。”

分析：这个故事反映的 ISO 的第一个思想，即以顾客为关注焦点，不断地探询顾客的评价，我们才有可能知道自己的长处与不足，然后扬长避短，改进自己的工作质量，牢牢地抓住顾客的心。这也是“持续改进”思想的实际运用的一个例子。每个员工是否也可结合自己的岗位工作，做一些持续改进呢？所有的员工都可以做到让顾客满意。对于营销人员来说，这样可以得到忠诚度极高的顾客，对于每个职能部门员工来说，只有时刻关注顾客工作质量才可以不断改进，这也是沟通的问题，一个人想得到公正、客观的评价真的好难。这个故事为我们提供了一个好的方法，应该算是一种创新吧。

8. 互利的供方关系

通过互利的关系，可以增强组织及供方创造价值的能力。供方提供的产品将对组织向顾客提供满意的产品产生重要影响，因此处理好与供方的关系，影响到组织能否持续、稳定地提供顾客满意的产品。对供方不能只讲控制不讲合作互利，特别是对关键供方，更要建立互利关系，这对组织和供方都有利。

2.2　质量管理体系

2.2.1　质量管理体系的定义及内涵

实现质量管理的方针目标，有效地开展各项质量管理活动，必须建立相应的管理体系，这个体系就叫质量管理体系。质量管理体系指企业内部建立的，为保证产品质量或质量目标所必需的、系统的质量活动。它根据企业特点选用若干体系要素加以组合，加强设计研制、生产、检验、销售、使用全过程的质量管理活动，并予以制度化、标准化，成为企业内部质量工作的活动程序。普遍采用的质量管理体系。

1. 质量管理体系应具有符合性

有效开展质量管理，必须设计、建立、实施和保持质量管理体系。组织的最高管理者对依据 ISO9001 国际标准设计、建立、实施和保持质量管理体系的决策负责，对建立合理的组织结构和提供适宜的资源负责；管理者代表和质量职能部门对形成文件的程序的制定和实施、过程的建立和运行负直接责任。

2. 质量管理体系应具有唯一性

质量管理体系的设计和建立，应结合组织的质量目标、产品类别、过程特点和实践经验。因此，不同组织的质量管理体系有不同的特点。

3. 质量管理体系应具有系统性

质量管理体系是各组成部分相互关联和作用的组合体，包括：①组织结构——合理的组织机构和明确的职责、权限及协调的关系；②程序——规定到位的形成文件的程序和作业指导书，是过程运行和进行活动的依据；③过程——质量管理体系的有效实施，是通过其所需过程的有效运行来实现的；④资源——必需、充分且适宜的资源包括人员、资金、设施、设备、料件、能源、技术和方法。

4. 质量管理体系应具有全面有效性

质量管理体系的运行应是全面有效的，既能满足组织内部质量管理的要求，又能满足组织与顾客的合同要求，还能满足第二方认定、第三方认证和注册的要求。

5. 质量管理体系应具有预防性

质量管理体系应能采用适当的预防措施，有一定的防止重大质量问题发生的能力。

6. 质量管理体系应具有动态性

最高管理者定期批准进行内部质量管理体系审核，定期进行管理评审，以改进质量管理体系；还要支持质量职能部门(含车间)采用纠正措施和预防措施改进过程，从而完善体系。

7. 质量管理体系应持续受控

质量管理体系所需过程及活动应持续受控。

8. 质量管理体系应最佳化

组织应综合考虑利益、成本和风险，通过质量管理体系持续有效运行使其最佳化。

2.2.2 质量管理体系的建立和完善

建立、完善质量体系一般要经历质量体系的策划与设计、质量体系文件的编制、质量体系的试运行、质量体系审核和评审四个阶段，每个阶段又可分为若干具体步骤。

1. 质量体系的策划与设计

第一，教育培训，统一认识。质量体系建立和完善的过程，是始于教育、终于教育的过程，也是提高认识和统一认识的过程，教育培训要分层次，循序渐进地进行。第一层次为决策层，包括党、政、技(术)领导。第二层次为管理层，重点是管理、技术和生产部门的负责人以及与建立质量体系有关的工作人员。第三层次为执行层，即与产品质量形成全过程有关的作业人员。

第二，组织落实，拟定计划。尽管质量体系建设涉及一个组织的所有部门和全体职工，但对多数单位来说，成立一个精干的工作班子可能是需要的，根据一些单位的做法，这个班子也可分三个层次。

第一层次：成立以最高管理者(厂长、总经理等)为组长，质量主管领导为副组长的质量体系建设领导小组(或委员会)。

第二层次，成立由各职能部门领导(或代表)参加的工作班子。这个工作班子一般由质量部门和计划部门的领导共同牵头，其主要任务是按照体系建设的总体规划具体组织实施。

第三层次：成立要素工作小组。根据各职能部门的分工明确质量体系要素的责任单位，例如，“设计控制”一般应由设计部门负责，“采购”由物资采购部门负责。组织和责任落实后，按不同层次分别制订工作计划。

第三，确定质量方针，制定质量目标。质量方针体现了一个组织对质量的追求，对顾客的承诺，是职工质量行为的准则和质量工作的方向。

第四，现状调查和分析。现状调查和分析的目的是合理地选择体系要素，内容包括：体系情况分析，产品特点分析，组织结构分析，生产设备和检测设备能否适应质量体系的有关要求，技术、管理和操作人员的组成、结构及水平状况的分析，管理基础工作情况分析。

第五，调整组织结构，配备资源。组织机构设置由于历史沿革多数并不是按质量形成客观规律来设置相应的职能部门的，所以在完成落实质量体系要素并展开成对应的质量活动以后，必须将活动中相应的工作职责和权限分配到各职能部门。一般来讲，一个质量职能部门可以负责或参与多个质量活动，但不要让一项质量活动由多个职能部门来负责。在活动展开的过程中，涉及的相应的硬件、软件和人员配备，根据需要应进行适当的调配和充实。

2. 质量体系文件的编制

(1)质量体系文件的编制内容和要求。

质量体系文件的编制内容和要求，从质量体系的建设角度讲，应强调几个问题：

体系文件一般应在第一阶段工作完成后才正式制定，必要时也可交叉进行。如果前期工作不做，直接编制体系文件就容易产生系统性、整体性不强，以及脱离实际等弊病。

除质量手册需统一组织制定外，其他体系文件应按分工由归口职能部门分别制定，先提出草案，再组织审核，这样做有利于今后文件的执行。

质量体系文件的编制应结合本单位的质量职能分配进行。按所选择的质量体系要求，逐个展开为各项质量活动(包括直接质量活动和间接质量活动)，将质量职能分配落实到各职能部门。质量活动项目和分配可采用矩阵图的形式表述，质量职能矩阵图也可作为附件附于质量手册之后。

为了使所编制的质量体系文件做到协调、统一，在编制前应制定“质量体系文件明细表”，将现行的质量手册(如果已编制)、企业标准、规章制度、管理办法以及记录表式收集在一起，与质量体系要素进行比较，从而确定新编、增编或修订质量体系文件项目。

为了提高质量体系文件的编制效率，减少返工，在文件编制过程中要加强文件的层次间、文件与文件间的协调。尽管如此，一套高质量的质量体系文件也要经过自上而下和自下而上的多次反复。

编制质量体系文件的关键是讲求实效，既要从总体上和原则上满足 ISO9000 系列标准，又要在方法上和具体做法上符合本单位的实际。

(2)质量体系的试运行。

质量体系文件编制完成后，质量体系将进入试运行阶段。其目的是通过试运行，考验质量体系文件的有效性和协调性，并对暴露出的问题，采取改进措施和纠正措施，以达到进一步完善质量体系文件的目的。在质量体系试运行过程中，要重点抓好以下工作：

①有针对性地宣传质量体系文件。使全体职工认识到新建立或完善的质量体系是对过去质量体系的变革，是为了与国际标准接轨，要适应这种变革就必须认真学习、贯彻质量体系文件。

②实践是检验真理的唯一标准。体系文件通过试运行必然会出现一些问题，全体职工应将实践中出现的问题和改进意见如实反映给有关部门，以便采取纠正措施。

③对体系试运行中暴露出的问题，如体系设计不周、项目不全等进行协调、改进。

④加强信息管理，不仅是体系试运行本身的需要，也是保证试运行成功的关键。所有与质量活动有关的人员都应按体系文件要求，做好质量信息的收集、分析、传递、反馈、处理和归档等工作。

(3)质量体系的审核与评审。

质量体系审核在体系建立的初始阶段往往更加重要。在这一阶段，质量体系审核的重点，主要是验证和确认体系文件的适用性和有效性。

审核与评审的主要内容一般包括：规定的质量方针和质量目标是否可行；体系文件是否覆盖了所有主要质量活动，各文件之间的接口是否清楚；组织结构能否满足质量体系运行的需要，各部门、各岗位的质量职责是否明确；质量体系要素的选择是否合理；规定的质量记录是否能起到见证作用；所有职工是否养成了按体系文件操作或工作的习惯，执行情况如何。

该阶段体系审核的特点是：体系正常运行时的体系审核，重点在符合性，在试运行阶段，通常是将符合性与适用性结合起来进行；为了使问题尽可能地在试运行阶段暴露无遗，除组织审核组进行正式审核外，还应有广大职工的参与，鼓励他们通过试运行的实践，发现和提出问题；在试运行的每一阶段结束后，一般应正式安排一次审核，以便及时对发现的问题进行纠正，对一些重大问题也可根据需要，适时地组织审核；在试运行中要对所有要素审核覆盖一遍；充分考虑对产品的保证作用；在内部审核的基础上，由最高管理者组织一次体系评审。

应当强调，质量体系是在不断改进中得以完善的，质量体系进入正常运行后，仍然要采取内部审核、管理评审等手段以使质量体系能够保持和不断完善。

【案例分析 2-2】

以 ISO9002 质量体系认证为契机，提升质量管理水平

为建立科学化、程序化的质量管理体系。某公司以 ISO9002 质量体系认证为契机，认真执行和不断完善《质量手册》、《作业指导书》、《程序文件》。建立和完善质量基础统计，并输入电脑，完善 ERP 管理软件，以数据说话，以数据论高下，靠数据找管理上的差距，找解决问题的措施。每次复审前厂部都认真组织内审，每通过一次内审，就是对员工进行一次质量管理的教育，苦练内功，对产品质量从严要求，按工艺程序落实到人。如为了使产品始终如一，不发生色差，保证从加工第一件产品开始，就能严格按照产品的工艺要求、质量标准进行生产，企业制定了签样制度，根据产品类型，进行不同层次的签样，要求各级管理人员每生产一种产品，每经过一道工序，都要签样，并将签样质量的好坏作为考核的一种依据。经过连续几年的努力，质量管理水平明显提高，产品质量上升，客户投诉减少，非正常损耗下降，经济效益明显增长，并通过了质量认证。

分析：该公司以 ISO9002 认证为契机，推广 ISO9000 系列质量管理体系，通过内审，加强员工的质量意识，结果提升了产品质量。

2.2.3　质量管理体系要求与产品要求的区别

ISO9000 系列标准把质量管理体系要求与产品要求加以区分。区分的主要根据是两种要求具有不同的性质。ISO9001：2000 标准是对质量管理体系的要求。这种要求是通用的，适用于提供不同类别的产品，包括硬件软、软件、服务和流程性材料的，不同规模(大型、中型、小型)的组织。但是，每个组织为符合质量管理体系标准的要求而采取的措施却是不同的。一般来说，对产品的要求应在技术规范、产品标准、过程标准或规范、合同协议一级法律规范中规定，但是，对于一个组织来说，质量管理体系要求与产品要求缺一不可，不能互相取代，只能相辅相成。表 2-2 是质量管理体系要求与产品要求区别一览表。

表 2-2　**质量管理体系要求与产品要求区别一览表**

	质量管理体系要求	产品要求
含义	1. 为建立质量方针和质量目标并实现这些目标的一组相互关联的或相互作用的要素，是对质量管理体系固有特性提出的要求。2. 质量管理体系的固有特性是体系满足方针和目标的能力、体系的协调性、自我完善能力、有效性的效果等	1. 对产品的固有特性所提出的要求，有时也包括与产品有关过程的要求。2. 产品的固有特性主要是指产品物理的、感观的、行为的、时间的、功能的和人体功效方面的有关要求
目的	1. 证实组织有能力稳定地提供满足顾客和法律法规要求的产品。2. 通过体系有效应用，包括持续改进和预防不合格而增强顾客满意	验收产品并满足顾客
适用范围	通用的要求，适用于各种类型、不同规模和提供不同产品的组织	特定要求，适用于特定产品
表达形式	GB/T19001 质量管理体系要求或其他质量管理体系要求或法律法规要求	技术规范、产品标准、合同、协议、法律法规，反映在过程标准中
要求的提出	GB/T19001 标准	可由顾客规定；可由组织通过预测顾客要求来规定；可由法律法规规定
相互关系	质量管理体系要求本身不规定产品要求，但它是对产品要求的补充	

2.2.4　质量管理体系和其他管理体系所关注的目标

质量(即顾客满意)虽然是组织的主要目标，但不是组织的唯一目标。质量管理虽然是组织管理的“纲”，却不是组织管理的全部。组织目标还包括增长、资金、利润、环境、职业健康与安全等，虽然这些目标与质量目标都有或多或少、或直接或间接的联系，都可能受到质量目标实现状况(有效性)的制约，但它们毕竟独立存在。因此，组织除了质量管理外，还有财务管理、环境管理等，从而形成财务管理体系、环境管理体系等。

组织的管理体系包括不同的管理子体系，其中质量管理体系是最重要的组成部分，是整个组织管理体系的“纲”，是其“中心环节”。其他管理体系可以与质量管理体系整合为一个使用共同要素的管理体系。例如，生产管理体系使用的要素与质量管理体系使用的要素基本上是一致的、共同的。因此，二者完全可以整合为一个管理体系。不少组织未能认识到这一点，把生产和质量截然分割开来，形成“两张皮”，结果矛盾重重，冲突不断，质量没做好，生产也受到了影响。这种状态不改变，质量管理体系也难以有效运行。类似的情况还发生在质量管理体系和其他管理体系上。因此，标准要求“整合”。

所谓“整合”，就是在策划、职责划分、资源配置、程序要求等方面，尽量进行统一、系统的考虑。也就是说，在策划质量管理体系时，应当充分考虑其他管理体系的要求，同一项活动，同一个过程，最好只有一个文件或一个程序。该文件或该程序既应包含全部质量要求，又应包含其他管理体系的要求。可以不分开的，尽量不分开。这样，组织在形式上只有一个总的管理体系，质量管理体系和其他管理体系都融入其中，既省了不少事，又使组织管理在统一号令下进行，因而是最合理、最节约的，而且可能是最有效的。

如果组织建立了这样的管理体系，一方面可以对照其要求，对总体有效性进行评定；另一方面也可以对其中的某一单项的管理体系，如质量管理体系和环境管理体系，按 ISO9001 和 ISO14001 的要求进行审核。第一方(内部)审核可以是联合进行的，也可以是分开进行的。第二方(顾客)审核一般来说是分开进行的。第三方(认证机构)审核可以是 ISO9001 和 ISO14001 两种要求联合进行，也可以是分开进行。也就是说，组织的管理体系是一个，审核时可以对这“一个”进行综合审核，也可以对这“一个”的组成部分或某一方面分开进行审核。

GB/T 19000-2000 的这一规定非常重要，有利于我们纠正对质量、质量管理和质量管理体系的错误认识，从一个更高的层次来理解 ISO9000 系列标准，防止形式主义和走过场。

2.3 质量审核及质量体系认证

2.3.1 质量审核

1. 质量审核的概念及类型

质量审核是指企业为确定质量活动和有关结果是否符合计划安排，以及这些安排是否得到了有效的实施、能否达到预定的目标而做的系统、独立的检查和审查。

质量审核有狭义和广义之分。狭义的质量审核是对产品的审核。它从用户使用的观点出发对产品定期进行复查，以判断能否符合用户的需求并提出改进产品质量的建议。

广义的质量审核称质量管理审核，这是对企业的质量方针、质量目标、质量计划和产品进行监督检查，对各部门执行质量职能活动的情况进行评价、鉴定并提出改进意见。

质量审核按审核的对象分类，可分为以下三种：

(1)产品质量审核，指对准备交给用户使用的产品的适用性进行审核。

(2)工序质量审核，指对工序质量控制的有效性进行审核。

(3)质量体系审核，指对企业为达到质量目标所进行的全部质量活动的有效性进行审核。

质量审核按目的分，又可分为内部质量审核和外部质量审核两种。

【知识链接 2-4】

内部质量审核的步骤

(1)审核策划。按照内审程序规定，制订年度审核计划，管理者授权成立审核组，由审核组长制订专项审核活动计划，准备审核工作文件，通知审核。工作文件的准备主要是指审核所依据的标准和文件、现场审核记录、不合格报告等。标准和文件必须是有效版本，必须已在现场实施。它们主要有：ISO9001 标准；质量手册、程序文件、质量计划和记录；合同要求；社会要求(有关法律、法规和卫生、生态要求)；有关质量标准(包括产品、设备、材料、环境、方法、人员等产品、资源性标准)。

(2)审核实施。以首次会议开始现场审核。审核员运用各种审核方法和技巧，收集审核证据，得出审核发现，进行分析判断，开具不合格项报告，并以末次会议结束现场审核。审核组长应实施审核的全过程控制。

(3)审核报告。现场审核结束后，应提交审核报告。工作内容包括：审核报告的编制、批准、分发、归档、考核奖惩，纠正、预防以及改进措施的提出、确认和分层分步实施的要求。

(4)跟踪审核。应加强对审核后的区域、过程的实施及纠正情况进行跟踪审核，并在下一次审核时，对措施的实施情况及效果进行复查评价，写入报告，实现审核闭环管理，以推动连续的质量改进。在任何组织中，从审核得到的真正益处最终均来自“自身”的审核。

2. 质量审核的构成及步骤

质量审核的构成是：

(1)质量管理的领导与组织情况；

(2)各部门质量职能活动及相互协调情况；

(3)各项质量管理规章制度、工作程序、工作标准的执行情况；

(4)质量职能分配及岗位质量责任制执行情况；

(5)质量文件、档案、原始记录等是否正确、完善；
(6)质量信息管理系统的运行及协调情况；
(7)外协、外购件进厂及产品提供服务符合有关规定的情况；
(8)人员培训教育和设备安装满足质量工作要求的情况；
(9)质量政策、质量目标和质量计划的制订与执行情况；
(10)实物质量符合标准和规范的程度等。

每次审核不一定面面俱到，可有所侧重，抓住主要问题进行审核。

审核的步骤是：制订质量体系审核计划；组成审核小组；编制审核提纲；实施审核；提出审核报告。

3. 产品质量审核、工序质量审核及质量管理体系审核

(1)产品质量审核

产品质量审核，指为了获得出厂产品质量信息所进行的质量审核活动，即对已检验入库或进入流通领域的产品实物质量进行抽查、试验，审核产品是否符合有关标准和满足用户需要。它按用户使用质量来检查和评价产品质量，以成品的质量审核为重点。通过审核，发现企业产品质量与质量职能活动上的问题，为制定质量改进目标与措施提供依据；通过审核也可以对质量检验人员的工作质量考核提供依据；通过连续审核，可以对比企业现在与过去生产中的产品的质量水平，估计目前产品质量水平的发展趋势。

(2)工序质量审核

工序质量审核，指对工序质量定期或专题的验证、抽查和考核工序中影响产品质量的各种因素的变动情况，以便采取对策加以改进。其动因可能是常规的质量保证规定，也可能是基于用户申诉而临时安排的质量保证要求。工序质量审核的目的，在于考核各工序或工序中影响工序质量的各种因素是否处于受控状态。也就是要求生产过程必须按规定的标准(规程、规范)程序进行；随时监控质量动向，一旦发生“失控”，必须立即找出异常原因，把质量故障消除在发生之前；万一发生质量问题，能够及时发现，及时纠正，杜绝重复发生；产品质量具有可追查性。

(3)质量管理体系审核

质量管理体系审核按审核方分为第一方审核、第二方审核和第三方审核。

第一方审核即组织的内审，目的是对自身的产品、过程或体系进行审核，对发现的问题进行纠正改进。

第二方审核是顾客对供方开展的审核，目的是在众多可供选择的供方中，挑选合格的供方，将审核的结果作为最终采购决定的依据。

第三方审核是指由独立于第一方和第二方的，具有一定资格的审核机构对组织的质量管理体系进行的审核，目的是进行认证注册。

2.3.2 质量体系认证

1. 质量体系认证的含义及特点

(1)质量体系认证的含义

质量体系认证是指第三方(社会上的认证机构)对供方的质量体系进行审核、评定和注册活动，其目的在于通过审核、评定和事后监督来证明供方的质量体系符合某种质量保证标准，对供方的质量保证能力给予独立的证实。质量体系认证在国际上也称为企业认证、质量体系注册、质量体系评审、质量体系审核等。在我国，质量体系认证指由国家技术监督局认可并授权的认证机构依据国家“质量管理和质量保证”系列标准，对申请认证的单位进行审核确认，并以注册及颁发认证证书的形式，证明其质量体系和质量保证能力符合要求。《中华人民共和国产品质量法》在第二章第九条中对认证的管理、认证的方式以及认证的对象等给予原则性的规定，并明确了质量体系认证是国家产品质量监督管理的宏观调控手段之一。

【知识链接 2-5】

我国实行质量体系认证的基本原则

根据国家有关质量体系认证的法律与法规，并参照国际有关标准和技术法规，确定了指导我国质量体系认证工作的基本原则。

1. 以国际指南为基础同国际接轨

我国颁布的有关质量体系认证的法律与法规是以ISO和IEC联合发布的有关指南为基础制定的，因而有利于国际承认。

2. 认证工作统一管理

质量体系认证在国内实行统一管理。基本做法是，组建中国合格评定国家认可委员会，下设五个委员会，对认证机构、检验机构以及认证人员实行统一管理，以确保认证结果的可信性。

3. 坚持公正性

有关认证的指南特别强调，认证是“第三方”从事的活动，以确保认证工作的公正性。我国实行的质量体系认证制度就是ISO和IEC推荐的典型的第三方产品认证制度和质量体系认证制度。

4. 自愿性认证和强制性管理相结合

各发达国家都对安全性产品通过国家法令实行强制制度管理，这些产品如果没有通过认证则不准生产与销售。我国颁布的《中华人民共和国产品质量认证管理条例》中明确表明，企业可自愿申请认证，但对涉及人类健康和安全、动植物生命和健康以及环境保护和公共安全的产品实行强制性认证制度。

5. 质量体系认证的目的明确

质量体系认证的目的，一方面是帮助企业取得进入市场的“通行证”；另一方面主要是促进企业加强技术基础工作，建立健全企业的质量管理体系，提高企业的管理水平。

(2)质量体系认证的特点

①认证的对象是供方的质量体系。质量体系认证的对象不是该企业的某一产品或服务，而是质量体系本身。当然，质量体系认证必然会涉及该体系覆盖的产品或服务，有的企业申请包括企业各类产品或服务在内的总的质量体系的认证，有的申请只包括某个或部分产品(或服务)的质量体系认证。尽管涉及产品的范围有大有少，但认证的对象都是供方的质量体系。

②认证的依据是质量保证标准。进行质量体系认证，往往是供方出于对外提供质量保证的需要，故认证依据是有关质量保证模式标准。为了使质量体系认证能与国际接轨，供方最好选用ISO9001、ISO9002、ISO9003标准中的一项。

③认证的机构是第三方质量体系评价机构。要使供方质量体系认证能有公正性和可信性，认证必须由与被认证单位(供方)在经济上没有利害关系，行政上没有隶属关系的第三方机构来承担。而这个机构除必须拥有经验丰富、训练有素的人员，符合要求的资源和程序外，还必须以其优良的认证实践来赢得政府的支持和社会的信任，具有权威性和公正性。

④认证获准的标志是注册和发给证书。按规定程序申请认证的质量体系，当评定结果判为合格后，由认证机构对认证企业给予注册和发给证书，列入质量体系认证企业名录，并公开发布。获准认证的企业，可在宣传品、展销会和其他促销活动中使用注册标志，但不得将该标志直接用于产品或其包装上，以免与产品认证相混淆。注册标志受法律保护，不得冒用与伪造。

⑤认证是企业自主行为。产品质量体系认证，可分为安全认证和质量合格认证两大类，其中安全认证往往属于强制性的认证。质量体系认证，主要是为了提高企业的质量信誉和扩大销售量，一般是企业自愿，主动地提出申请，是属于企业自主行为。但是不申请认证的企业，往往会受到市场自然形成的不信任压力或贸易壁垒的压力，而迫使企业不得不争取进入认证企业的行列，但这不是认证制度或政府法令的强制。

2. 产品质量认证

(1)产品质量认证的含义

产品质量认证是由第三方依据程序对产品符合规定的要求给予书面保证，也就是说通过第三方(认证机构)颁发的认证证书使有关方面(关心你产品质量的组织和个人)确信通过认证的产品符合特定的产品质量标准和规定。我国《产品质量认证管理条例》规定，产品认证分为安全认证和合格认证。安全认证属于强制性认证的范畴，而合格认证一般属于自愿的。

国家质量监督检验建议总局和国家认证认可监督管理委员会在2002年陆续发布了《强制性产品认证管理规定》等四个文件。强制性产品认证制度是政府为保护广大消费者的人身安全，依照有关法律法规实施的一种对产品是否符合国家强制标准、技术规则进行评定的制度。这种认证主要通过制定强制性产品认证的产品目录和强制性产品认证程序规定，对列入目录中的产品实施强制性检测和审核。凡列入目录中的产品未获得制定机构的认证证书，未按规定加施认证标志，不得出厂、进口、销售和在经营场所使用。

(2)产品质量认证的程序

企业取得产品质量认证主要有以下几个步骤：

①申请。企业申请产品质量认证，首先向具有认证资格的产品质量认证机构提交书面申请。申请书格式由国家质量技术监督局统一规定。其主要内容包括：申请单位的基本情况；申请认证产品的名称、规格型号、商标、产量、产值等情况；申请企业愿意遵守我国产品质量认证法规的规定，依法接受检查及监督的声明等。企业递交申请书的同时，还应当提供申请认证产品的企业质量保证体系手册副本及认证采用的标准和有关技术资料。申请书经审核被接受后，由认证机构向申请单位发出“接受认证申请通知书”。

②审查和检验。企业产品质量认证申请被接受后，认证机构应当组织对企业进行质量体系审查，审查的目的在于检查、评定企业的质量保证体系确实具备保证企业持续稳定地生产符合标准要求的产品的能力。企业质量体系审查合格后，由认证机构委托符合法定条件的产品质量检验机构对申请认证的产品依照认证标准进行抽样检验。

③批准。企业通过质量体系检查和产品样品检验后，认证机构负责对“企业质量体系检查报告”和“样品检验报告”进行全面审查，依法对于符合规定条件的产品批准认证，颁发认证证书，并允许企业在该产品上使用认证标志。对于经审查不符合规定的企业，认证委员会应当书面通知申请单位，并说明理由。如果企业能在六个月内采取有效措施予以改正，并经认证机构进行复查，确实达到规定的条件的，仍可予以批准认证、颁发认证证书。对于经过复查，仍达不到规定要求的，应通知企业撤回申请。

(3)我国产品质量认证的主要标志

目前，我国推行的产品质量认证标志(但不限于此)：

①强制性产品认证标志。凡列入目录中的产品，未获得制定机构的认证证书，未按规定加施认证标志，不得出厂、进口、销售和在经营服务场所内使用。强制性产品认证标志的名称为“中国强制认证”，英文名为“CCC”(China Compulsory Cerfication)。

②无公害农产品认证标志。这是施加于经过无公害农产品认证的产品或者包装上的证明性标志。无公害农产品是指产地环境、生产过程和产品质量符合国家有关标准和规范的要求，经认证合格获得认证证书的未经加工或初加工的食用农产品。

③ 中国有机产品认证标志。中国有机产品认证属于自愿性产品认证，其认证标志为中国有机产品认证标志和中国有机转换产品认证标志。中国有机产品认证标志标有“中国有机产品”字样和相应英文(ORGANIC)。在有机产品转换期内生产或者以转换期内生产的产品为原料的加工产品，应当使用中国有机转换产品认证标志，该标志标有“中国有机转换产品”字样和相应的英文。

④中国饲料产品认证标志。获得饲料产品认证的饲料产品标注统一的饲料产品认证标志。

⑤中国能源效率标志。能源效率标志是指表示用能产品能源效率登记等性能指标的一种信息标志，属于产品符合性标志的范围。能源效率标志的名称为“中国能源标志”(China Energy Label)。

3. 质量管理体系认证

(1)质量管理体系认证的含义

质量管理体系认证是根据国际标准化组织(ISO)颁布的ISO9000系列质量管理体系国际标准，通过认证机构对企业的质量体系进行审核，并以颁发认证证书的形式证明企业的质量管理体系和质量保证能力符合相关要求，授予合格证书并予以注册的全部活动。

(2)质量管理体系认证机构

根据我国法律法规，在国内从事质量管理体系认证的机构必须取得国家的资格认可。中国合格评定国家认可委员会(CNAS)统一负责质量管理体系认证国家资格认可和获取认可后的正常监督。

(3)质量管理体系认证程序

质量管理体系认证是通过第三方质量管理体系审核活动完成的。所谓的第三方质量管理体系审核，是指独立的并经国家认可的第三方组织——质量管理体系认证机构，依照规定的程序，对受审核组织进行的独立的、系统的审核活动。其具体程序如下：

①组织向认证机构申请。组织自我评估认为具备认证的条件，可向认证机构提交申请书。

②认证机构评审和受理申请。认证机构对组织提交的申请书进行评审，如果满足认证审核的基本条件则受理申请。

③认证机构初访(需要时)。需要时，认证机构安排初访，初访的目的是了解组织现状、确定审核范围，确定审核工作量。

④签订认证合同。认证机构与委托方签订认证合同，确定正式合作关系，缴纳申请费。委托方或被审核方向认证机构提交管理手册、程序文件及相关背景材料。

⑤确定审核组并开展文件预审。认证机构指定审核组长，组成审核组，开始审核准备工作。审核组长组织文件预审，如文件无重大问题，则开始准备正式审核。

⑥审核准备。审核组长编制审核计划，确定审核目的、范围、准则、日程安排等，审核计划经被审核方确认。审核组长组织审核组成员进行审核准备。

⑦现场审核。审核组按照审核计划对被审核方进行现场审核。

⑧提交审核结论。审核组根据审核发现做出审核结论，审核结论可能有三种：推荐注册、推迟或暂缓注册、不推荐注册。

⑨批准注册。认证机构技术委员会审定是否批准注册，如批准，则颁发认证证书，并在其网站上公布。

⑩定期监督审核。认证机构对获证组织进行监督审核，监督审核一般每年一次。认证证书有效期为三年，到期需进行复评。

(4)质量管理体系认证证书和认证标志

认证机构向获准认证通过的企业颁发质量管理体系认证证书。该证书一般包括：证书号，申请方地址、名称。所认证质量管理体系覆盖的产品范围。评定依据的质量管理体系标准，颁发证书的机构、签发人、日期。该证书的有效期为三年。

认证机构向获准认证通过的企业颁发带有认证机构专有标志的体系认证标志。企业可以利用其公告宣传，表明本企业所具有的质量信誉，但不得张贴在产品上，也不得以任何可能误认为产品合格的方式使用。

4. 产品质量认证与质量体系认证的区别

产品质量认证与质量体系认证通称质量认证。但两者是有区别的。质量体系认证不能代替产品质量认证，质量体系认证合格不等于产品质量认证合格，而产品质量认证有时包含对质量体系的认证。

(1)认证的对象不同

产品质量认证的对象是产品，包括有形产品和无形产品(如服务)；质量体系认证的对象是供方的质量体系。

(2)认证的依据不同

产品质量认证的依据是经过标准化机构正式发布、认证机构认可的产品标准或有关技术规范；质量体系认证的依据是质量管理体系标准，如ISO9000系列标准或地区国际标准化机构正式发布的类似标准。

(3)认证机构不同

产品质量认证机构和质量体系认证机构是不同的机构，但必须是第三方性质的机构，而且要得到社会和政府的承认，以确定其权威性。

(4)认证获准表示方式不同

产品质量认证获准的表示方式是颁发“认证证书”和“认证标志”，质量体系认证获准的表示方式是认证机构对认证合格单位准予注册并以质量体系认证企业名录形式公开发布，同时，产品质量认证标志能用于产品及包装上，质量体系认证证书不能用于产品或包装上。

(5)认证性质不同

产品质量认证属于自愿性认证和强制认证管理相结合，质量体系认证一般属于自愿认证。

【知识链接 2-6】

各国质量认证标志如图 2-1 所示。

国家 Country	认可标志 Mark	国家 Country	认可标志 Mark
中国 China		法国 France	
欧洲 Europe		荷兰 Holland	
德国 Germany		瑞士 Switzerland	
美国 USA		奥地利 Austria	
日本 Japan		意大利 Italy	
加拿大 Canada		俄罗斯 Russia	
巴西 Brasil		澳洲 Australia	
挪威 Norway		韩国 Korea	
丹麦 Demark		新加坡 Singapore	
芬兰 Finland		以色列 Israel	
瑞典 Sweden		南非 South Africa	
英国 England		阿根廷 Argentina	
比利时 Belium			

图 2-1　各国质量认证标志

5. 质量手册

（1）质量手册的定义

质量手册是一部“法典”。质量管理体系的核心价值观在于“法治”。质量手册作为质量管理体系的纲领性文件，其地位相当于“宪法”。其他各类文件（管理性文件、作业指导书等）则相当于单项“法规”，规定了某些方面的具体要求。质量手册的编制就是“立法”，发布后的宣传就是“普法”，让每一个员工“知法懂法”，并自觉地“依法办事”。还需要职能部门当“警察”“执法”，不断地依据质量手册的要求去发现和纠正偏差。

质量手册是一本教材。各级员工通过对质量手册的学习能够获取有益的质量管理知识，从而不断提高意识和能力。比如，可以了解到公司的概况、质量理念和大政方针，可以找到自己在质量管理体系中的位置，知道自己要扮演的“角色”，搞清楚自己是谁的“顾客”，以及谁又是自己的“顾客”。

质量手册是一本宣传书。它是证实质量活动有效开展的重要证明性文件，这是第一个层次的证实，通过文件来证实你是不是“有法可依，有章可循”。有些客户还会进行第二层次的证实，那就是到公司来进行现场的第二方审核，审核依据就是质量手册，看你是不是“说到做到”，看你是不是在“规定一套，执行一套”。这在国外非常普遍，国内已有这种发展趋势。可以断言，这种发展趋势肯定会加速。

（2）编制质量手册的目的

质量手册是规定组织质量管理体系的文件，它可用于下列目的：

①就最高管理者确定的质量方针和目标与他的职员、顾客和卖主相互沟通。

②树立公司最佳形象，赢得客户的信任并满足合同规定的要求。

③对供应商施加影响，使之对所提供的产品施以有效的质量保证。

④为贯彻质量体系，按授权的引用标准行事。

⑤规定各功能团组以及与质量活动相关的各部门的组织结构和职责。

⑥保证工作有序和有效。

⑦就质量体系的各要素对全体员工进行培训，使他们认识其工作对最终产品质量的影响，帮助员工提高自身素质。

⑧作为质量审核的依据。

注：为了适应组织的规模和复杂程度，质量手册在其详略程度和编排格式方面可以不同。封皮必须反映文件编号、版本号、分发号、持有人和受控状态。

（3）质量手册的格式

①封面。应有手册标题、版本号、工厂名称、文件编号和手册编号。

②批准页和厂长（经理）授权声明。

③目次。一般列出手册章号、章名、页次以及各章曾更改过的次数和日期。

④主题内容和适用范围。表明手册的应用领域，涉及的内容及其性质。

⑤前言。介绍手册的由来及版次。简述企业概况，包括工厂性质，规模和历史，产品类型，设施状况和生产能力，企业的质量状况和声誉。

⑥引用法规和标准。可列出手册中引用或配合使用的相关法规、标准等。

⑦术语和缩写。手册中所使用的术语，应采用 GB19000 系列标准中给出的术语。工厂自定的术语应作明确的定义；手册中出现的简称和缩写应明确其全称，出现的符号也应说明。

⑧质量手册的管理。明确手册的归口管理部门(即有权解释的部门)和配合部门；明确手册的发放、使用和保管要求，包括发放条件，特有者资格和责任，发放手续和日常管理的基本原则。一般情况下，手册可分为在控本(受更改控制)和非在控本(不受更改控制)两类。明确手册的修改、变更、更换、再版的原因和程序的规定；明确手册贯彻实施的要求。

⑨质量方针。阐述企业的质量管理方针、质量目标以及企业领导应承担的质量责任和对用户的承诺。

⑩机构、职责与权限。

⑪质量体系要素。应分章叙述体系所有要素，章的划分应体现质量体系的良好协调性。对要素的描述可直接引用程序文件。

【案例分析 2-3】

质量认证——企业持续发展的助推器

山西杏花村汾酒集团是全国著名的白酒生产企业，其主导产品汾酒是清香型白酒的典型代表，曾于 1915 年荣获巴拿马万国博览会甲等金质大奖，是中国老四大名酒之一，并多次荣获国优名酒称号，竹叶青酒以其独特的生产工艺配方和“色、香、味”三绝而闻名海内外，1987 年荣获法国巴黎国际酒类展评会金奖第一名。注册商标“杏花村”于 1997 年荣获国家驰名商标称号。

“借问酒家何处有，牧童遥指杏花村”，汾酒历经千年而不衰，靠的就是出色的品质。公司历来非常重视产品质量管理，特别是 20 世纪 80 年代以来，率先导入质量认证，将其作为促进全面质量管理工作的重中之重来贯彻、实施。经过不懈努力，1988 年汾酒、竹叶青酒系列主导产品在白酒行业首批通过“中国方圆标志认证委员会”组织的国家级产品质量认证，取得方圆合格认证标志。1999 年，公司开展了 ISO9001：1994 质量体系认证，2000 年 2 月获得了中国方圆标志认证委员会颁发的“质量体系认证书”，同年 12 月获得了中国进出口认证中心颁发的“质量体系认证书”，并于2003年4月成功实现了向2000版标准的转换。2003年，将质量体系的覆盖范围扩大到集团公司生产的白酒、果酒、露酒、葡萄酒及印刷制品等系列产品的设计、开发、生产、服务全过程，并顺利通过了中国方圆标志认证委员会的现场审核。

认证保证了汾酒一贯的卓越品质。多年来，汾酒人在不断探索传统工艺与现代管理技术的有机结合。质量认证提供了一个极好的结合点，通过引入质量认证，全面质量管理的思想得以深入人心，全方位提升了质量管理水平，在材料进厂、酿造到成品出厂整个过程中，实现了层层标准化把关，保证了汾酒、竹叶青酒的各项感官、理化、卫生指标100%符合国家标准，汾酒“入口绵、落喉甜、回味久长”的传统特色得到发扬光大。企业生产规模不断扩大，汾酒仍保持了一贯的卓越品质。

认证促进了科技和管理的创新。质量认证是个新事物，在导入全面质量管理的过程中，出现了一些新情况、新问题，激发了广大职工为企业发展献计献策的热情，从客观上有力地促进了科技和管理的创新。如技术部门根据企业实际情况，不断研究总结，制定了《生产过程控制总图和控制参数》，将生产过程细分为53个过程，设置参数105个，后又细分为69个过程，125个控制参数，从而使生产酿造过程中的关键、重要的生产要素得到严格控制。几年来，全员参与的质量管理小组，在实践中不断摸索总结，共获得省部级以上优秀QC成果50多项，国家级优秀成果10余项，企业也多次被评为全国质量管理小组活动优秀企业。

认证推动了新产品的开发。通过认证，带动了公司各项基础工作的提高，特别是推动新产品的开发进入了良性循环发展的轨道，极大地提高了公司的核心竞争能力。近年来，公司生产规模不断扩大，产品种类不断丰富，截至2003年年底，公司产品种类已达600余种，新产品在保持汾酒传统品味的同时，更加符合现代消费潮流，涌现了青花瓷汾酒、晶质老白汾酒等销售额过亿的品种，新产品赢得了新的消费群体，占领了市场，巩固了汾酒作为清香型白酒老大的地位。

认证促进了经济效益、社会效益的同步提高。通过认证，夯实了公司企业质量管理的基础，保证了产品质量的稳定过硬，保证产品的推陈出新，使汾酒在激烈的市场竞争中站稳了脚跟，虽经1998年“1·26”假酒案的巨大冲击和2003年“9·28”媒体事件的负面影响，企业仍能克服危机，走出困境，稳步前进。2003年汾酒集团实现销售额12亿元，比上年增长20%。

杏花村汾酒、竹叶青酒是山西标志性名牌产品，是山西人民的骄傲，产品不仅畅销全国，还出口50多个国家和地区，在海外享有极高的知名度，为山西省经济建设和社会发展作出了一定的贡献。

资料来源：http：//www.cait.cn/ISO9000/sjal/200701/t20070105_ 9480.shtml.

问题：（1）结合本案例分析质量认证对企业的促进作用；

（2）谈谈你的认识和感想。

【知识掌握】

□简答题

(1)八项质量管理原则有哪些内容?

(2)建立质量管理体系一般应经历哪几个阶段?各阶段应做什么工作?

(3)什么是质量管理体系认证?

(4)内部质量审核的过程分为哪几步?

□判断题

(1)2000 版 ISO9000 系列标准与其他标准的关系是包容的关系。　(　　)

(2)质量管理体系标准适用于评价企业提供的产品是否满足顾客的要求。　(　　)

(3)ISO9001:2000 标准规定了质量管理体系的要求。　(　　)

(4)顾客进行的审核属于第三方审核。　(　　)

(5)企业申请产品质量认证,首先向具有认证资格的产品质量认证机构提交书面申请。　(　　)

□单选题

(1)按照 2000 版 ISO9001 标准组织允许删减的范围是(　　)。

A. 资源管理　　B. 管理自责

C. 测量、分析和改进　　D. 产品的实现

(2)下列属于第三方审核的是(　　)。

A. 顾客进行的审核　　B. 总公司对其下属公司组织的审核

C. 认证机构进行的审核　　D. 对协作厂进行的审核

(3)阐明所取得结果或提供完整活动的证据的文件是(　　)。

A. 记录　　B. 程序

C. 文件　　D. 清单

(4)具有领导和控制组织的职责和权限的一组人是(　　)。

A. 最高领导者　　B. 管理者

C. 管理者代表　　D. 最高领导人

【知识应用】

□实践训练

(1)参观 1~2 家通过 ISO9000 管理质量体系认证的企业,写一份参观报告,报告内容包括该企业建立 ISO 质量体系的步骤,如何改进、审核以及取得效果。

实训目的:要求学生了解 ISO9000 质量体系从构建、改进、审核到认证的整个过程。

实训要求:仔细观察,认真听讲解;结合所学知识。

(2)请模拟一家企业的质量审核全过程,质量审核分为三种类型:产品质量审

核、工序质量审核及质量体系审核，请任选一种进行模拟。

实训目的：要求学生了解质量审核过程。

实训要求：主要掌握各种审核的内容和步骤。

□**案例分析**

某钢铁公司开展质量体系认证纪实

ISO9000标准的贯彻与实施是企业深化质量管理，提高质量管理整体水平的重要手段，也是企业质量管理同国际接轨的主要途径。

该公司主要做法是：

(1)贯彻ISO9000标准，建立质量体系。该公司在建立和完善质量管理体系过程中，加强各项基础管理工作，制定了质量手册、程序文件、管理文件、操作文件等体系文件，并认真贯彻执行，使各项质量工作有章可循，有法可依。同时，公司充分发挥纠正预防措施以及内审和管理评审的作用，使公司质量管理体系不断得到改进和完善。集团公司坚持每年按计划开展质量体系内部审核，对每次内审进行详细的策划和周密安排，使审核有计划、有组织、有系统地进行。内审和管理评审已经成为进行质量体系自我完善、自我改进的重要手段。

(2)实行奖惩制度，保证体系运行。自公司质量体系通过认证后，集团公司的质量管理工作始终以质量体系有效运行为主线，在严、细、实上下工夫，不断完善各项规章制度，狠抓落实。尤其是贯彻实施2000版标准以后，强调了领导者的作用，落实了领导质量责任。为了保证质量体系的有效运行，集团公司先后制定了《质量体系运行考核细则》、《领导干部质量责任考核方案》等考核办法，并逐年补充完善考核内容，加大考核力度，将日常检查和内审结果纳入考核细则中。各生产厂也根据集团公司的总体要求，制定了符合本厂特点的考核细则。将责任落实到岗位，落实到人。这些考核措施的实施，从制度上使集团公司质量管理体系的有效运行得到保证。

(3)加大技改力度，调整产品结构，提高竞争能力。公司紧紧围绕国家发展规划，按照主业做精做强的总体思路，先后组织实施了小型连轧改造、型钢连轧改造、发电工程、转炉精炼、小球烧结等多项重点工程。在工程项目上不仅坚持高起点、高技术含量，而且注重最终产品的成长性，从而为公司改善产品结构、增强市场竞争力和企业发展后劲提供了有力的保证。公司投资数亿元用于优质带钢、电炉改造等八大增效工程，与此同时，启动了事关长远发展的热轧超薄带钢项目。技术装备水平的提高，促进了产品的更新换代，公司产品结构从原来的建筑用材逐步过渡到以优碳钢为代表的高附加值、高技术含量的产品。通过质量体系认证，公司取得了良好的经济效益和社会效益。公司的钢、钢材产量和利税、利润指标逐年递增，企业和产品的知名度明显得到提高。公司先后获得了“省质量管理先进企业”、“全国质量管理先进企业”、“全国质量效益型先进企业”、“全国质量 服务信誉

AAA 级企业”等荣誉称号，有 9 个系列产品命名为“省名牌产品”，有 12 个系列产品被评为国家冶金产品最高荣誉奖——金杯奖。

问题：

(1)结合本案例分析质量认证对企业的促进作用；

(2)谈谈你的认识和感想。

□综合实训

1. 实训目的：通过模拟审核熟悉和掌握 ISO9000 标准、质量审核和认证的有关知识，进一步认识到质量审核的重要性。

2. 实训要求：以认真的态度对待，当成一个项目来完成。认真编制审核计划。审核时，模拟成员分工应明确。进行现场模拟质量审核，了解纺织企业质量审核的程序。联系当地的企业进行现场模拟审核或者根据下面提供的背景资料进行模拟审核。

背景资料

某纺织有限责任公司是 1999 年 12 月组建的一家民营实业公司，注册资金1500 万元。通过全体员工的卓越奋斗和大规模的技改投入，低成本扩张，目前已发展成为集纺织、棉花加工、交通运输于一体的综合性公司。资产总额从创立初期的 163 万元增加到现在的 9800 万元，“××”牌商标被评为省著名商标，拥有自营进出口权，连续多年保持某地税收大户地位。公司现有员工 1250 人，具有大中专以上学历 156 人，高中级技师 65 人。拥有环锭纺 6 万锭，气流纺 800 头，精梳机 1 套，无梭织机 800 台的生产规模，现已形成竹节、弹力、标准纱、布三个系列 60 多个品种，产品覆盖 15 个省市，并远销国外，得到用户的一致认可。被省工商局评为“AAA 级重合同守信用企业”，省国税百佳企业。其组织结构如图 2-2 所示，请以该案例提供的资料为背景编写审核计划并进行模拟审核。

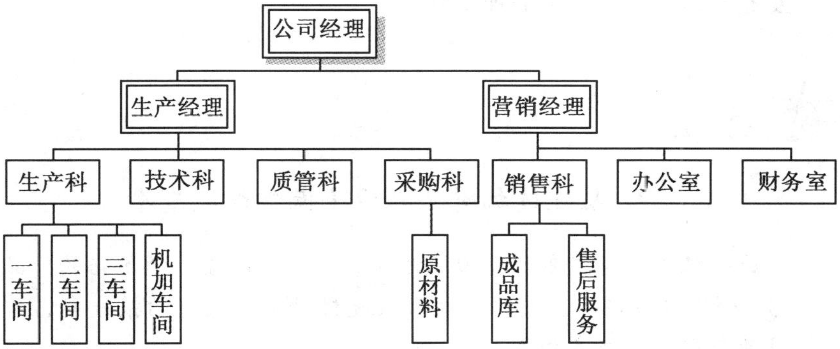

图 2-2

第三章 质量管理的常用方法

学习目标

知识目标

在学习完本章之后，你应该能够：

◎了解质量特性的表现形式；

◎明确质量管理手段与目的的关系；

◎熟知数据处理的常用知识以及本章所介绍的六种质量管理方法；

◎掌握本章所介绍的六种质量管理方法的使用步骤、使用环境及注意事项等。

技能目标

◎熟练使用分层法、检查表法、排列图法、因果分析图法、直方图法以及相关图法开展质量管理活动。

引　例

某压缩机有限公司降低铜线报废率

压缩机市场竞争激烈，为了给顾客提供高品质、低价格的产品，某公司 QC 小组经过调查，发现在所有报废材料中，铜线的报废率占首位，给公司带来严重的经济损失。

第一步：推理分析得出八个末端因素。进行了是否铜线材料不符合要求的检验。根据现场“铜线上线管理表”的记录及卷线机铜线使用量进行统计，日产3400台，每日均更换1次铜线，更换报废量为0.2kg，对铜线更换，未发现较大异常。根据“人为报废记录表”的记录，一个月内没有发现碰伤、落地等违章造成的铜线报废。现场员工的操作方法验证：现场员工按培训计划进行培训考核，成绩优良。现场作业标准书的操作方法和作业人员的操作方法相对比，作业人员的操作方法和作业标准书一致。引出线长度比实际需要长度长10~12cm，每天铜线头的报废为25kg左右，铜线头报废量大，对公司造成相当大的经济损失。线圈着磁、真空报废一匝或多匝的，整台定子线圈将作全部报废处理，造成铜线报废高。针对此现象，进行一周的调查，结论显示其是主因。对绕线机在运转状态下进行观察，设备切线装置行程感应器失灵，造成绕线过程中设备突发停止频繁，产生匝数因圈数不足导致铜线报废，针对此异常现象，通过保全人员及现场线班长跟踪调查及统计，发现其是主因。

第二步：要因确认。经过对八个末端因素进行分析，得出造成铜线报废高有以下三个因素：铜线引出线过长；真空着磁报废高；绕线机切线装置感应器异常。

第三步：制定对策。针对上面找出的问题，制定对策。

第四步：对策实施及效果检查。

第五步：制订下一步PDCA改进计划。

经过上面五个方面的工作，该公司降低了材料报废率，提高了经济效益。

分析：质量管理统计工具的应用不能纸上谈兵，应以良好的基础管理工作为前提，要真正找出影响质量的原因，必须正确使用质量统计方法，特别是要重视质量数据的运用。正确掌握和应用质量管理工具和方法是有效开展质量管理工作的基础。

3.1　质量特性及质量数据处理

3.1.1　质量特性及其表现形式

1. 质量特性的含义

质量特性是指产品、过程或体系与要求有关的固有属性。质量概念的关键是“满足要求”。这些“要求”必须转化为有指标的特性，作为评价、检验和考核的依据。由于顾客的需求是多种多样的，所以反映质量的特性也应该是多种多样的。

质量特性可分为两大类：真正质量特性和代用质量特性。所谓“真正质量特性”，是指直接反映用户需求的质量特性。一般地，真正质量特性表现为产品的整体质量特性，但不能完全体现在产品制造规范上。而且，在大多数情况下，很难直接定量表示。因此，就需要根据真正质量特性(用户需求)相应确定一些数据和参数来间接反映它，这些数据和参数就称为“代用质量特性”。对于产品质量特性，无论是真正还是代用，都应当尽量定量化，并尽量体现产品使用时的客观要求。把反映产品质量主要特性的技术经济参数明确规定下来，作为衡量产品质量的尺度，形成产品的技术标准。

另外，根据对顾客满意的影响程度不同，还可将质量特性分为关键质量特性、重要质量特性和次要质量特性三类。关键质量特性是指若超过规定的特性值要求，会直接影响产品安全性或产品整机功能丧失的质量特性。重要质量特性是指若超过规定的特性值要求，将造成产品部分功能丧失的质量特性。次要质量特性是指若超过规定的特性值要求，暂不影响产品功能，但可能会引起产品功能的逐渐丧失的质量特性。

2. 不同类别产品质量特性的具体表现形式

(1)硬件产品的质量特性

硬件产品的质量特性表现在以下几个方面：

性能。性能通常指产品在功能上满足顾客要求的能力，包括使用性能和外观性能。

寿命。寿命是指产品能够正常使用的年限，包括使用寿命和储存寿命两种。使用寿命指产品在规定的使用条件下完成规定功能的工作总时间。一般地，不同的产品对使用寿命有不同的要求。储存寿命指在规定储存条件下，产品从开始储存到失效的时间。

可信性。可信性是用于表述可用性及其影响因素(可靠性、维修性和保障性)的集合术语。产品在规定的条件下，完成规定的功能的能力称为可靠性。对机电产品、压力容器、飞机和那些发生质量事故会造成巨大损失或危及人身、社会安全的产品，可靠性是使用过程中主要的质量指标。维修性是指产品在满足规定的条件、时间、程序和方法时，维修、保持或恢复到规定状态的能力。维修保障性是指按规定的要求和时间，提供维修所必需的资源的能力。显然，具备上述“三性”时，必然是一个可用，而且好用的产品。

安全性。安全性指产品在制造、流通和使用过程中保证人身安全与环境免遭危害的程度。目前，世界各国对产品安全性都给予了最大的关注。

经济性。经济性指产品寿命周期的总费用，包括生产、销售过程的费用和使用过程的费用。经济性是保证组织在竞争中得以生存的关键特性之一，是用户日益关心的一个质量指标。

(2)软件产品的质量特性

功能性。软件所实现的功能，即满足用户要求的程度，包括用户陈述的或隐含的需求程度，是软件产品的首选质量特性。

可靠性。可靠性是软件产品的最重要的质量特性，反映软件在稳定状态下，维持正常工作的能力。

易用性。易用性反映软件与用户之间的友善性，即用户在使用软件时的方便程度。

效率。效率是在规定的条件下，软件实现某种功能而耗费物理资源的有效程度。

可维护性。可维护性是软件在环境改变或发生错误时，进行修改的难易程度。易于维护的软件也是一个易理解、易测试和易修改的产品，所以它是软件又一个重要的特性。

可移植性。可移植性是软件能够方便地移植到不同运行环境的程度。

(3)流程材料的质量特性

物理性能：密度、黏度、粒度、电传导性能等。

化学性能：耐腐蚀性、抗氧化性、稳定性等。

力学性能：强度、硬度、韧性等。

外观：几何形状、色泽等。

(4)服务的质量特性

无形性。无形性是指服务的抽象性和不可触知性。服务作为无形的活动，不像实体产品那样展示在顾客的面前，看不见，摸不着，不易在头脑中成形，从而对服务质量的评价往往凭自己消费后所获得的满意程度做出，主观随意性较大。

储存性。服务是“一个行动，一次表演，一项努力”。它只存在于被产出的那个时点，“生产”一旦结束，服务作为产品也就不存在了。一旦在限定的时间内丧失服务的机会，便不再复返。

同步性。服务的生产和消费过程在时间和空间上并存，具有不可分割性。顾客是参与其中的，必须在服务的过程中消费服务。因此，服务质量是顾客对服务过程和服务结果的总评价。

异质性。异质性即可变性或波动性。即使是同一种类型服务也会因服务人员、顾客及环境不同而不同，难以始终如一地提供稳定、标准化的服务。由于不稳定的服务会给顾客带来不公平的感觉，因此，提高服务的稳定性是服务组织提高质量的重点和难点。

3.1.2　质量统计基础

1. 总体和样本

(1)总体。总体是指研究对象的全体。如一批零件、一个工序或某段时间内生产的全部产品都可以称为总体。构成总体的基本单位称为个体。如每一个零件、每一件产品都是一个个体。质量检验常用抽样方法进行，即从总体中抽出一部分个体，测试每个个体的质量特性数据，再进行统计分析后，进而对总体的质量特性进行估计和判断。

(2)样本。样本又叫子样，是从总体中抽出的一部分个体的集合。样本中每个个体叫样品。样本中所包含的样品数目称为样本大小，又称样本量，常用“n”表示。对样本的质量特性进行测定所得的数据称为样本值。当样本量越大时，分析结果越接近总体的值，样本对总体的代表性也就越好。

2. 质量数据

质量数据是指对产品进行某种质量特性的检查、试验、化验等所得到的量化结果。它通常是由个体产品质量特性值所组成的样本(总体)的质量数据集。这些数据向人们提供了产品的质量信息。在生产过程中，一切与产品质量有关的数据都可以帮助我们了解产品的质量特性，认识产品质量的内在规律，以便发现问题，分析原因，并采取相应的措施，解决问题，为保证产品质量提供依据。因此正确收集数据，并加以科学地整理和分析，是质量管理中不可缺少的重要环节。

(1)质量差异

生产实践表明，在同样的生产技术条件下，不同的工人所生产出来的产品都不可能绝对相同，其产品质量上总是存在差异，甚至同一个工人生产出来的两件以上的产品，在质量上总是不完全一样的。产品的各道工序波动误差集中表现为产品的误差，这种误差称为质量差异或质量波动。质量差异是客观存在的，只要是在规定的幅度范围以内，这种差异是允许的，如服装规格尺寸的正负公差就是承认质量的差异。

由于各种因素的影响，通过测试和调查所得到的质量数据总会有差异，即使是同种原料、相同的工艺流程、同型号的机器生产出的同一种产品，其质量特征数据也不会完全一样，而呈一定的分布。使产品质量波动的主要因素有正常原因和异常原因。正常原因又称为随机因素，这种因素的影响在大规模生产过程中不可能完全避免，一般允许在一定限度内存在，而且看做正常。例如原料质量的微小变化，温湿度的波动等。如果把这些原因找出来，不但经济上不合算，而且事实上也不可能。因此，产品质量永远只能控制在一定的范围内，而不是在一个点上。异常原因又称为可控因素。由于这种原因可以使产品的某些质量特性发生比较突出的变化，这种变化一旦发生就不会自行消失。例如纺织设备罗拉弯曲、齿轮磨损、针布倒齿等。这些原因从技术角度看是可以消除和避免的，当产品质量出现较大差异时，必须找出原因并予以克服。

(2)质量数据的种类

质量数据可以分为计量值数据和计数值数据两大类。可以连续取值的数据叫计量值数据，所谓能连续取值是使用计量工具可以测出小数点，如 1.1、1.2、1.12、1.112 等。长度、容量、时间、温度、使用寿命、强度、化学成分等都是可以连续取值的，都是计量值。不能连续取值的数据叫做计数值数据。这类数据用计量工具测量只能得出整数，不能得到分数或小数。如车辆数、机器数、正点班次、正点率、产品的不合格品数、零件的缺陷数、返修数、棉结杂质粒数等，这类数据只能用不连续的，或者说是离散的形式来表示。因此，计数值数据的特点是不连续的整数。

(3)质量数据的来源及收集数据的目的

质量数据主要来自检验、测试环节和质量检验的原始记录，以及入库单、废品单、翻修单、日产记录、投料单据等，这是质量管理的基础工作。

全数检验是对待检的总体中的全部个体逐一观察、测量、计数、登记，从而获得对总体质量水平评价结论的方法。随机抽样检验是按照数理统计原理预先设计的抽样方案，从待检总体中抽取部分个体组成样本，根据对样本中样品检测的结果，推断总体质量水平的一种检验方法。

收集质量数据的目的多种多样，概括起来，主要有以下几种：掌握现状；分析问题；检查工作；确定所要控制的主要因素；控制生产过剩；调整工艺过程和设备、工艺装备等；判断产品质量，等等。

(4)数据的整理加工

通过现场调查、测试、检验等可以收集到大量的数据，这些原始记录数据，大多是杂乱无章、很不规则的，直接从这些数据中还不能对研究对象做出判断。要充分发挥这些数据的作用，把包含在这些数据中的内在规律揭示出来，还需要根据质量管理要求，对它们进行科学的整理加工。所谓整理加工就是把收集到的原始数据按照一定的标志进行分类归组，尽量把属于同一种生产条件的数据归并在一起，如按数据的来源、性质、时间进行归类等。经过整理，把一大堆杂乱无章的数据系统化、规则化，并列为数表，变成能表明总体及其构成的全面资料。再把数表绘制成各种图形，使之反映的事实形象化，把数据体现的本质表示出来，以便从中发现问题，采取措施。

3. 质量数据的特征值

质量数据特征值是由样本数据计算的、描述样本质量数据波动规律的指标。统计分析就是根据这些样本数据特征值来分析、判断总体的质量状况。常用的有描述数据分布集中趋势的算术平均数、中位数和描述数据分布离散趋势的极差、标准偏差、离散系数等。

算术平均数又称均值，它是各质量数据的总和除以数据总频数(即个数)所得的商。它是一个消除了个体之间差异，显示出所有个体共性和数据一般水平的统计指标，是数据的分布中心，对数据的代表性较好。其计算公式分为如下两种情况。

①总体算术平均数μ。其计算公式如下：

$$\mu = \frac{1}{N}(X_1 + X_2 + \cdots + X_N) = \frac{1}{N}\sum_{i=1}^{N} X_i$$

式中，N表示总体中的个体数；

X_i表示总体中第i个的个体的质量特性值；

②样本算术平均数$\bar{x}$。其计算公式如下：

$$\bar{x} = \frac{x_1 + x_2 + \cdots + x_n}{n} = \frac{\sum_{i=1}^{n} x_i}{n}$$

式中，n表示样本容量；

x_i表示样本中第i个样品的质量特性值。

【案例分析 3-1】

随机测得某产品的一组厚度值为 18.8、19.0、18.7、19.2、19.1、19.3、18.9、18.7、19.0、18.8，厚度单位为 mm。试分析该产品的厚度均值。

分析：根据公式$\mu = \frac{1}{N}(X_1 + X_2 + \cdots + X_N) = \frac{1}{N}\sum_{i=1}^{N} X_i$

其算术平均值为：

$$\mu = \frac{18.8 + 19.0 + 18.7 + 19.2 + 19.1 + 19.3 + 18.9 + 18.7 + 19.0 + 18.8}{10}$$

$= 18.9(\text{mm})$

由上述分析可知，该产品的厚度平均值为 18.9mm。

样本中位数(Median)是将全部数据按大小顺序排列后，处于中央位置的那个数值。中位数把全部数据分为两部分，一部分比它大，另一部分比它小。当数据项数为奇数时，中位数就是中点位置的数据值。即中位数等于位置为$\frac{n+1}{2}$处的数值。用公式表示为：

$$m = X_{\frac{n+1}{2}}$$

当数据项数为偶数时，中位数则应取中点位置相邻两个数据的平均值，即中位数等于位于$\frac{n}{2}$和$\frac{n}{2}+1$的两个数据的平均值。用公式表示为：

$$m = \frac{X_{\frac{n}{2}} + X_{\frac{n}{2}+1}}{2}$$

【案例分析 3-2】

测量获得某一轴产品外径数据如下：22.6、22.5、22.3、22.2、22.0、21.9、21.8、21.7、21.0，试分析该产品的外径中位数值。

分析：该产品外径数据共有 9 个，即其数据项数为奇数，根据公式 $m = X_{\frac{n+1}{2}}$

该产品外径的中位数为 $m=X_5=22.0$。

【案例分析 3-3】

测量获得某一轴产品外径数据如下：22.6、22.5、22.3、22.2、22.0、21.9、21.8、21.7、21.2、21.0，试分析该产品的外径中位数值。

分析：该产品外径数据共有 10 个，即其数据项数为偶数，根据 $m=\dfrac{X_{\frac{n}{2}}+X_{\frac{n}{2}+1}}{2}$

该产品外径的中位数为 $m=\dfrac{X_5+X_6}{2}=\dfrac{22.0+21.9}{2}=21.95$。

【小思考 3-1】

算术平均数与中位数的区别

请举例说明算术平均数与中位数的区别？

答：算术平均数又称均值，它是各质量数据的总和除以数据总频数(即个数)所得的商。它是一个消除了个体之间差异，显示出所有个体共性和数据一般水平的统计指标，是数据的分布中心，对数据的代表性较好。而中位数是将全部数据按大小顺序排列后，处于中央位置的那个数值。其大小是由数据的位置确定的，不受极端数据值的影响，因而对数据的代表性较差。如下面一组数据 3、6、7、8、10、11、13、14、15、20。其算术平均数为 $\dfrac{3+6+7+8+10+11+14+15+17+20}{10}=11.1$；而其中位数则为 $\dfrac{10+11}{2}=10.5$。

极差是数据中的最大者与最小者之差。它是描述数据离散状况的统计值，常用 R 表示。其计算公式为：

$$R=X_{\max}-X_{\min}$$

【案例分析 3-4】

现有一组质量数据如下：13.5、12.3、14.4、15.6、15.3、13.7、16.2，试计算其极差。

分析：根据 $R=X_{\max}-X_{\min}$

该组数据的极差 $R=16.2-12.3=3.9$

当用极差来评价数据的离散状况时，极差值越小，说明数据离散范围越小，即数据值比较集中，平均数的代表性较好；反之，极差值越大，说明数据的离散范围越大，数据值较分散，平均数的代表性较差。鉴于它对极端数据反应敏感，因此，在误差监测与控制中有重要应用。

标准偏差简称标准差或方差，是个体数据与均值离差平方和的算术平均数的算术根，是大于0的正数。总体的标准差用“σ”表示；样本的标准差用 S 表示。标准差值小说明数据分布集中程度高，离散程度小，均值对总体(样本)的代表性好。标准差的平方是方差，它有鲜明的数理统计特征，能确切说明数据分布的离散程度和波动规律，是最常用的反映数据变异程度的特征值。

①总体的标准偏差(σ) 的计算公式如下：

$$\sigma^2=\frac{1}{N}\sum_{i=1}^{N}(X_i-\overline{X})^2$$

② 样本的标准偏差(S) 的计算公式如下：

$$S=\frac{1}{n}\sum_{i=1}^{n}(x_i-\overline{x})^2$$

离散系数又称变异系数。前面所介绍的极差、方差、标准差等固然可以反映数据的离散程度，但由于它们具有相同的计量单位，代表相同的实物量，其数值的大小受变量本身绝对量水平的影响，是离散趋势的绝对值。如果研究的总体不同，或计量单位不同，抑或平均数相差很大，则它们的离散趋势的绝对值是不可比的。为此，要计算离散趋势的相对值，即离散系数。其计算公式为：

$$C_\sigma=\frac{\sigma}{\mu}\text{ 或 }C_\sigma=\frac{\sigma}{\overline{x}}$$

【案例分析 3-5】

某班男生与女生的体重资料如下：男生平均体重为67kg，标准差(S)为3.24；女生的平均体重为43kg，标准差为2.56。试通过计算比较该班男生、女生体重平均值的代表性好坏。

分析：先计算出男生、女生体重的离散系数

男生体重的离散系数 $C_\sigma=\frac{\sigma}{\mu}=\frac{3.24}{67}\approx0.048$

女生体重的离散系数 $C_\sigma=\frac{\sigma}{\mu}=\frac{2.56}{43}\approx0.060$

由以上计算结果可知，该班女生体重的离散系数比男生的大，故女生体重平均值的代表性较男生体重平均值的代表性差。

3.2 统计分析表和分层法

3.2.1 统计分析表

1. 统计分析表的含义

统计分析表是利用一定格式的表格，对质量数据进行登记、整理，进而对质量问题产生的原因做初步分析的一种质量管理工具。统计分析表方法也叫质量调查表方法，它最早是由美国的菲根堡姆先生提出的，是在全面质量管理中利用统计图表来收集、统计数据，进行数据整理并对影响产品质量的原因做粗略的分析。调查表中所利用的统计表格是一种为了便于收集和整理数据而自行设计的空白表。在调查产品质量时，只需在相应的栏目内填入数据和记号。

统计分析表是最为基本的质量原因分析方法，也是最为常用的方法。在实际工作中，经常把统计分析表和分层法结合起来使用，这样可以把可能影响质量的原因调查得更为清楚。需要注意的是，统计分析表必须针对具体的产品，设计出专用的调查表进行调查和分析。

2. 统计分析表的设计

(1)统计分析表的设计原则

统计分析表的设计遵循目的性、简洁实用性和美观大方性等基本原则。目的性是指统计调查表是为特定的目的而设计，其栏目内容要紧紧围绕中心目的而选择。简洁实用性是指统计调查表的栏目设计、标题内容等应以最能集中、准确、有效地反映调查对象特点和调查目的为基准，使统计调查表具有高度的实用性和简洁性。美观大方性是指统计调查表的整体长宽尺寸比例以及各单元格的长宽尺寸比例均符合人的审美要求，给人以美观大方的感觉。

(2)统计分析表的设计步骤

统计分析表的设计通常遵循以下基本步骤：

第一步，选定统计调查对象。

第二步，明确统计调查目的。

第三步，选择统计调查项目。

第四步，草拟统计调查初表。

第五步，将调查表进行试用和完善。

第六步，对初表进行修改完善并形成最终使用表。

3. 常用的统计分析表的种类及应用

统计分析表可应用于质量管理的各方面和各环节。如产品质量登记、不合格项目的分类统计、不合格项目存在位置统计、不良因素调查统计等。以下分别加以说明。

(1)产品质量状况登记表

在质量管理中，为了准确收集质量信息，有必要对产品的质量数据进行及时记录。为此，常采用产品性能登记表或产品质量缺陷登记表等进行质量状况原始记录。

产品性能登记表中的性能项目一般依据有关标准设立，包括物理特性和外观特性。填制时通常按照时间顺序和实际检测情况及时据实填报。这些数据是产品质量的原始数据，是进行质量分析的基础和依据，产品性能状况登记表如表 3-1 所示。

表 3-1　　**××产品性能状况登记表**

时间	特性 1	特性 2	特性 3	特性 4	特性 5	记录人

产品质量缺陷登记表中的缺陷项目对照标准依实际设立。不同产品在缺陷项目的划分上有较大区别。填制时通常以班组、机台或产品为单位，按照时间顺序及时据实填报。它也是产品质量分析和控制的原始数据和依据。产品质量缺陷登记表、设备故障登记表、质量体系不合格项目登记表如表 3-2、表 3-3、表 3-4 所示。

表 3-2　　**×月×日××产品质量缺陷登记表**

缺陷名称	所在产品编号	存在位置	程度	填报人

表 3-3　　**设备故障登记表**

时间	故障现象	类别	影响时间	故障原因	填报人	备注

表 3-4　　**质量体系不合格项目登记表**

序号	不合格内容	不合格原因	类别	存在单位	记录人	证明人

续表

序号	不合格内容	不合格原因	类别	存在单位	记录人	证明人

(2)不合格项目统计表

在质量管理中，为准确掌握不合格项目的分布情况，为质量控制和改进提供可靠依据，常需要对不合格项目进行分类统计整理，以发现其中的规律和特点。

值得注意的是，统计数据会因时间、区域不同而有较明显差异。因此，在进行统计分析前，先要确定待统计分析数据的时间、区间，然后再收集对应时间、区间范围内的数据，最后对所收集到的数据进行统计整理和分析。不合格项目统计表如表3-5所示。

表3-5 **××产品××月份不合格项目统计表**

项目名称	数量	比重
项目1		
项目2		
项目3		
项目4		
合计		

填报人： 审核人：

(3)产品缺陷原因统计表

为了分析产品缺陷产生的原因，通常可按设备、操作者、原料、方法等标志对产品缺陷原因进行分类调查，并填写设备故障原因统计表和产品缺陷原因调查统计表，如表3-6、表3-7所示。

表 3-6 ×月份设备故障原因统计表

序号	故障原因	故障次数	总影响时间	备注
1				
2				
3				
4				
5				
6				
7				

填表人： 审核人：

表 3-7 ×月份×产品缺陷原因统计表

序号	缺陷原因	产品数量	比重	备注

填报人： 审核人：

(4)不合格位置统计表

在质量管理中，为了准确掌握质量缺陷所在的位置，以便于有重点地采取措施，常采用不合格位置统计表进行统计分析，如表 3-8 所示。

表 3-8 ×工序×产品不合格位置统计表

序号	存在位置	不合格情况			
		项目 1/数量	项目 2/数量	项目 3/数量	项目 4/数量

检查员： 主管：

【案例分析 3-6】

鉴于近期产品质量问题频繁发生，某企业对原料仓库物品管理进行了一次大检查。结果发现在原料管理上存在包装破损、受潮变质、油污染、不同批号混放、过期产品没隔离、产品无标志等影响产品质量的现象。为进一步掌握情况，检查人员对以上问题分别进行了进一步的调查统计，情况如表 3-9 所示。

表 3-9　**仓库原料质量问题调查统计表**

序号	现象	包数	重量(kg)
1	包装破损	18	450
2	受潮变质	10	250
3	油污染	4	100
4	不同批号混放	100	2500
5	过期产品没隔离	26	650
6	无标志或标志不清	80	2000
7	合计	238	5950

分析：由表 3-9 可知，该企业在原料管理上存在较严重的问题，特别是不同批号原料混放和产品无标志或标志不清的问题非常突出。在明确问题后，该企业立即着手制定相关管理制度，加强原料管理，禁止以上不良现象的发生，从原料上减少甚至避免了产品质量问题的发生。

【案例分析 3-7】

某公司近期开展了一次全公司安全大检查，检查结果如表 3-10 所示。

表 3-10　**某公司安全隐患调查统计表**

序号	地点	安全隐患数	隐患表现			
			电线外露	无备用灭火器	无安全标志	无安全制度
1	原料仓库	4	2	1	1	0
2	机物料仓库	7	2	3	1	1
3	成品仓库	3	0	0	3	0
4	1 号车间	5	1	2	2	0

续表

序号	地点	安全隐患数	隐患表现			
			电线外露	无备用灭火器	无安全标志	无安全制度
5	2号车间	6	1	2	2	1
6	动力车间	3	0	2	1	0
7	行政大楼	2	0	0	2	0
	合计	30	6	10	12	2

分析：由表3-10可知，从安全隐患的分布地点来看，该公司的机物料仓库和2号车间是安全隐患重点单位；从安全隐患的表现形式来看，无备用灭火器和无安全标志是两个重要的问题。因此，该公司在下一步的安全整顿中，应把机物料仓库和2号车间作为重中之重加以整顿，同时将把备用灭火器和安全标志的配备作为改进的重点。

3.2.2　分层法

1. 分层法的含义

数据分层法就是将性质相同的，在同一条件下收集的数据归纳在一起，以便进行比较分析。因为在实际生产中，有很多影响质量变动的因素，如果不把这些因素区别开来，难以得出变化的规律。数据分层可根据实际情况按多种方式进行。例如，按不同时间、不同班次进行分层，按使用设备的种类进行分层，按原材料的进料时间、原材料成分进行分层，按检查手段、使用条件进行分层，按不同缺陷项目进行分层，等等。数据分层法经常与统计分析表结合使用。

2. 分层法的应用

分层法的应用步骤如下：

(1)明确分析目的。

(2)收集相关质量数据。

(3)选用合适的分层标志。

(4)将已收集的数据按分层标志分别进行统计整理。

(5)根据整理结果确定问题来源。

(6)进一步分析问题原因并制定有效措施。

【案例分析 3-8】

某薄膜生产车间 4 月 8 日共生产产品 60 吨，其中不合格品 7.8 吨，不合格品率为 13%。为尽快查出产生不合格品的原因，该车间质量管理员小李首先找到资料统计员小王，拿到 4 月 8 日的全部产品数据。然后他分别按质量缺陷项目和生产班次等标志对质量数据进行了分层统计。结果如表 3-11、表 3-12 所示。

表 3-11　　**不同类型产品缺陷分类统计表**

缺陷项目	数量(吨)	占总量比例
接头超标	1.4	17.95%
松紧不一	3.7	47.44%
端部不齐	2.3	29.49%
油污	0.4	5.13%
合计	7.8	100%

表 3-12　　**不同班次产品缺陷分类统计表**

班次	缺陷数量(吨)	所占比率
早班	0	0
中班	3.2	41.03%
晚班	4.6	58.97%
合计	7.8	100%

通过以上分层分析可以看出，导致不合格品较多的主要原因是松紧不一、端部不齐和接头超标等，并且较集中地出现在中班和晚班。这让小李有了方向。在明确了以上问题后，小李又继续针对以上问题查找中班和晚班的生产情况以及产品出现松紧不一、端部不齐和接头超标等缺陷的具体原因，并很快制定出具体整改措施。

【案例分析 3-9】

某服装生产企业 6 月共接到市场投诉 8 起，共发生质量理赔 4 万元。为查找质量原因，该企业售后服务部门对市场投诉的有关情况进行了整理，并将结果及时通报给生产等相关部门。整理结果如表 3-13 所示。

表 3-13　　　　　　　　**6 月市场投诉问题统计表**

序号	问题	投诉次数	比例	备注(产品件数)
1	色彩差异	1	12.5%	2
2	针线不匀	5	62.5%	147
3	表面脏污	1	12.5%	4
4	数量短少	1	12.5%	10
5	合计	8	100%	

该企业生产部门在接到通报后，立即组织力量针对本部门产生的针线不匀问题进行原因分析。他们首先怀疑可能是加班赶工造成的，其次怀疑可能是加班期间新聘工人业务不熟造成的。为此，他们到售后服务部门调取了全部针线不匀质量问题的原始资料，这些资料包括产品的生产时间、生产班次、编号、件数、总数、投诉厂家、投诉时间等。然后将这些资料信息按照之前的初步分析进行分层整理。结果如表 3-14、表 3-15 所示。

表 3-14　　　　　　　　**不同生产班次涉案产品数量统计表**

班次	涉案产品数量	所占比例
甲班	36	24.49%
乙班	47	31.97%
丙班	34	23.13%
加班	30	20.41%
总计	147	100%

表 3-15　　　　　　　　**新老工人涉案产品数量统计表**

工人	涉案产品数量	比例
新工人	140	95.23%
老工人	7	4.77%
合计	147	100%

通过以上分层分析结果发现，这些投诉产品各班均有，而且差别不大，因此可以基本排除班次原因或加班原因。而新老工人产生的缺陷产品差额较大，很明

显，投诉产品中由新工人生产的占投诉总量的95.23%。问题出来了，原因分析就有方向了。接下来的工作就是进一步分析新工人在加工产品时出现针线不匀的具体原因，并相应制定有效措施，以有效控制不良品率，减少市场投诉损失，维护企业形象。

【小思考 3-2】

进行分层分析的注意事项

采用分层法进行问题分析时应注意哪些事项？

答：应注意以下事项：一是合理选择分层标志，以便于发现问题；二是根据分析目的收集和整理相关数据；三是明确分层是手段，不是目的。在对数据进行分层分析后，应及时进一步查找相应的原因并采取有效措施。

3.3 排列图法

3.3.1 排列图法的概述

1. 排列图的含义及应用原理

排列图又叫帕累托图或主次原因分析图。它是一种定量找出影响产品质量的主要问题或因素的方法。

排列图是根据“关键的少数和次要的多数”的原理而绘制的。也就是将影响产品质量的众多影响因素按其对质量影响程度的大小，用直方图形顺序排列。

排列图的使用是以分层法为基础的。它是将分层法已确定的项目从大到小进行排列，再加上频率累积值的图形。它可以帮助我们找出关键的问题，抓住重要的少数及有用的多数。它适用于记数值统计。因为它的排序是从大到小，故又称为排列图。

【知识链接 3-1】

排列图法的来历

排列图法于1897年被意大利经济学家帕累托用于分析社会财富的分布状况而得名。帕累托在进行社会财富分布分析时发现，少数人占有大部分社会财富，对社会经济发展起着关键作用，而大多数人处于贫困状态。即发现了“关键的少数与次要的多数”的关系。

1951—1956 年，美国质量管理学家朱兰把这个原理应用于质量管理，作为在质量改进活动中寻找主要因素的一种工具。

2. 排列图的构成

排列图由两个纵坐标、一个横坐标、多个直方形和一条曲线(或折线)构成(见图 3-1)。其中，左边的纵轴表示频数，即质量问题或因素的多少，它可以用次数、重量、金额、件数、时间等描述；右边的纵轴表示累积频率，即质量问题或因素的累积比重，它通常用百分比表示；横轴表示影响产品质量的各项因素或问题，并按其影响大小从左到右依次排列；直方形的高度表示质量问题或因素的影响程度；曲线(折线)是将各累积频率点连接而成的线，即累积频率线，也称帕累托曲线。

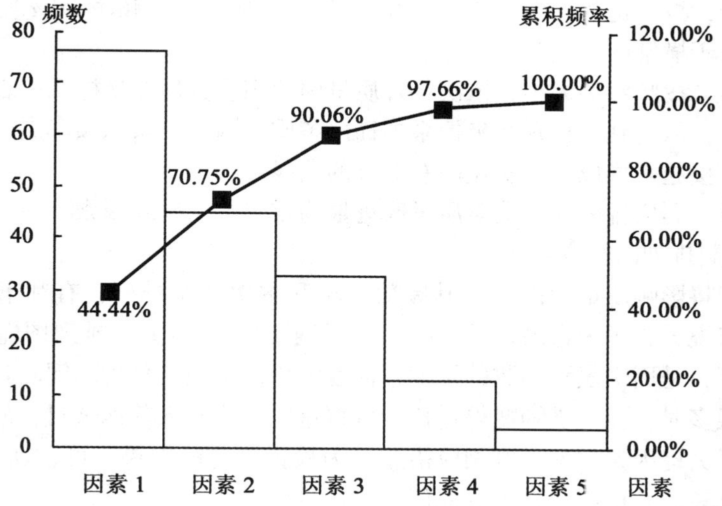

图 3-1　排列图

3. 排列图的作用

(1)作为降低不良率的依据；
(2)用于发现现场的重要问题点；
(3)决定改善的目标；
(4)确认改善效果；
(5)用于更直观地反映报表或记录的数据状况；
(6)可作不同条件的评价。

3.3.2 排列图的绘制步骤及应用

1. 排列图的绘制

(1)绘制排列图的步骤

第一步，选择要进行分析的质量项目。

第二步，选择用于质量分析的度量单位。如出现的次数、时间、产品件数、重量等。

第三步，选择用于质量分析的时间区间。

第四步，收集整理分析区间内的相关质量数据。

第五步，将质量数据分层，并分别统计出各层的数据总数即频数。

第六步，将质量因素按其频数从大到小排列，计算出各层的频率即比重，同时计算出累计频率。

第七步，按一定的比例绘制直角坐标系，并对应累计频率 80%、90%、100%分别作平行于横轴的直线。

第八步，按频数的大小，依次将各质量因素用直方形在坐标系中表示出来。

第九步，从左到右分别在坐标系中描出各质量因素的累积频率点，并用一条折线把它们连接起来形成一条从左向右上升的曲线。

第十步，利用排列图确定对质量改进最为重要的问题或因素。

(2)绘制排列图注意事项

排列图将影响质量的因素按其频数大小和主次关系排列，有利于寻找关键因素；一般来说，关键因素最好是 1~2 个，多了就失去意义；排列图左边的纵坐标轴上的标度，是用来表示频数的尺度，标度的单位必须与分析的问题相对应；不重要的项目很多时，会使横轴变得过长，可将这些项目并入其他项目，放在横轴最末端；确定了关键因素，就采取相应措施，为检查措施的效果，可重新绘制排列图，进行验证比较，对措施效果进行评价。

2. 排列图法的应用

(1)排列图的观察分析

利用 ABC 分析确定重点项目，一般来讲，取图中前面的 1~3 项作为改善的重点就行了。若再精确些，可采用 ABC 分析法确定重点项目。ABC 分析法是把问题项目按重要的程度分为三级。具体做法是把构成排列曲线的累计百分数分为三个等级：累计百分数在 0~80%的为 A 类，是累计 80%以上的因素，它是影响质量的主要因素，是要解决的重要问题；累计百分数在 80%~90%的为 B 类，是次要因素；累计百分数在 90%~100%的为 C 类，在这一区间的因素是一般因素。

除了对排列图作 ABC 分析外，还可以通过排列图的变化对生产、管理情况作以下分析：在不同时间绘制的排列图，项目的顺序有了改变，但总的不合格品数没有改变时，可认为生产过程是不稳定的；排列图的各分类项目都同样减少时，则认为管理效果是好的；如果改善后的排列图，其最高项和次高项一同减少，但顺序没变，说明这两个项目是相关的。

(2)主要应用范围

排列图可以形象、直观地反映主次因素，分析与不良结果有关的现象，用来发现主要问题。具体表现有：

①在品质方面的。如不合格、故障、顾客抱怨、退货、维修等。

②在成本方面的。如损失总数、费用等。

③在交货期方面的。如存货短缺、付款违约、交货期拖延等。

④在安全方面的。如发生事故、出现差错等。

分析与过程因素有关的原因，用来发现主要问题。具体如：

①操作者的班次、组别、年龄、经验、熟练情况等。

②机器：设备、工具、模具、仪器等。

③原材料：制造商、工厂、批次、种类等。

④作业方法：作业环境、工序先后、作业安排等。

(3)应用实例

【案例分析 3-10】

现以某纺织企业毛纺织品实际生产状况为例，应用排列图法进行生产过程质量状况的分析。某批毛纺织品生产中，经坯检得出疵点总数为 145 个，其具体质量信息如表 3-16 所示。

表 3-16 **某批毛纺织品质量信息**

疵点项目(1)	疵点数目(2)	比率%(3)	累计比率%(4)
毛纱	66	45.51	45.51
小辫	53	36.55	82.06
粗纱	11	7.59	89.65
乱头	5	3.45	93.10
接头	3	2.07	95.17
色纱	3	2.07	97.24
其 他	4	2.76	100.00
合 计	145	100.00	

在坐标纸上取两个纵轴、一个横轴，左边纵轴表示差错原因发生的频数，标明

数值的标度；右边纵轴表示累计百分比，标度取0—100；横轴表示各种差错原因，按频数大小从左至右依次绘出直方图。直方图下面是原因名称，直方图的高低表示某个原因影响的大小。在每个直方图横线中点的上方标出累计值的点，连接各点即成由左向右的曲线。这条表示各影响因素大小的累计百分数的曲线称为帕累托曲线(见图3-2)

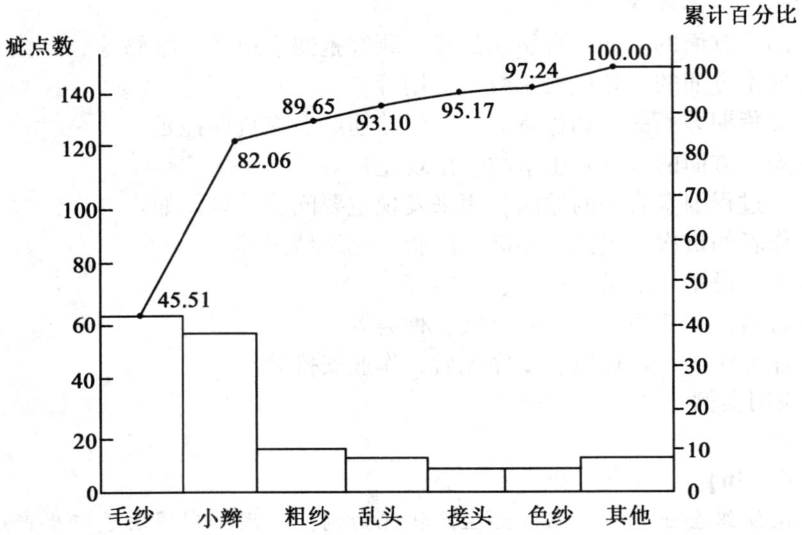

图3-2 帕累托曲线

其中，毛纱和小辫是A类因素，是要解决的重要问题。

3.4 因果图法

3.4.1 因果图的含义、构成及类型

1. 因果图的含义

因果图又称鱼刺图，或称树枝图、特性要因图。这是一种针对质量问题，寻找其影响因素和主要影响因素，以便从重要的因素着手解决问题的质量管理工具。

运用因果图法时应先明确要分析的质量问题，即先要提出问题；然后召集同该质量问题有关的人员对该问题产生的原因各抒己见，通过集思广益，找到解决问题的方法。在分析主要影响因素时通常可以按4M1E结构分析。

【知识链接 3-2】

什么是4M1E？

4M1E即Man（人）、Machine（机器）、Marterials（材料）、Method（方法）、Envir-oment（环境）等的简称，又称人、机、料、法、环。对生产活动影响因素的分析通常可以从这五个方面着手。其中，人的因素主要有人的思想觉悟、身体素质、数量、技术水平等；材料的因素主要有材料的质量、数量等；机器的因素主要有工具、设备等的完好性、数量、维修及时性等；方法的因素主要有操作方法、程序、工艺的科学性等；环境的因素主要有现场环境、天气环境、管理环境等。

在具体因果分析中，以上五大因素不一定全部存在，需要依据具体情况确定影响的大原因，然后由表及里逐项分析出每个大原因中所包含的中原因、小原因以及更小的原因。

2. 因果图的构成

因果图由主箭线和一系列的方框、支箭线构成。其中，箭线表示影响因素与问题之间的关系，方框用以描述问题和因素内容。主箭线一般水平居中、由左向右，主箭线箭头处的方框为问题框，其他箭线箭尾处的方框为因素框，支箭线的箭头分别指向它的上一级箭线，如图3-3所示。

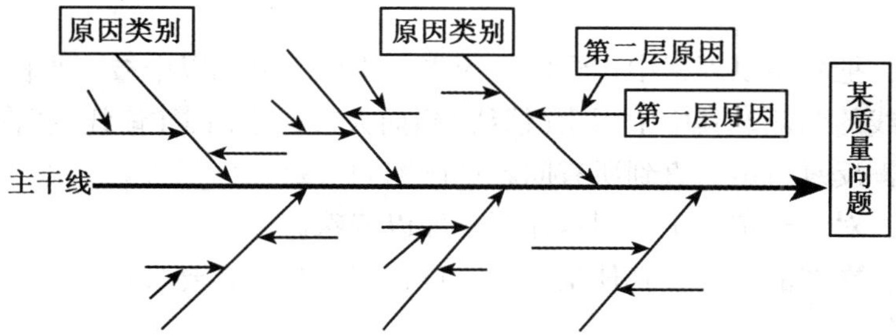

图3-3 因果图的形式

3. 因果图的类型

因果图通常有三种类型，即问题分解型、原因罗列型和工序分类型。这三种类型各有利弊，应根据实际情况选择。

（1）问题分解型。这种图形对提出的问题沿着为什么发生这个问题的思路一直追到底。其想法是凡存在质量问题的地方就一定要得到改善。其优点是由于分解了质量问题，可以系统地掌握各问题相互之间的关系；缺点是由于将许多原因都归结成问题分解的形式，因而一些小原因容易漏掉。

(2)原因罗列型。把所有的原因都罗列出来，当然先找大原因，再找中原因、小原因以及更细小的原因。这种类型的思路是，尽可能把各种各样的原因都找出来，其中存在真正的原因或者说是改善的关键。其优点是由于原因全部罗列，所以不大可能遗漏。另外，基于原因之间的因果关系，可采用各种表达形式，使图的内容丰富并且生动、易懂。其缺点是结果与小枝之间难以联结，所以画起来较麻烦。

(3)工序分类型。其做法是按工序流程画大枝，然后把对质量有影响的原因填写在响应的工序(大枝)上。优点是作图简便，易于理解；缺点是相同原因有时会出现多次，难以表现多个因素联系在一起同时影响质量的情况。

3.4.2 因果图的绘制及应用

1. 因果图的绘制步骤

绘制因果图通常遵循以下八个步骤：

第一步，确定待分析的问题，并运用头脑风暴法确定产生问题的各种大、中、小原因。

第二步，绘制主箭线，并在箭头处画出问题框。

第三步，将已讨论确定的待分析问题放在主箭线所指向的问题框内。

第四步，把产生问题的大因素作为大枝(箭线)分别画在主箭线的两侧，箭头指向主箭线。

第五步，把各主要因素中包含的中因素、小因素分别以中枝、小枝的形式绘制在大因素枝线的两侧。其中中因素(箭线)指向大枝，小因素(箭线)指向中枝。

第六步，反复讨论，直到所有问题都已罗列清楚。

第七步，对于确定的主要因素在图上加以特殊标记。

第八步，在图的下方或其他某一合适位置记入其他必要事项，如绘制单位、绘图人、时间等。

【知识链接 3-3】

什么是头脑风暴法？

头脑风暴法又称畅谈会法，它是一种邀请有关专家，针对某一问题或某一处议题，让大家各抒己见，畅所欲言，相互启发，集思广益，充分发挥个人和群体的知识、经验和创造性，从而达到全面、深入地寻找问题原因的目的。它是一种科学有效的决策分析方法。

头脑风暴法的应用规则是：放开思路，自由表达；不允许相互批评或质疑；倡导多角度分析，使分析更全面；鼓励相互启发、联想、综合与完善。

2. 因果图法的应用要点及注意事项

(1)确定原因时要集合全员的知识与经验，集思广益，以免疏漏。

(2)如果分析出来的原因不能采取措施，说明原因分析还不够深入细致，应继续细分原因。但原因分析并非越细越好，因为原因过细有时不便操作。因此原因分析的深入程度应以能明确制定解决措施为宜。

(3)有多少品质特性即问题，就要绘制多少张因果图。

(4)要想改进有效果，原因必须要细分，直到能采取措施为止。

(5)应以客观数据(如影响时间、影响的产品数量等)为依据来评价每个因素的重要性。

(6)把重点放在解决问题上即解决问题的对策研究上。因果图是一种问题要因分析工具，其目的是通过正确分析最终有效地解决问题。在研究对策时，可依据5W2H的方法逐项研究列出。

3. 因果图法的应用举例

因果图法主要有两个方面的应用。一是应用于针对问题寻找原因。这时因果图表示结果(特性)与原因(要因)之间的关系。二是应用于针对问题或期望效果寻求对策。这时因果图表示期望效果与对策之间的关系。下面分别举例说明。

【案例分析 3-11】

图 3-4 是某建筑公司运用因果图法对施工进度太慢进行的原因分析。

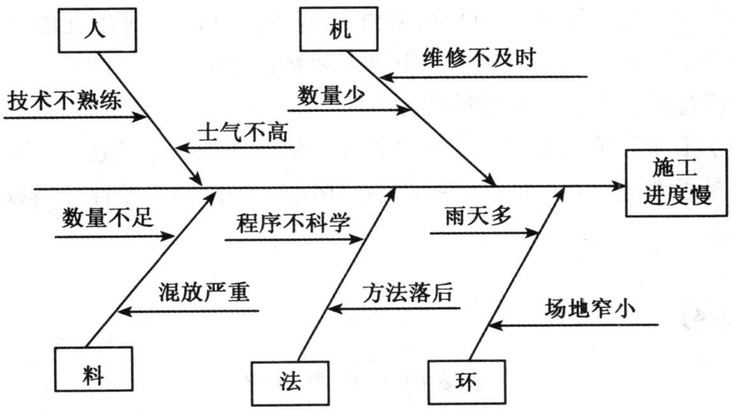

图 3-4　施工进度慢因果分析图

【案例分析 3-12】

图 3-5 是某公司为确保 X 型新产品如期开发成功，采用因果图法对开发工作保障措施进行的分析。

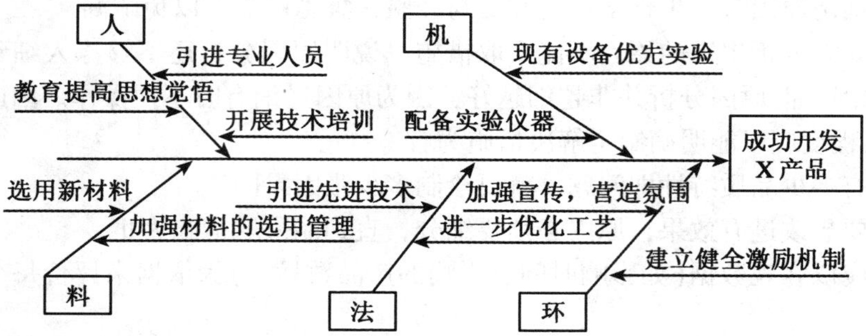

图 3-5　新产品开发保障措施分析图

3.5 直　方　图

3.5.1　直方图的含义及构成

1. 直方图的含义

直方图也称质量分析图、频数分布直方图。它是对从一个母体收集的一组数据用相等的组距分成若干组，画出以组距为宽度、以分组区内数据出现的频数为高度的一系列直方柱，按组界值(区间)的顺序把这些直方柱排列在直角坐标系内，再根据矩形的分布形状及与公差界限的距离来观察、分析质量特性的分布规律，进而判断生产过程是否正常的一种质量管理方法。

它是用于工序质量控制的一种常用的统计分析方法。通过它可以了解工序是否正常，能力是否满足，并可推测产品的不合格率，还可确切地计算出数据的平均值和标准偏差。

【知识链接 3-4】

直方图的应用原理

在特定条件下，质量特性值总会表现出特定的分布规律。直方图法就是根据质量特性值的离散程度，找出其分布规律，并据此分析、判断产品质量和工作质量的好坏，进而开展适当的调整，达到解决质量问题的最终目的的一种质量管理方法。

2. 直方图的构成

直方图由一个横坐标、一个纵坐标和一系列的柱形构成。其中横坐标表示质量特性值；纵坐标表示频数，即质量特性值的多少，通常为个、件等；直方形的宽度为质量特性值的组距，直方形的高度为质量特性值的计数值。

3.5.2　直方图的绘制及应用

1. 绘制直方图的基本步骤

绘制直方图时通常遵循以下步骤：

(1)收集质量数据。质量数据总数 n 一般不少于 50 个，这样才能使数据有一定的波动性。

(2)找出质量数据中的最大值和最小值，并计算出极差 R。

$$R=X_{max}-X_{min}$$

(3)将质量数据分组，确定组数 K。组数的确定一定要适当。组数太少，计算误差较大；组数太多，则难以显示数据的分布规律。一般情况下，组数可依据下列两种方法确定。

①依数据量多少而作粗略选定，如表 3-17 所示。

表 3-17　**样本容量与组数对照表**

样本容量 n	<50	50~100	100~250	>250
组数 K	5~7	6~10	7~12	10~20

②按如下公式计算确定：

$$K=1+3.322\lg n$$

(4)计算组距 h。计算公式如下：

$$h=\frac{R}{K}$$

注意：组距的计算结果常为小数，为便于后期数据整理，其小数位数一般与测量数据的位数保持一致。

(5)确定各组的上下界限。首先确定第一组的上下界限。

界限值的选择没有绝对的标准。通常，为使全部数据都能落入各组内，也为使图形紧凑好看，第一组的下界限值比 $X_{\min}$ 略小即可。如当 $X_{\min}$ 为 5. 324 时，第一组的下界限值可确定为 5. 3235；当 $X_{\min}$ 为 7. 25 时，第一组的下界限值可确定为 7. 245。如此类比确定。在下界限值确定之后，上界限值用同组的下界限值加上组距得到，即第一组的上界限值为：第一组的下界限值+组距。

第二组的下界限值即为第一组的上界限值，第二组的上界限值为第二组的下界限值+组距。以后各组的上下界限值依此类推。

(6)计算各组的中心值（X_i）。计算公式如下：

$$X_i = \frac{\text{某组上界限值} + \text{某组下界限值}}{2}$$

(7) 统计各组频数 f_i，即统计落入各组的数据个数。

(8) 确定各组组次 u_i。以频数最多的一组为基准，并规定该组的组次为 0。由 $u=0$ 组往后的各组，其组次依次为 -1、-2、-3 等，由 $u=0$ 组往前的各组，其组次依次为 1、2、3 等。

(9) 计算 f_iu_i 和 $f_iu_i^2$ 以及 $\sum f_iu_i$ 和 $\sum f_iu_i^2$，并编制频数分布表，其样式如表 3-18 所示。

表 3-18　**频数分布表样表**

组号	界限	组中值(X_i)	频数(f_i)	组次(u_i)	f_iu_i	$f_iu_i^2$
1						
2						
3						
4						
5						
6						
7						
…						
合计						

(10)计算平均值 $\overline{X}$ 和标准偏差 S。计算公式如下：

$$\overline{X} = a + h\left(\frac{\sum f_iu_i}{\sum f_i}\right)$$

$$S = h\sqrt{\frac{\sum f_i u_i^2}{\sum f_i} - \left(\frac{\sum f_i u_i}{\sum f_i}\right)^2}$$

其中，a 为频数最多的一组的组中值(或称中心值)，其他符号意义同前。

(11)绘制直方图。以质量特性值为横坐标，以频数为纵坐标，以分组组距为直方图的宽度，以各组频数为直方图的高度绘制直方图。同时，在图上标出质量特性值的公差范围和公差大小，以便分析。

【小思考 3-3】

如何确定分组界限值？

绘制直方图时，选择分组界限值的依据是什么？

答：选择分组界限值的依据是使所有数据都能落入各组内，并使图形紧凑好看。

2. 直方图的应用

(1)直方图的应用范围

直方图主要应用于以下几个方面：

①判别加工误差的性质。如根据直方图的形状判别加工误差产生的原因，进而有针对性地寻找原因并采取措施加以消除。

②确定各种方法所能达到的加工精度。由于各种加工方法在随机性因素影响下所得加工尺寸的分散规律符合正态分布，因此，可以在多次统计的基础上为每一种加工方法求得它的标准偏差 σ 值。并按分布范围等于 6σ 确定各种加工方法所能达到的精度。

③确定工序能力及其等级。工序能力为工序处于稳定状态时，加工误差正常波动的幅度。可以用该工序的尺寸分散范围表示。在加工尺寸分布接近正态分布时，工序能力为 6σ。

④估算不合格品率。正态分布曲线与 X 轴之间所包围的面积代表一批工件的总数，工件尺寸分散范围大于零件的公差 T 时，将出现废品。

利用直方图还可以制定质量标准、确定公差范围、评价质量管理水平、判断质量分布情况等。

(2)直方图应用举例

【案例分析 3-13】

某厂加工一批轴承，技术标准要求该轴承外径的公差范围为 180±12mm，现经随机抽样得到100个该轴承外径尺寸数据，请据此绘制该轴承外径尺寸分布的直方图。

178、172、176、181、176、179、185、187、176、177
177、176、180、180、182、179、179、173、185、179
180、181、181、179、180、178、184、185、180、181
175、174、184、182、180、178、179、173、175、177
181、173、187、189、189、185、175、184、182、181
178、180、183、180、178、184、183、179、187、171
182、178、186、183、177、178、175、182、184、183
179、186、187、189、186、182、178、179、174、170
172、176、177、180、182、178、177、181、173、183
171、184、178、182、176、175、178、188、188、180

分析：第一步，找出最大值和最小值，并计算出极差。

由以上数据可知：$X_{max}=189$mm，$X_{min}=170$(mm)，

$$R=X_{max}-X_{min}=189-170=19(\text{mm})$$

第二步，确定组数。由公式 $K=1+3.322\lg n$ 得：

$$K=1+3.322\lg 100$$
$$=7.644\approx 7$$

第三步，计算组距 h。

由 $h=\dfrac{R}{K}$ 得：$h=\dfrac{19}{7}=2.71\approx 3(\text{mm})$

第四步，计算各组的上下限。若第一组的下界限值确定为169.5，则：

第一组上界限值为169.5+3=172.5(mm)

第二组的上下界限值分别为172.5/175.5(mm)；

第三组的上下界限值分别为175.5/178.5(mm)；

第四组的上下界限值分别为178.5/181.5(mm)；

第五组的上下界限值分别为181.5/184.5(mm)；

第六组的上下界限值分别为184.5/187.5(mm)；

第七组的上下界限值分别为187.5/190.5(mm)。

第五步，计算各组的中心值 X_i。

由 X_i=(某组上界限值+某组下界限值)/2 得：

$X_1=171$，$X_2=174$，$X_3=177$，$X_4=180$，$X_5=183$，$X_6=186$，$X_7=189$

第六步，统计各组的频数 f_i，结果如表3-19所示。

表 3-19　　　　**频数统计表**

组号	1	2	3	4	5	6	7
频数	5	11	23	26	19	11	5

第七步，确定各组组次 u_i。

令 $u_4=0$，则 $u_3=-1$，$u_2=-2$，$u_1=-3$，$u_5=1$，$u_6=2$，$u_7=3$

第八步，计算 f_iu_i 和 $f_iu_i^2$ 以及 $\sum f_iu_i$ 和 $\sum f_iu_i^2$，并编制频数分布表，结果如表 3-20 所示。

表 3-20　　　　**频数分布表**

组号	界限	组中值(X_i)	频数(f_i)	组次(u_i)	f_iu_i	$f_iu_i^2$
1	169. 5~172. 5	171	5	−3	−15	45
2	172. 5~175. 5	174	11	−2	−22	44
3	175. 5~178. 5	177	23	−1	−23	23
4	178. 5~181. 5	180	26	0	0	0
5	181. 5~184. 5	183	19	1	19	19
6	184. 5~187. 5	186	11	2	22	44
7	187. 5~190. 5	189	5	3	15	45
合计					−4	220

第九步，计算平均值 $\overline{X}$ 和标准偏差 S。

由 $\overline{X} = a + h\left(\dfrac{\sum f_iu_i}{\sum f_i}\right)$ 得：

$$\overline{X} = 180 + 2\left(\frac{-4}{100}\right)$$
$$=179.92(\text{mm})$$

由 $S = h\sqrt{\dfrac{\sum f_iu_i^2}{\sum f_i} - \left(\dfrac{\sum f_iu_i}{\sum f_i}\right)^2}$ 得：

$$S = 2 \times \sqrt{\frac{220}{100} - \left(\frac{-4}{100}\right)^2}$$
$$=2\times1.48=2.96$$

第十步，绘制直方图，如图 3-6 所示。

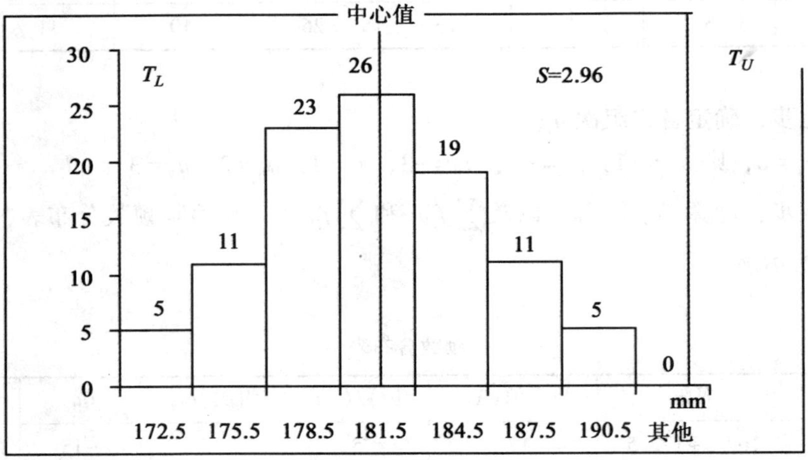

图 3-6　某轴承外径分布直方图

第十一步，在图中标注数据中心值和标准偏差、公差范围等。

【知识链接 3-5】

直方图的数理特征

直方图各矩形顶端中点连线接近于正态分布曲线，有较高的理论分析价值。在成批加工中，由系统性误差引起的加工尺寸分散的中心，趋近于正态分布的算术平均值。

标准偏差 S 反映该批工件尺寸分散的程度。它由系统的随机性误差决定，表明系统所能达到的加工精度。

直方图实为非标准正态分布。在成批加工时，由于多机床、多人加工，使直方图出现多峰；操作者为避免不可修复的废品，总是人为地在加工孔时宁小勿大，在加工轴时宁大勿小，从而使尺寸呈偏态分布；采用调整法加工时，刀具的热变形也将引起偏态分布。

3.5.3　直方图的观察与分析

1. 7 种常见的直方图及其产生原因

(1)标准型，标准型又称对称型。如图 3-7(a)所示。这种图形的数据的平均值与中心值相同或相近，平均值附近的数据的频数最多。各组的频数从中间向两边呈对称性缓慢下降。数据分布符合正态分布规律。此时，工序处于稳定状态。

(2)锯齿型，如图3-7(b)所示。直方形出现参差不齐的状况，即频数不是梯次减少，而是隔区间减少，形成锯齿状。造成这种现象的原因一般不是质量数据本身的问题，而主要是作频数分布表时分组过多、测量仪器精度不够或方法有问题等。

(3)偏峰型，如图3-7(c)所示。直方图的顶峰偏向一侧。即数据的平均值位于中间值的左侧或右侧，从左至右或从右至左，数据分布呈现频数增加后突然减少的状况，使图形不对称。这往往是由于操作者的原因造成的。如在进行质量控制时仅控制下限或下限控制较严、上限控制较宽时多呈左偏峰形，若仅控制上限或上限控制较严、下限控制较宽时则呈右偏峰形。

(4)陡壁型，如图3-7(d)所示。这种图形的平均值远远左离(右离)直方图的中间值，频数自左至右逐渐减少或增加，分布不对称。通常，当工序能力不足或过程中存在自动反馈调整时，会出现这种图形。例如人为地剔除部分数据造成不真实的统计结果时。

(5)平顶型，如图3-7(e)所示。在整个分布范围内，频数的大小差距不大，形成平峰形直方图。这往往是由于几种平均值不同的分布混在一起，或过程中的某种要素发生缓慢的倾向性变化造成的。

(6)双峰型，如图3-7(f)所示。直方图中出现两个峰。这种图形往往是由于把

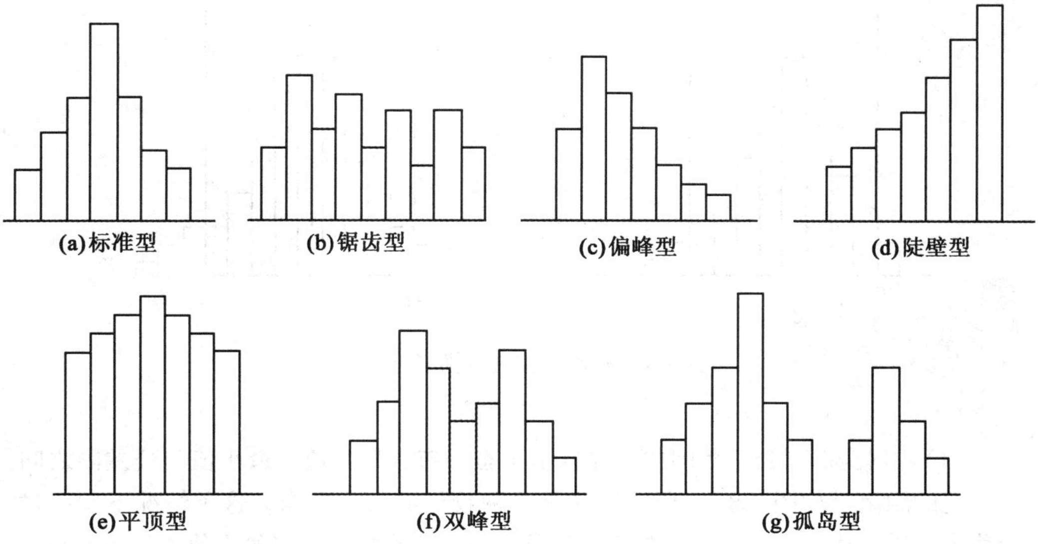

图3-7　7种常见的直方图形

不同材料、不同操作者或不同设备加工的产品放在一起造成的。

(7)孤岛型，如图3-7(g)所示。在直方图的一侧有一个孤立的“小岛”。出现这种情况往往是由于数据中混有其他分布的少量数据造成的，如工序异常、测量错误、原材料质量的短时变化等。

2. 六种典型直方图公差限及过程质量状况分析

加工零件时，有尺寸公差要求。在绘制直方图时，常将公差限用两条直线在直方图上表示出来，以便与质量数据分布进行比较。典型的直方图公差限有如图3-8所示的五种表现形式。

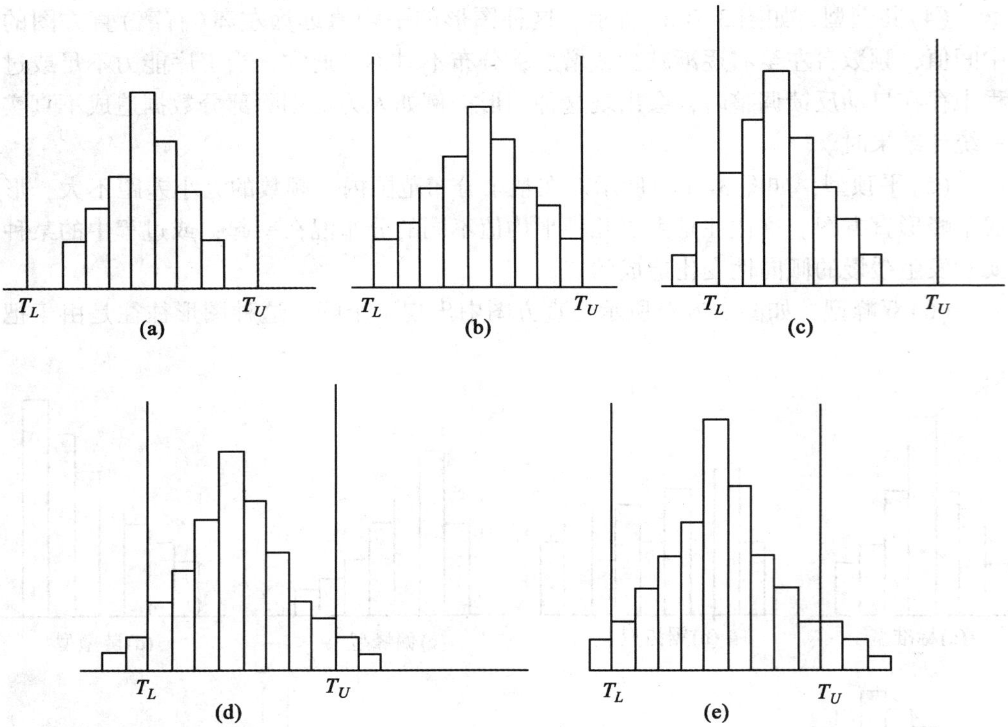

图3-8　典型直方图公差限表现形式

(1)数据全部在公差范围内，并且呈正态分布，最大值、最小值与公差限之间有一定的距离，如图3-8(a)所示。这是一种较好的数据分布。这种情况下生产过程稳定、质量优良，一般不需要任何调整。值得注意的是，当最大值、最小值与公差限之间有较远的距离时，虽然生产表现为过程稳定，质量很好，但同时质量控制偏严，可能使质量浪费，而且会使质量成本偏高。这时应适当放宽控制，以降低控制成本。

(2)数据呈正态分布，也在公差范围内，但最大值、最小值已与公差限重合，如图 3-8(b)所示。说明质量数据虽满足质量要求，但不充分。过程稍有波动将会有质量不符合现象出现。这时，应加强质量控制，提高过程的稳定性，适当缩小数据波动范围，防止不合格产品出现。

(3)直方图虽呈正态分布，而且最大值与公差上限有一定距离，但最小值已超出公差下限，如图 3-8(c)所示。这说明质量控制上严下宽，或整体下偏差，这时应采取措施，使平均值接近公差中间值。

(4)直方图虽呈正态分布，但数据分布已超出公差范围，并且上下呈对称超出，如图 3-8(d)所示。这说明数据的波动范围较大，有较大量不合格产品产生。这时，应采取有效措施，缩小数据波动，提高数据的集中度，使其在公差范围内，以减少不合格产品出现。

(5)直方图基本呈正态分布，但均值偏向上限，两边均有超出公差范围的现象，而以超出上限的为多，如图 3-8(e)所示。这说明质量数据平均值偏高。这时，应采取措施，缩小数据波动范围，而且使平均值回复到接近公差的中间值，以减少不合格产品出现。

3.6　相关图法

3.6.1　相关图法的含义及相关性的类型

1. 相关图法的含义

相关图法也称为散布图法或散点法。它是将两个变量间的相互关系用直角坐标表示出来，通过观察图中点的分布状况来判断两个变量间的相互关系的一种质量管理方法。

2. 相关性的类型

相关图按其相关关系可分为正相关、负相关、曲线相关和不相关等类型。其中正相关和负相关又可按其相关程度的大小分为强正相关、弱正相关和强负相关和弱负相关。下面分别加以说明。

(1)强正相关。当变量 X 增大时，另一个变量 Y 也随着显著增大，如图 3-9(a)所示。

(2)弱正相关。当变量 X 增大时，另一个变量 Y 也随着增大，但增大的程度不明显，如图 3-9(b)所示。

(3)强负相关。当变量 X 增大时，另一个变量 Y 却随着显著减小，如图 3-9(c)所示。

(4)弱负相关。当变量 X 增大时，另一个变量 Y 却随着减小，但反映不明显，如图 3-9(d)所示。

(5)不相关。当变量 X(或 Y)变化时，另一个变量并不随之改变，如图 3-9(e)所示。

(6)曲线相关。当变量 X 开始增大时，Y 也随着增大，但当达到某一值后，X 值增大时，Y 反而减小，如图 3-9(f)所示。

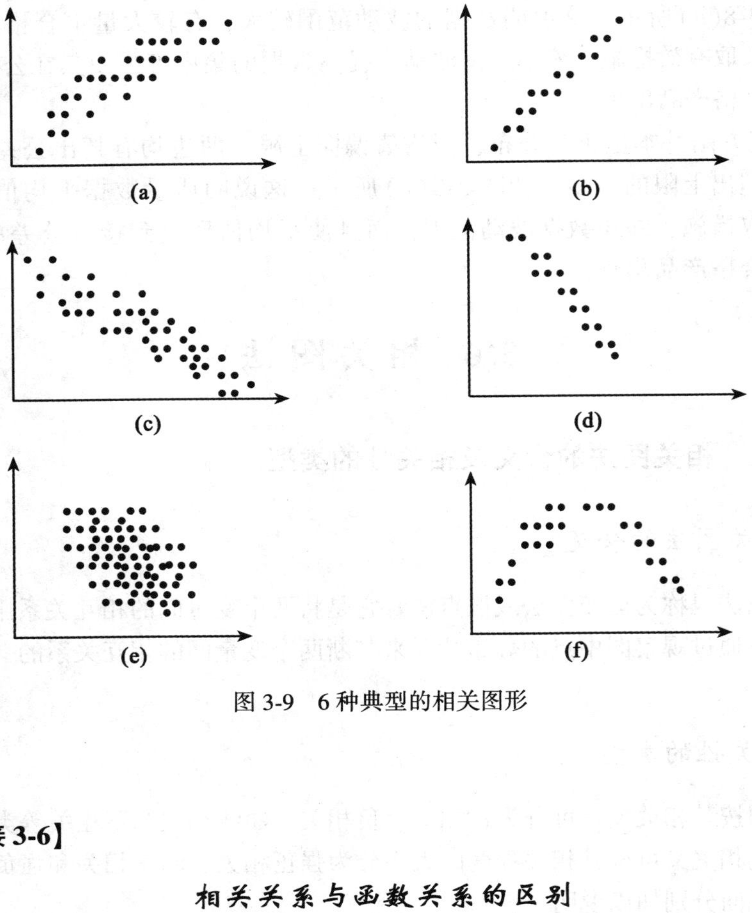

图 3-9　6 种典型的相关图形

【知识链接 3-6】

相关关系与函数关系的区别

函数关系是变量之间存在着的一种严格确定的数量依存关系，即只要其中一个变量取某一数值，另一变量就有唯一的数值与之对应。而相关关系只反映两个或两个以上的变量之间存在关系，其关系的密切程度可以用统计分析量 r 表示，但这种关系不是严格确定的。当某一变量取某一值时，另一变量也相应会发生变化，但可能会有很多值与之对应。

如果将相关关系扩展到所有的依存关系，则可以说函数关系是相关关系的特例。函数关系是一种完全相关关系，而相关关系为不完全的相关关系。

3.6.2　相关图的绘制步骤及应用

1. 相关图的绘制步骤

绘制相关图时通常遵循以下步骤：

第一步，确定要调查的两个变量，收集相关的最新数据，至少30组以上，并把数据按顺序一一对应地填入数据表中。

第二步，绘制坐标系。在绘制坐标系时，应注意两点：一是为使数据的相关性更易观察，要注意横、纵坐标刻度值的选取。通常是让 X 轴、Y 轴的极差长度大体相当。二是应注意横纵坐标的表示对象。如果所分析的是质量特性与影响因素之间的关系，则一般以 X 轴表示影响因素，以 Y 轴表示质量特性；如果分析的是两种特性或某一特性的两种因素之间的关系，则一般以 X 轴表示比较容易测定的那种特性或原因的数据，以 Y 轴表示比较难测定的特性或因素的数据。

第三步，将相应的两个变量，以点的形式标上坐标系。

第四步，记入图名、制作者、制作时间等项目。

第五步，判断相关图的相关性与相关程度。

2. 相关图法的应用

(1)相关图法应用的要点及注意事项

①收集的变量组数至少在30组以上，最好是50～100组。数据太少时，容易造成误判。

②在绘制相关图时，通常用横坐标表示原因或自变量，用纵坐标表示效果或因变量。

③由于数据的相关性常常会因为5M1E的变化而受到影响，因此，需要对获得数据的条件进行甄别，否则散布图不能真实地反映两个变量之间的关系。

④当有异常点出现时，应立即查找原因，而不能简单地把异常点删除掉。

⑤当散布图的相关性与技术经验不符时，应作进一步检查，以防有什么原因造成假象。

(2)相关图法的应用类型

在质量管理中常有三种类型的相关图法的应用。一是质量特性和影响因素之间的相关性分析；二是某一质量特性和另一质量特性之间的相关性分析；三是同一质量特性的两个因素之间的相关性分析。下面举例说明。

【案例分析 3-14】

合金的强度与合金中的碳含量有关。为了生产出满足用户要求的合金，就要在冶炼时控制碳的含量。为了研究碳含量与合金强度的关系，以便较准确地通过测量所得的碳含量预测合金的强度，工程技术人员从生产现场收集了如表 3-21 所示的数据信息。请据此绘制合金的碳含量(%)与强度($\times 10^7 P_a$)的相关图，并做出初步的定性判断。

表 3-21　　**合金的强度与碳含量对照表**

碳含量 X	强度 Y	碳含量 X	强度 Y	碳含量 X	强度 Y	碳含量 X	强度 Y	碳含量 X	强度 Y
0.10	42.0	0.12	44.8	0.15	47.5	0.17	52.5	0.19	54.0
0.10	42.5	0.12	44.5	0.15	47.0	0.17	52.5	0.19	54.5
0.10	42.5	0.12	45.0	0.15	47.3	0.17	51.0	0.19	55.5
0.10	41.8	0.12	45.0	0.15	47.5	0.17	52.0	0.19	55.0
0.11	43.5	0.13	45.5	0.15	47.0	0.17	51.5	0.19	55.5
0.11	43.0	0.13	45.7	0.16	49.0	0.18	53.0	0.20	56.0
0.11	43.5	0.13	45.4	0.16	48.5	0.18	52.5	0.20	54.5
0.11	43.0	0.13	45.5	0.16	48.8	0.18	53.0	0.20	55.0
0.11	43.4	0.13	45.5	0.16	49.0	0.18	53.0	0.20	55.5
0.12	45.0	0.14	45.8	0.16	49.0	0.18	53.5	0.20	54.5

分析：先绘制直角坐标系，然后再通过描点得出相关图，如图 3-10 所示。

观察图 3-10 可知，合金中的碳含量与合金强度呈强正相关关系。

3. 相关系数

运用相关图法时，除了绘制相关图外，还要计算相关系数。因为相关图虽然能显示因素间的相关关系，但它只是一种定性反映。要想定量反映因素间的相关程度，可以计算相关系数。

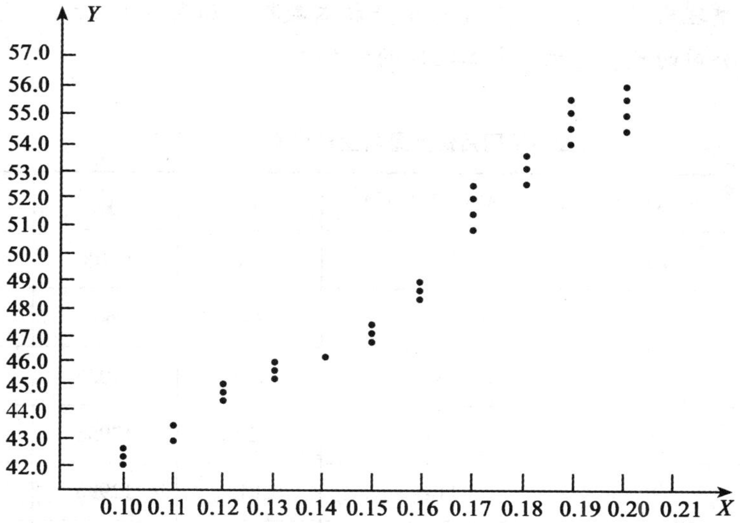

图 3-10　某合金强度与碳含量相关图

相关系数是表明两个变量在直线相关的状态下，相关密切程度的统计分析数据。通常用 r 表示。其计算公式为：

$$r=\frac{n\sum xy-\left(\sum x\right)\left(\sum y\right)}{\sqrt{n\sum x^2-\left(\sum x\right)^2}\cdot\sqrt{n\sum y^2-\left(\sum y\right)^2}}$$

相关系数 r 的变化范围为[−1，1]，即 $0\leqslant|r|\leqslant1$。其中：

当 $r=0$ 时，表示不相关。

当 $|r|=1$ 时，表示完全线性相关，即两个因素之间为确定的线性函数关系。

当 $0<|r|<1$ 时，表示一般意义上的相关。其中，当 $r>0$ 时，表示正相关；当 $r<0$ 时，表示负相关。

$|r|$ 越接近于 1，表示两个因素间的相关程度越高。通常划分相关程度的标准为：

当 $0<|r|<0.3$ 时，为微相关或不相关。

当 $0.3\leqslant|r|<0.5$ 时，为弱相关。

当 $0.5\leqslant|r|<0.8$ 时，为显著相关。

当 $0.8\leqslant|r|<1$ 时，为高度相关。

应当指出的是，在运用相关系数判断两个因素间的相关程度时，参与计算的原始数据越多，其计算结果的可信度就越高。

【案例分析 3-15】

某公司整理出不同月份的产量与生产成本数据，如表 3-22 所示。请运用相关系数判断该公司的产量与生产成本之间的相关性。

表 3-22　　**某公司不同月份产量与生产成本对照一览表**

月份 n	产量 x(台)	成本 y(千万元)	x^2	y^2	xy
1	10	120	100	14400	1200
2	8	98	64	9604	784
3	12	145	144	21025	1740
4	11	134	121	17956	1474
5	9	114	81	12996	1026
6	12	152	144	23104	1824
7	8	101	64	10201	808
8	9	112	81	12544	1008
9	11	125	121	15625	1375
10	13	158	169	24964	2054
11	14	170	196	28900	2380
12	10	123	100	15129	1230
合计	127	1552	1385	206448	16903

分析：将表中数据代入相关系数公式

$$r=\frac{n\sum xy-\left(\sum x\right)\left(\sum y\right)}{\sqrt{n\sum x^2-\left(\sum x\right)^2}.\sqrt{n\sum y^2-\left(\sum y\right)^2}}\text{得:}$$

$$r=\frac{12\times 16903-127\times 1552}{\sqrt{12\times 1385-127^2}\times\sqrt{12\times 206448-1552^2}}$$

$$\approx 0.987$$

计算结果表明，该公司的产量与成本之间呈高度正相关关系。

【知识掌握】

□简答题

(1)检查表法通常应用在哪些方面？设计检查表时应注意哪些事项？

(2)绘制排列图的注意事项是什么？

(3)运用因果图法时应注意哪些事项？

(4)直方图的常见类型及产生原因是什么？

(5)什么是相关图法？在运用相关图法建立坐标系时，应注意哪些事项？

□判断题

(1)直方图定量表示的主要特征值是平均值和标准偏差值。　(　　)

(2)散布图中出现的个别较严重偏离分布趋势的异常点，应在查明原因后予以剔除。　(　　)

(3)分层法常用于归纳整理所收集到的统计数据，或归纳汇总由“头脑风暴法”所产生的意见和想法。　(　　)

(4)运用因果图有利于找到问题的症结所在，然后对症下药，解决质量问题。　(　　)

□选择题

(1)分别用来表示分布的中心位置和散布的大小的特征值是(　　)。

A. 均值、方差　B. 方差、均值　C. 标准差、均值　D. 方差、标准差

(2)在运用因果图、排列图、检查表时，都可以使用的方法是(　　)。

A. 分层法　B. 调查法　C. 头脑风暴法　D. 流程图法

(3)因果图是用来(　　)。

A. 寻找影响质量的主要因素的　B. 寻找产生问题的主要原因的

C. 对产生问题的原因进行分层　D. 粗略找出产生问题的原因

(4)在散布图中，当 x 增加，相应的 y 减少，则称 x 和 y 之间(　　)。

A. 正相关　B. 不相关　C. 负相关　D. 曲线相关

(5)直方图定量表示的主要特征值中的平均值($\bar{x}$)表示(　　)。

A. 数据的分散程度　B. 数据范围的间隔

C. 数据值的大小　D. 数据的分布中心位置

【知识应用】

□技能题

1. 某厂最近检查了 6 批产品，每批产品的检查情况如表 3-23 所示。请依据表中数据运用排列图法分析产品不合格的主要原因。

表 3-23 **产品检查情况统计表**

批号	检查产品数	不合格数	不合格原因				
			操作	设备	工具	工艺	其他
1	5178	21	8	4	5	3	1
2	6325	46	31	2	9	4	0
3	4986	40	18	6	10	5	5
4	4567	33	12	7	13	0	1
5	5050	26	8	2	12	2	2
6	5460	24	9	0	10	3	2

2. 某厂生产某零件，技术标准要求其外径的公差范围是220±20mm，现经随机抽样得到100个该零件的外径数据，如表3-24所示。要求：

(1)对现有数据进行统计整理并作出直方图。

(2)对直方图进行观察和分析。

表 3-24 **某零件外径数据表**

202	203	204	205	205	207	208	208	209	209
209	210	210	211	211	211	211	211	211	211
212	212	213	213	213	214	214	215	215	215
215	216	216	216	217	217	217	217	217	217
218	218	218	218	218	218	218	218	218	218
218	219	219	219	219	220	220	220	220	220
220	220	221	221	221	221	221	221	221	221
222	222	222	222	223	223	223	223	223	224
224	225	225	226	226	227	227	227	228	228
229	229	230	231	232	232	233	234	235	236

3. 请收集某班学生的进校成绩与第一学期期末考试成绩数据，并运用相关图和相关系数法分析它们之间的相关性。

4. 请设计一份学生家庭状况调查表或学生专业选择调查表，并开展相关的调查分析。

5. 假设你是一名老师，你需要对学生期末考试成绩及其形成的原因进行分析。

请你设计一份可靠的分析方案(思路)。

实训目的：进一步加强对本章所学习的质量分析工具的理解和应用。

实训要求：尽可能多地使用本章所学的质量分析工具；设计出的方案思路清晰、内容可行；语言文字表达简洁准确。

□案例分析

如何解决顾客犹豫不决的问题

在某医院，每日上门做整形美容与皮肤美容咨询的顾客络绎不绝，但并不是每位顾客都会最终下定决心，追求自己的美丽梦想。是什么原因让顾客们犹豫不决呢？该医院应如何调整营销策略，打消顾客们的顾虑呢？针对这个疑惑，医院统计了1月的379个初诊未成功的顾客原因数据，并对数据进行整理，作出了统计分析表，并绘制帕累托图，从图上可以很清楚地看出，造成初诊顾客未成功就诊的主要原因可以简单归纳为顾客在犹豫(“顾客时间无法确定”、“家人商量”、“单纯了解”和“考虑”)、“费用问题”、“医生不再改约时间”和“其他”。而这部分主要原因占了80%的比例。撇开“其他”因素不谈，就“医生不再改约时间”这个问题，我们可以通过调整医生的工作时间，推荐其他医生给予咨询等方式来降低此类原因所造成的顾客流失。同时也可以通过举行一些促销或优惠活动来尽量满足顾客对“费用问题”的担忧。

针对最主要，也是数量最多的犹豫中的顾客，需要更深入地了解顾客的顾虑到底有哪些，困惑是什么，他们关心什么却又在担心什么，从而来思考我们该怎么做才能消除他们的顾虑，让他们了解到实际的情况，放下心理包袱。这也就是对业务团队提出了更高的要求，除了要在业务上做到专业，还需要能够与客户更紧密地沟通与交流才行。

解决好这些问题，将对提高初诊顾客的成功率起到决定性的作用。

问题：(1)医院在处理该问题时用了哪些质量统计工具?

(2)这些统计工具在该案例中起了什么样的作用?

□综合实训

实训目的：

1. 提高学生学习兴趣。
2. 掌握多门相关学科知识的综合应用。
3. 针对问题应用所学质量管理统计工具进行分析，提出解决方案。
4. 提高学生解决质量管理实际问题的能力。

实训内容：

背景1：质管员小张这两天总是闷闷不乐，显得心事重重。细心的王统计员注意到了他的变化。这天下午，小张又来找王统计员拿数据，王统计员看周围没人，就凑上去小声问："这两天怎么了？样子这么难看。"听王统计员这么一问，小张满腹的疑问和委曲终于有了倾诉的机会，于是激动地说开了："王兄，你说，这直方图法怎么了？上周末，杨主管让我试着分析一下甲班加工的产品厚度分布情况，我本想这有什么，运用直方图法很容易搞定的。于是就欣然答应了，而且承诺3天交作业。我花了一天的时间好不容易收集到了甲班加工的50件产品厚度数据，又用了半天时间整理数据和作图分析。结果你猜怎么了？我绘出的图形虽然都在公差范围内，而且数据也比较集中，但是却呈平顶形分布。我不知道问题出在哪里，现在还没向杨主管交作业……"

背景2：某服装公司生产的男上衣出现了严重的质量问题，该公司准备寻找质量原因，对反映上衣质量的质量特性值进行收集和分析。

实训要求：

1. 帮助小张分析一下问题可能出在什么地方，并给他提出改进的建议。

2. 找一家服装企业，近距离接触和亲自动手测试数据，利用缺陷表、频数表、排列图、直方图对统计的数据进行分析。

3. 找出主要原因后，用因果图列出采取的措施。

第四章 统计过程控制与控制图

学习目标

知识目标

在学习完本章之后，你应该能够：

◎了解统计过程控制的作用和特点；

◎明确控制图在质量管理体系中的作用和过程能力指数的运用；

◎熟知常规控制图的作用、类别和用途和过程改进策略；

◎掌握控制图的基本原理和控制图的观察分析方法，过程能力的分析。

技能目标

◎能用 Excel 绘制常规控制图；

◎运用过程能力指数进行过程能力评价。

引 例

降落伞的真实故事

这是一个发生在第二次世界大战中期，美国空军和降落伞制造商之间的真实故事。在当时降落伞的安全度不够完美，经过努力改善，降落伞制造商生产的降落伞的良品率已经达到了99.9%。应该说这个良品率即使现在许多企业也很难达到。但是美国空军却对此公司说 No，他们要求所交降落伞的良品率必须达到100%。于是降落伞制造商的总经理便专程去飞行大队商讨此事，看是否能够降低这个水准，因为厂商认为：能够达到这个程度已接近完美了，没有什么必要再改。当然，美国空军一口回绝，因为品质没有折扣。后来军方要求改变检查品质的方法。那就是从厂商前一周交货的降落伞中随机挑出一个，让厂商负责人装备上身后，亲自从飞行中的机身跳下。这个方法实施后，不良率立刻变成零。

分析：品质没有折扣，多站在消费者的观点想一想。许多人做事时常有“差不多”的心态，对于领导或是客户所提出的要求，即使是合理的，也会觉得对方吹毛求疵而心生不满，认为差不多就行。或许我们应该站在消费者的角度想一想。如果什么事情都只有99.9%的成功率，那么每年15000个婴儿出生时会被抱错，每小时有2000封信邮寄错误。看了这些数据我们肯定都希望全世界所有的人都能在工作中做到100%完美。企业的管理者，应该有效地运用质量控制的方法，通过检测资料的收集和分析，有效控制生产过程、不断改进品质。统计过程控制就是对生产过程质量进行预防控制常用的方法之一。

4.1 统计过程控制概述

SPC是英文Statistical Process Control的字首简称，即统计过程控制。SPC是应用统计技术对过程中的各个阶段进行监控，从而达到改进与保证质量的目的。控制图理论是SPC最主要的统计技术。

控制图是判别生产过程是否处于控制状态的一种手段，利用它可以区分质量波动究竟是由随机因素还是系统因素造成的。

1924年美国的休哈特(Walter A. Shewhart)提出了过程控制的概念与实施过程监控的方法，并首先提出用控制图进行生产控制，稳定生产过程的质量，达到以预防为主的目的。控制图的种类很多，本节主要介绍常规控制图，也称休哈特控制图。

常规控制图要求从过程中获取以近似等间隔抽取的数据，此间隔可以用时间来定义(例如：每小时)或者用数量来定义(例如：每批)。通常，这样抽取的数据在过程控制中称为子组，每个子组由具有相同可测量单位和相同子组大小的同一产品或服务组成。从每一个子组得到一个或多个子组特性，如子组平均值x、子组极差R或标准差S。常规控制图就是给定的子组特性值与子组号对应的一种图形，它的基本格式包括两个部分：

一是标题部分。主要包括企业、车间、班组的名称，机床设备的名称、编号，零件的生产名称、编号，检验部位、要求、测量器具、操作工、调试工、检验工、绘图者的名称以及控制图的名称编号等。

二是控制图部分。根据概率统计的原理，在普通坐标纸上做出两条控制限和一条中心线，然后把时间顺序抽样所得的质量特性值(或样本统计量)以点的形式依次描在图上，从点的动态分布情况来分析生产过程质量及其趋势。控制图的基本格式如图 4-1 所示。

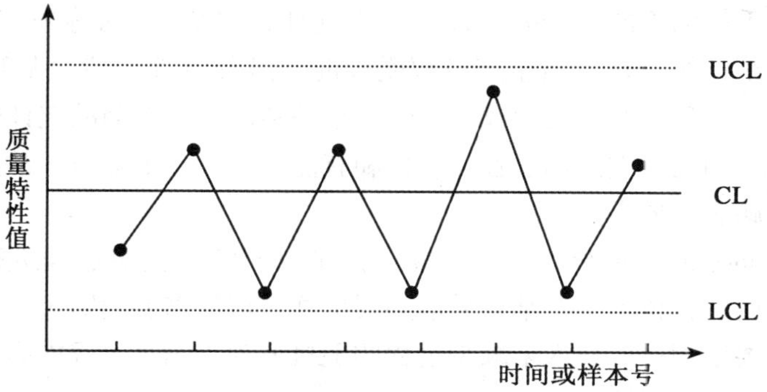

图 4-1　控制图示例

图 4-1 的横坐标是以时间先后排列的样本组号(子组号)，纵坐标为质量特性值或样本统计量。两条控制限一般用虚线表示，上面一条称为上控制限(Upper Control Limit，UCL)，下面一条称为下控制限(Lower Control Limit，LCL)，中心线用实线表示(Central Line，CL)。

在生产过程中，应定时抽取样本，把测得的点按时间先后一一描在图上。如果点落在两控制限之间，且排列是随机的，则表明生产过程仅有随机误差存在，生产基本正常，处于统计控制状态，此时对生产过程可不必干预；如果点落在两控制限之外，或点在两控制限内的排列是非随机的，则表明生产过程中有系统性原因导致的系统误差存在，生产已处于非统计控制状态，此时必须采取措施使生产恢复正常。这样可用控制图对生产过程不断地进行监控，能够对系统性原因的出现及时警告，起到预防作用。

生产过程中无论工艺条件多么一致，生产出来的产品的质量特性值，也不完全一致，这就是所谓的质量波动。它是由人、机器、材料、方法和环境等基本因素的波动影响所致。产品质量特性的波动分为正常波动和异常波动。

正常波动是偶然性因素(不可避免因素)造成的。它对产品质量影响较小，在技术上难以消除，在经济上也不值得消除(如机器的微小振动、原材料的微小差异等)。

异常波动是由系统原因(异常因素)造成的。它对产品质量影响很大，但能够采取措施避免和消除(如模具磨损、误操作等)。过程控制的目的就是消除、避免异常波动，使过程处于正常波动状态。

统计过程控制是一种借助数理统计方法的过程控制工具。它对生产过程进行分析评价，根据反馈信息及时发现系统性因素出现的征兆，并采取措施消除其影响，使过程维持在仅受随机性因素影响的受控状态，以达到控制质量的目的。它认为，当生产过程仅受随机因素影响时，过程处于统计控制状态(简称受控状态)；当生产过程中存在系统因素的影响时，过程处于统计失控状态(简称失控状态)。由于过程波动具有统计规律性，当生产过程受控时，过程特性一般服从稳定的随机分布；而失控时，过程分布将发生改变。SPC 正是利用过程波动的统计规律性对过程进行分析控制。因而，它强调过程在受控和有能力的状态下运行，从而使产品和服务稳定地满足顾客的要求。

实施 SPC 的过程一般分为两大步骤：首先用 SPC 工具对过程进行分析，如绘制分析用控制图等；根据分析结果采取必要措施：可能需要消除过程中的系统性因素，也可能需要管理层的介入来减少过程的随机波动以满足过程能力的需求。其次是用控制图对过程进行监控。

SPC 非常适用于重复性生产过程。它能够帮助我们：

一是对过程作出可靠的评估。

二是确定过程的统计控制界限，判断过程是否失控和过程是否有能力。

三是为过程提供一个早期报警系统，及时监控过程的情况以防止废品的产生。

四是减少对常规检验的依赖性，定时的观察以及系统的测量方法替代了大量的检测和验证工作。

SPC 作为质量改进的重要工具，不仅适用于工业工程，也适用于服务等一切过程性的领域。在过程质量改进的初期，SPC 可帮助确定改进的机会，在改进阶段完成后，可用 SPC 来评价改进的效果并对改进成果进行维持，然后在新的水平上进一步开展改进工作，以达到更强大、更稳定的工作能力。

4.1.1 过程控制

生产过程是产品质量形成的关键环节，在确保设计质量的前提下，产品质量很大程度上依赖于生产过程质量。过程控制是指为实现产品过程质量而进行的有组织、有系统的过程管理活动。其目的在于为生产合格产品创造有利的生产条件和环境，从根本上预防和减少不合格品的产生。

过程控制的主要内容包括：

1. 对过程进行分析并建立控制标准

分析影响过程质量的因素，确定主要因素，并分析主要因素的影响方式、途径和程度，据此明确主要因素的最佳水平，实现过程标准化；确定产品关键的质量特性和影响产品质量的关键过程，建立管理点，编制全面的控制计划和控制文件。

2. 对过程进行监控和评价

根据过程的不同工艺特点和质量的影响因素，选择适宜的方法对过程进行监控，如用首件检验、巡回检验和检查记录工艺参数等方式对过程进行监控；利用质量信息对过程进行预警和评价，如利用控制对过程波动进行分析、对过程变异进行预警，利用过程性能指数和过程能力批数对过程满足技术要求的过程质量进行评定。

3. 对过程进行维护和改进

过程控制通过对过程的管理和分析评价，消除过程存在的异常因素，维护过程的稳定性，对过程进行标准化，并在此基础上，逐渐减少过程固有的变异，实现过程质量的不断突破。

4.1.2 统计过程控制

贯彻预防原则是现代质量管理的核心与精髓，为了保证预防原则的实现，20世纪20年代美国贝尔电话实验室成立了两个研究质量的课题组，一组是过程控制组，学术领导人为休哈特(Walter A. Shewhart)；另一组是产品控制组，学术领导人为道奇(Harold F. Dodge)。其后，休哈特提出了过程控制理论以及控制过程的具体工具——控制图(Control Chart)。道奇与罗米格(H. G. Romig)则提出了抽样检验理论和抽样检验表。1931年休哈特出版了他的代表作《加工产品质量的经济控制》，这标志着统计过程控制时代的开始。

统计过程控制是应用统计学技术对过程中的各个阶段进行评估和监控，建立并保持过程处于可接受的并且稳定的水平，从而保证产品与服务符合规定的要求的一种技术。它是过程控制的一部分，从内容上来说主要有两个方面：一是利用控制图分析过程的稳定性，对过程存在的异常因素进行预警；二是计算过程能力指数分析稳定的过程能力满足技术要求的程度，对过程质量进行评价。

近年来，随着科学技术迅猛发展，无论是产品质量还是控制技术都有了很大的突破，从产品质量上来说，产品的不合格率迅速降低，如电子产品的不合格率由过去的百分之一(10^{-2})、千分之一(10^{-3})降低到百万分之一(ppm，10^{-6})，乃至十亿分之一(ppb，10^{-9})。

在控制技术上，生产控制方式由过去的3σ控制方式演进为6σ控制方式。3σ控制方式的过程均值无偏移不合格率为2.7×10^{-3}，过程均值偏移1.5σ的不合格率为66807ppm。而6σ控制方式过程均值无偏移不合格率为$0.002\times10^{-6}=2$ppb，过程均值偏移1.5σ的不合格率为3.4ppm。由此可看到，在均值无偏移条件下，6σ控制方式的不合格率仅为 3σ 控制方式的 1.35×10^6分之一；而在均值偏移 1.5σ 条件下，前者的不合格率也仅为后者的 20000 分之一(见图 4-2)。

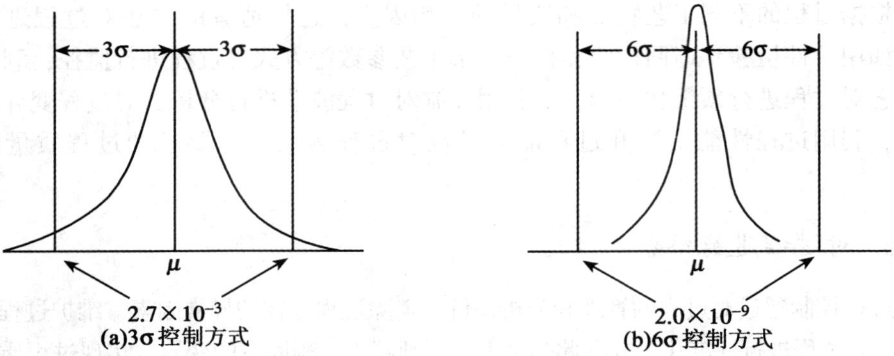

图 4-2　3σ 控制方式与 6σ 控制方式的比较

4.1.3　统计过程控制的特点

许多质量管理技术是对已出产的产品(包括半成品)进行分析、检验或评估，以找出提高产品质量的途径和方法，这是一种“事后”的补救性的方法。统计质量管理(SPC)则与这种方法不同，它是在生产过程中的各个阶段(工序)对产品质量进行实时的监控与评估，因而是一种预防性方法。贯彻预防性原则是现代质量管理的一个特点。此外，作为全面质量管理的一种重要技术，统计质量控制也强调全员参与、团队精神，而不是只依靠少数质量管理人员。最后，统计质量控制并不是简单地解决对特定工序用什么样的控制图的问题，它强调整个过程，SPC 的重点就在于 P(Process)，即过程。

4.1.4　统计过程诊断

SPC 可以判断过程的异常，及时告警。但早期的 SPC 不能告知此异常是什么因素引起的，发生于何处，即不能进行诊断。而在现场迫切需要诊断问题，否则即使要想纠正异常也无从下手。故实际与理论都迫切需要将 SPC 加以发展，现代 SPC 已包含这部分内容，即统计过程诊断(Statistical Process Diagnosis，SPD)。SPD 不但具有早期 SPC 告警进行控制的功能，而且具有诊断功能，故 SPD 是现代 SPC 理论的发展和重要组成部分。SPD 就是利用统计技术对过程中的各个阶段进行监控与诊断，从而达到缩短诊断异常的时间，以便迅速采取纠正措施、减少损失、降低成本、保证产品质量的目的。SPD 是 20 世纪 80 年代发展起来的。

4.2　控制图的含义

4.2.1　控制图的形成

将通常的正态分布图旋转 90 度，使自变量增加的方向垂直向上，将μ、$\mu+3\sigma$和$\mu-3\sigma$分别标为 CL、UCL 和 LCL，这样就得到了一张控制图(见图 4-3)。例如图 4-4 是一张单值(X)控制图，图中的 UCL 为上控制限，CL 为中心线，LCL 为下控制限。

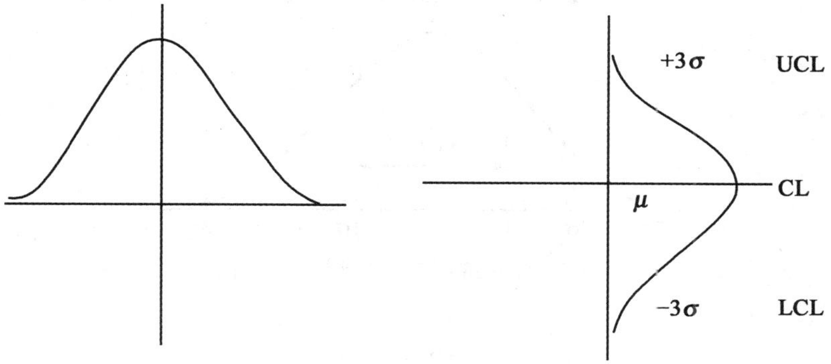

(a)正态分布图(直方图)　　(b)控制图

图 4-3　正态分布图(直方图)与控制图

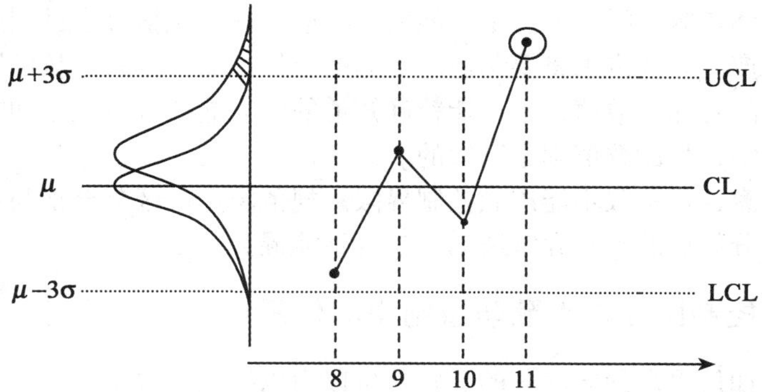

图 4-4　单值(X)控制图

$\mu\pm3\ \sigma$的范围可以近似地看做所有数据分布范围，近似程度为 99.73%(见表 4-1)，因此通常以$\mu\pm3\ \sigma$作为管制上、下界限(见图 4-5)，这就是休哈特(Walter A. Shewhart)3 σ原则。3 σ原则即控制图中的 CL、UCL 及 LCL 由下式确定：

表 4-1 **数据分布范围**

规范限	合格率	不合格率
$\mu\pm1\sigma$	68.26%	31.74%
$\mu\pm2\sigma$	95.45%	4.55%
$\mu\pm3\sigma$	99.73%	0.27%

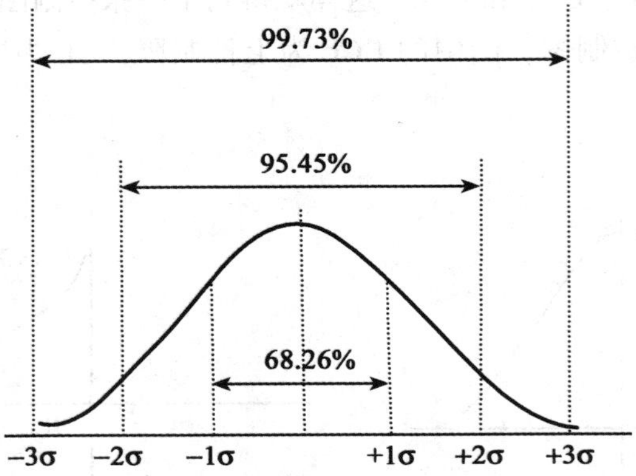

图 4-5 以 $\mu\pm3\sigma$ 作为管制上、下界限

$$CL=\mu$$
$$UCL=\mu+3\sigma$$
$$LCL=\mu-3\sigma$$

式中，μ、σ 为统计量的总体参数。

注意，总体参数与样本统计量不能混为一谈。总体包括过去已制成的产品、现在正在制造的产品以及未来将要制造的产品的全体，而样本只是从已制成产品中抽取一小部分。故总体参数值是不可能精确知道的，只能通过以往已知的数据来加以估计，而样本统计量的数值则是已知的。

还必须注意，规范限不能用做控制界限。规范限用以区分合格与不合格，控制界限则用以区分偶然波动与异常波动，二者不能混为一谈。

4.2.2 控制图在贯彻预防原则中的作用

控制图是如何贯彻预防原则的呢？这可以由以下两点看出：

一是应用控制图对生产过程不断监控，当异常因素刚一露出苗头，甚至在未造成不合格品之前就能及时被发现(见图 4-6)，在控制图中点子形成倾向图，有逐渐上升的趋势，所以可以在这种趋势造成不合格品之前就采取措施加以消除，起到预防的作用。

二是在现场，更多的情况是控制图显示异常，表明异因已经发生，这时一定要

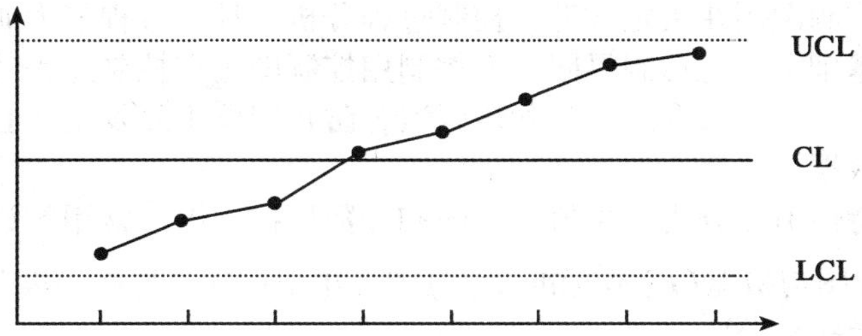

图 4-6　控制图中点子形成趋势

贯彻“查出异因，采取措施，保证消除，不再出现，纳入标准”的循环。每贯彻一次(即经过一次这样的循环)就消除一个异因，使它永不再出现，从而起到预防的作用。由于异因只有有限多个，故经过有限次循环后(见图 4-7)，最终可以达到这样一种状态：在过程中只存在偶因而不存在异因。这种状态称为统计控制状态或稳定状态，简称稳态。稳态是生产过程追求的目标，因为在稳态下生产，对质量有完全的把握，质量特性值有 99.73%落在上下控制界限之间的范围内；在稳态下生产，不合格品最少，因而生产也是最经济的。一道工序处于稳态则称为稳定工序，每道工序都处于稳态则称为全稳生产线。SPC 就是通过全稳生产线达到全过程预防的。

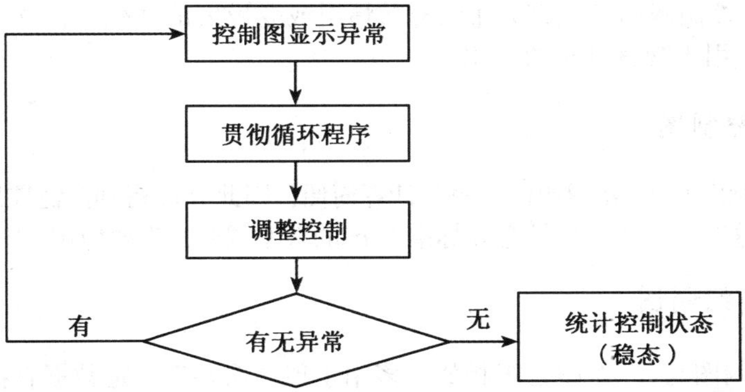

图 4-7　达到稳态的循环图

综上所述，虽然质量变异不能完全消除，但控制图是使质量变异最小的有效工具。

4.3　控制图的种类及作法

4.3.1　控制图的种类

控制图的种类很多。根据不同的用途可分成两类，即分析用控制图与控制用控制图。分析用控制图用在决定方针、控制过程分析、控制过程能力研究等场合，是在收集数据的基础上确定控制界限。而控制用控制图用在控制过程的质量，点子出界时应查明原因，立即采取措施消除该因素，防止问题重复发生，它是先确定控制界限然后收集数据。

根据质量特性值可分为计量值控制图和计数值控制图。常用的计量控制图类型有：平均值($\overline{X}$)图与极差(R)或标准差(S)图、单值($\overline{X}$)图与移动极差(R)图、中位数(Me)图与极差(R)图。

常用的计数控制图类型有：不合格率(p)图或不合格数(np)图、不合格数(c)图或单位产品不合格数(μ)图。

常规控制图(休哈特控制图)种类及各种控制图上下控制界限的确定和计算公式如表4-2所示。

4.3.2 控制图的用途

1. $\overline{X}$-R 控制图

对于计量值数据而言，这是最常用、最基本的控制图。它用于控制对象为长度、重量、强度、纯度、时间和生产量等计量值的场合。

由于正态分布的两个参数μ与σ互相独立，故$\overline{X}$控制图主要用于观察分布的均值的变化，R控制图用于观察分布的分散情况或变异度的变化，而$\overline{X}-R$图则将二者联合应用，用于观察分布的变化。

2. $\overline{X}$-s 控制图

$\overline{X}-s$控制图与$\overline{X}-R$图相似。极差计算简便，因此R图得到广泛应用，但当样本大小$n>10$，这时应用极差估计总体标准差σ的效率减低，需要应用s图来代替R图。

3. Me-R 控制图

Me-R控制图与$\overline{X}-R$图也很相似。多用于现场需要把测定数据直接记入控制图进行控制的场合，为了简便，应规定为奇数个数据。

4. X-R_s 控制图

X-R_s控制图多用于对每一个产品都进行检验，采用自动化检查和测量；取样费时、昂贵；样品均匀，多抽样无意义的场合。

5. p 控制图

p控制图用于控制对象为不合格率或合格率等计数值质量指标的场合。使用p图时应选择重要的检查项目作为判断不合格品的依据。当样本大小n不等时，p图的上下控制界限呈凹凸状。计量控制图系数表如表4-3所示。

表 4-2　　**常规控制图一览表**

类别	控制图代号	控制图名称	控制图界限	备注
计量值控制图（正态分布）	$\bar{X}$-R	均值—极差控制图	$\bar{X}$ 图： $UCL=\bar{\bar{X}}+A_2\bar{R}$ $CL=\bar{\bar{X}}$ $LCL=\bar{\bar{X}}-A_2\bar{R}$ R 图： $UCL=D_4\bar{R}$ $CL=\bar{R}$ $LCL=D_3\bar{R}$	1. 正态分布的参数 μ 与 σ 互相独立，控制正态分布需要分别控制 μ 与 σ，故正态分布控制图都有两张控制图，前者控制 μ，后者控制 σ 2. 二项分布与泊松分布则并非如此
	$\bar{X}$-s	均值—标准差控制图	$\bar{X}$ 图： $UCL=\bar{\bar{X}}+A_3\bar{s}$ $CL=\bar{\bar{X}}$ $UCL=\bar{\bar{X}}-A_3\bar{s}$ S 图： $UCL=B_4\bar{s}$ $CL=\bar{s}$ $LCL=B_3\bar{s}$	
	Me-R	中位数—极差控制图	Me 图： $UCL=\bar{\tilde{X}}+m_3A_2\bar{R}$ $CL=\bar{\tilde{X}}$ $UCL=\bar{\tilde{X}}-m_3A_2\bar{R}$ R 图： $UCL=D_4\bar{R}$ $CL=\bar{R}$ $LCL=D_3\bar{R}$	
	X-R_s	单值—移动极差控制图	X 图： $UCL=\bar{X}+E_2\bar{R}_S$ $CL=\bar{X}$ $UCL=\bar{X}-E_2\bar{R}_S$ R_s 图： $UCL=D_4\bar{R}_S$ $CL=\bar{R}_S$ $LCL=D_3\bar{R}_S$	
计件值控制图（二项分布）	p	不合格率控制图	$UCL=\bar{p}+3\sqrt{\bar{p}(1-\bar{p})/n}$ $CL=\bar{p}$ $UCL=\bar{p}-3\sqrt{\bar{p}(1-\bar{p})/n}$	由通用不合格数 np 图代替
	np	不合格数控制图	$UCL=n\bar{p}+3\sqrt{n\bar{p}(1-\bar{p})}$ $CL=n\bar{p}$ $UCL=n\bar{p}-3\sqrt{n\bar{p}(1-\bar{p})}$	
计数值控制图（泊松分布）	u	单位缺陷数控制图	$UCL=\bar{u}+3\sqrt{\bar{u}/n}$ $CL=\bar{u}$ $UCL=\bar{u}-3\sqrt{\bar{u}/n}$	可由通用缺陷数 c_T 图代替
	c	不合格数控制图	$UCL=\bar{c}+3\sqrt{\bar{c}}$ $CL=\bar{c}$ $UCL=\bar{c}-3\sqrt{\bar{c}}$	

表 4-3 **计量控制图系数表**

n	2	3	4	5	6	7	8	9	10
A_2	1.880	1.023	0.729	0.577	0.483	0.419	0.373	0.337	0.308
A_3	2.659	1.954	1.628	1.427	1.287	1.182	1.099	1.032	0.975
B_3	0	0	0	0	0.030	0.118	0.185	0.239	0.284
B_4	3.267	2.568	2.266	2.089	1.970	1.882	1.815	1.761	1.716
D_3	0	0	0	0	0	0.076	0.136	0.184	0.223
D_4	3.267	2.574	2.282	2.114	2.004	1.924	1.864	1.816	1.777
M_3A_2	1.880	1.187	0.796	0.691	0.549	0.509	0.432	0.412	0.363
d_2	1.128	1.693	2.059	2.326	2.534	2.704	2.847	2.970	3.078
E_2	$E_2=(3/d_2)$								

6. np 控制图

用于控制对象为不合格数的场合。由于计算不合格率需进行除法，比较麻烦，所以在样本大小相同的情况下，用 np 控制图比较方便。

7. u 控制图

当一定的单位样品的大小发生变化，应换算为平均每单位的缺陷数后使用 u 控制图。当样本大小 n 不等时，u 图的上下控制界限呈凹凸状。

8. c 控制图

c 控制图用于任何一定的单位中所出现的缺陷数目且样本大小 n 相等的场合。

【小思考 4-1】

请判断以下数据是哪一类型。

(1)轴承直径的平均值。

(2)教材上印刷缺陷数。

(3)测量腰围的长度所得到的数值。

(4)生产每台电冰箱的工时。

(5)抽检产品不符合规格要求的百分比。

(6)每 100 个产品中有缺陷的产品数量。

(7)每箱产品的重量。

(8)电镀产品盐雾测试时间。

(9) 日光灯通电时寿命测试。

(10) 检验布匹时所记录的不合格数。

这些数据可以应用何种类型的控制图进行日常控制？

4.3.3　选择控制图的程序(见图4-8)

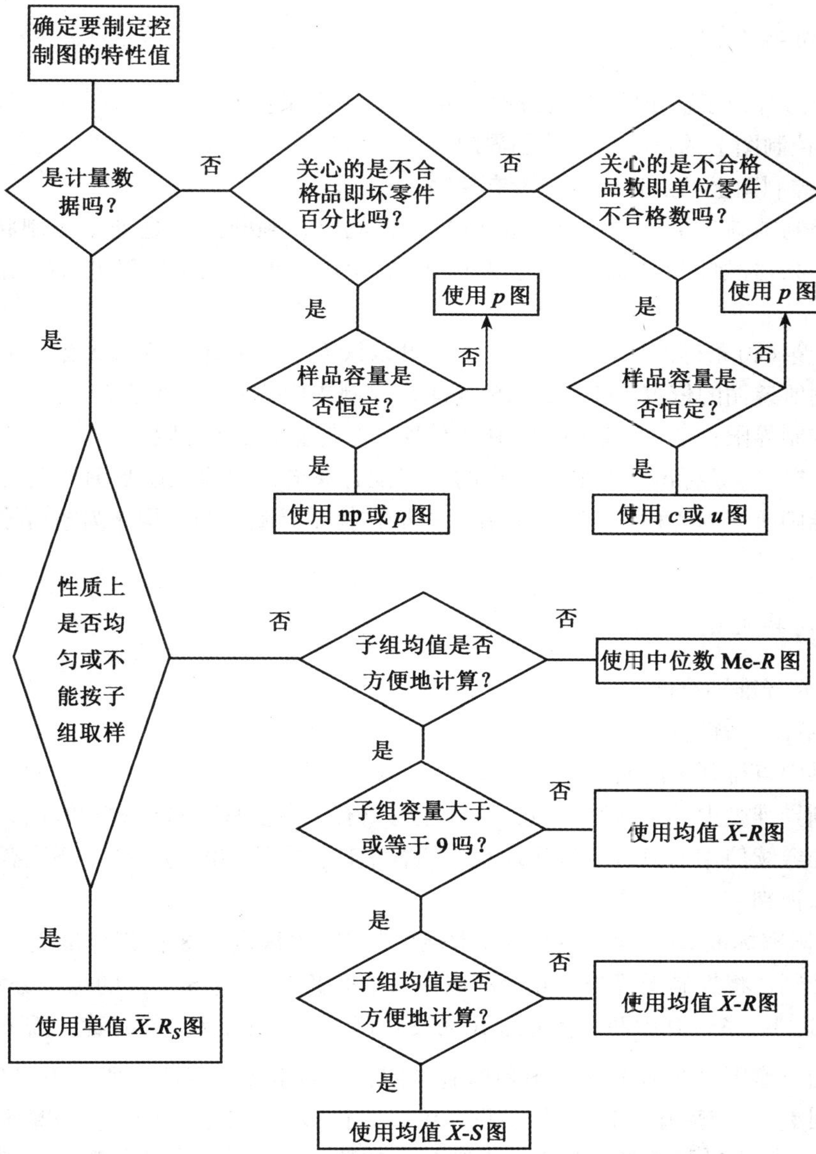

图4-8　选择控制图的程序

4.3.4 常规控制图的观察与分析

应用控制图的目的是使生产过程或工作过程处于稳定的状态。所谓稳定状态是指生产过程或工作过程仅受偶然因素的影响，其产品质量特性的分布基本上不随时间而变化的状态。反之，则为非控制状态或异常状态。观察分析控制图的常用准则有判稳和判异两种。

1. 判稳准则

判断过程处于稳定状态的标准可归纳为以下两条：

(1)控制图上的点不超过控制界限。

(2)控制图上的点排列分布没有缺陷。

在控制图满足了这两个条件的情况下，就应该判断过程是处于控制状态(稳态)。这时，控制图的控制界限可以作为以后生产过程或工作过程进行控制所遵循的依据。

关于第(1)条标准，在下述情况下也可以认为基本上处于控制状态，作为以后进行控制所遵循的依据：①连续 25 点都在控制界限内；② 连续 35 点中，仅有 1 点超出控制界限；③ 连续 100 点中，不多于 2 点超出控制界限。

关于第(2)条标准，控制图上点的分布没有缺陷，指的是控制图上点的分布没有判异准则所列的各种情况。另外凡是点恰在控制界限上的，均作为超出控制界限处理。

2. 判异准则

(1)判异准则有两类：

① 点出界就判异。

②界内点排列不随机判异。

在判异准则中并未限制点数，原则上可以有无穷多种检验模式，但现场能够保留下来的继续使用的只有明显物理意义的若干种，在控制图的判断中要注意对这些模式加以识别。

(2)国家标准 GB/T4091—2001《常规控制图》中规定了 8 种判异准则。为了应用这些准则，将控制图等分为 6 个区域，每个区宽 1σ。这 6 个区的标号分别为 A、B、C、C、B、A。其中两个 A 区、B 区及 C 区都关于中心线 CL 对称，需要指明的是这些判异准则主要适用于 $\overline{X}$ 图和单值 X 图，且假定质量特性 X 服从正态分布。

准则 1：一点落在 A 区之外(见图 4-9)。在许多应用中，准则 1 甚至是唯一的判异准则。准则 1 可对参数 μ 的变化或参数 σ 的变化给出信号，变化越大，则给出信号越快。准则 1 还可对过程中的单个失控做出反应，如计算错误、测量误差、原材料不合格、设备故障等。在 3σ 原则下，准则 1 犯第一类错误的概率为 $\alpha_0 = 0.0027$。

准则 2：连续 9 点落在中心线同一侧(见图 4-10)。

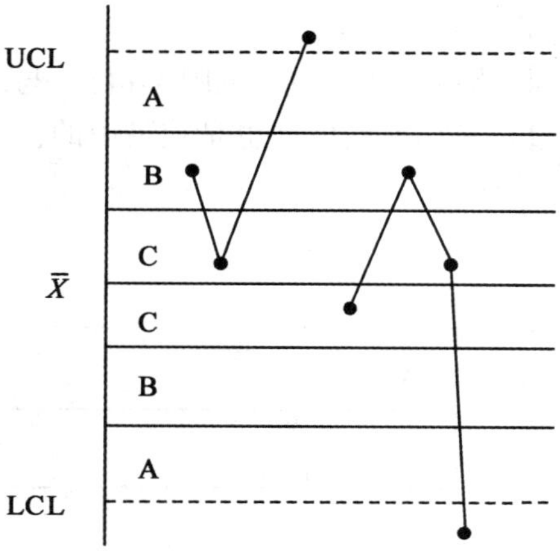

图 4-9　准则 1 图示

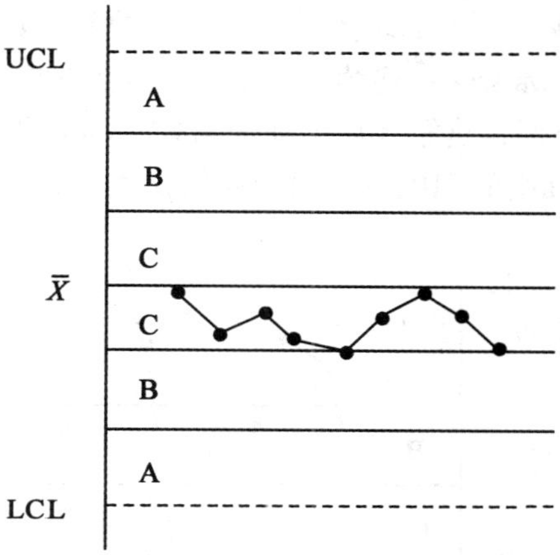

图 4-10　准则 2 图示

准则 3：连续 6 点递增或递减(见图 4-11)。此准则是针对过程平均值的趋势进行设计的，它判定过程平均值的较小趋势要比准则 2 更为灵敏。产生趋势的原因可能是工具逐渐磨损、维修逐渐变坏、操作人员技能的逐渐提高等，从而使得参数 α 随着时间而变化。

准则 4：连续 14 点上下交替(见图 4-12)。本准则是针对由于轮流使用两台设备或由两位操作人员轮流进行操作而引起的系统效应。实际上，这就是一个数据分层不够的问题。选择 14 点是通过统计模拟试验而得出的，也是为使其 α 大体与准则 1 的 $\alpha_0 = 0.0027$ 相当。

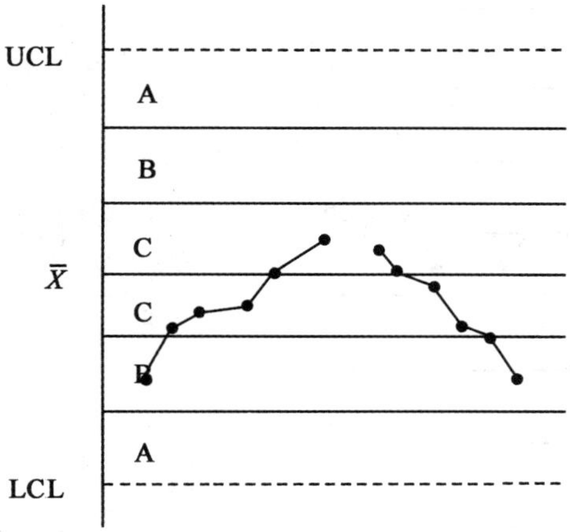

图 4-11　准则 3 图示

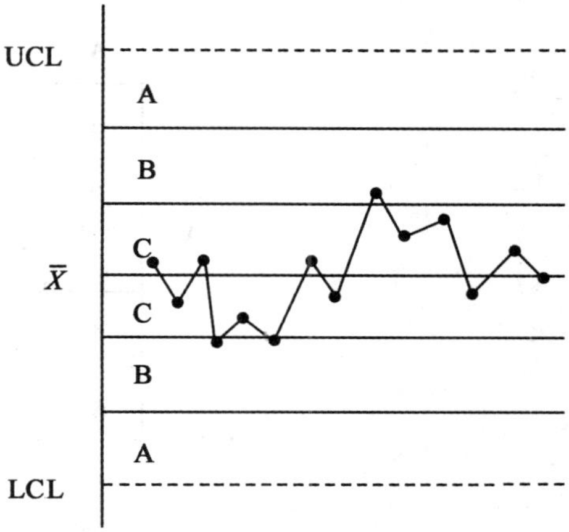

图 4-12　准则 4 图示

准则5：连续3点中有2点落在中心线同一侧的B区以外(见图4-13)。过程平均值的变化通常可由本准则判定，它对于变异的增加也较灵敏。这里需要说明的是：3点中的2点可以是任意2点，第3点可以在任何处，甚至可以根本不存在。出现准则5的现象是由于过程的参数μ发生了变化。

准则6：连续5点中有4点落在中心线同一侧的C区以外(见图4-14)。与准则5类似，这第5点可在任何处。本准则对于过程平均值的偏移也是较灵敏的，出现本准则的现象也是由于参数μ发生了变化。

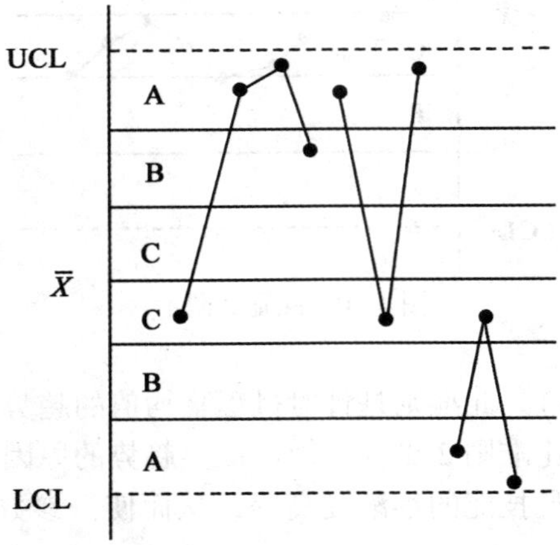

图4-13　准则5图示

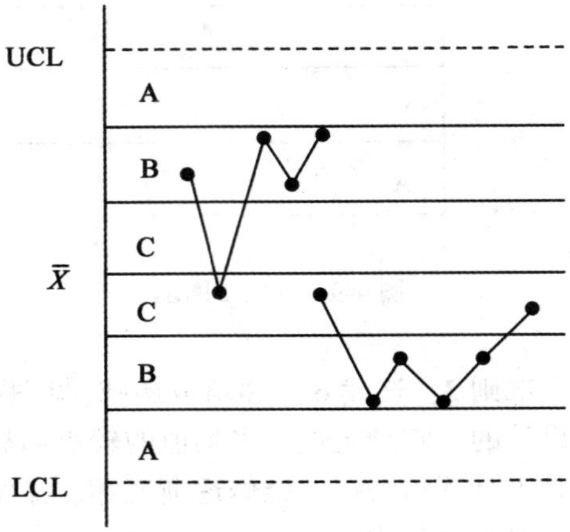

图4-14　准则6图示

准则7：连续15点在C区中心线上下(见图4-15)。出现本准则的现象是由于参数σ变小。对于这种现象不要被它的良好“外貌”所迷惑，而应该注意到它的非

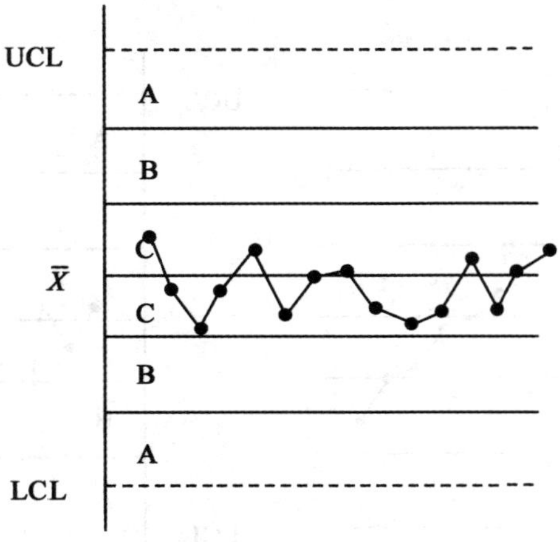

图4-15　准则7图示

随机性。造成这种现象的原因可能有数据虚假或数据分层不够等。在排除了上述两种可能性之后才能总结现场减少标准差 σ 的先进经验。

准则 8：连续 8 点在中心线两侧，但无一在 C 区中(见图 4-16)。造成这种现象的主要原因也是数据分层不够，本准则即为此而设计的。

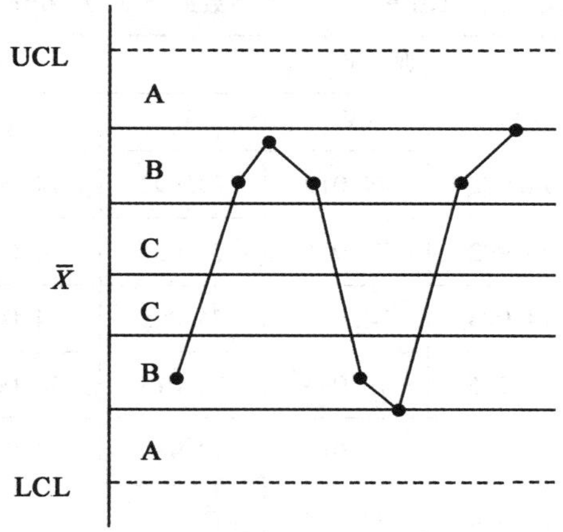

图 4-16　准则 8 图示

4.3.5　常规控制图的做法

1. $\overline{X}$-R 控制图

对于计量值数据，$\overline{X}$-R 控制图是最常用、最重要的控制图，它具有适用范围广、灵敏度高的优点。

我们通过案例说明制作 $\overline{X}$-R 图的操作步骤，其他控制图的操作步骤与此类似。

【案例分析 4-1】

某厂要求对汽车发动机活塞制造过程建立 $\overline{X}$-R 图进行控制。现已取得 25 个样本，每个样本包含 5 个活塞环直径的观测值(见表 4-4)。

分析：我们按照下列步骤制作 $\overline{X}$-R 图：

步骤 1：收集整理数据。

步骤 2：计算各组样本的平均值 $\bar{x}_i$ 。

步骤 3：计算各组样本的极差 R_i 。

步骤 4：计算样本总均值 $\bar{\bar{x}}=74.001$ 与平均样本极差 $\overline{R}=0.0224$。

步骤5：计算 R 图与 $\overline{X}$ 图的控制线。计算 $\overline{X}-R$ 图应该从 R 图开始，因为 $\overline{X}$ 图的控制界限中包含 $\overline{R}$，所以若过程的波度失控，则计算出来的这些控制界限将失去意义。

表4-4　**汽车发动机活塞环直径观测数据与 $\overline{X}-R$ 图分析**

序号	观测值					$\bar{x}_i$	R_i
	X_1	X_2	X_3	X_4	X_5		
1	74.030	74.002	74.019	73.992	74.008	74.010	0.038
2	73.995	73.992	74.001	74.001	74.011	74.000	0.019
3	73.988	74.024	74.021	74.005	74.002	74.008	0.036
4	74.002	73.996	73.993	74.015	74.009	74.003	0.022
5	73.992	74.007	74.015	73.989	74.014	74.003	0.026
6	74.009	73.994	73.997	73.985	73.993	73.996	0.024
7	73.995	74.006	73.994	74.000	74.005	74.000	0.012
8	73.985	74.003	73.993	74.015	73.988	73.997	0.030
9	74.008	73.995	74.009	74.005	74.004	74.004	0.014
10	73.998	74.000	73.990	74.007	73.995	73.998	0.017
11	73.994	73.998	73.994	73.995	73.990	73.994	0.008
12	74.004	74.000	74.007	74.000	73.996	74.001	0.011
13	73.983	74.002	73.998	73.997	74.012	73.998	0.029
14	74.006	73.967	73.994	74.000	73.984	73.990	0.039
15	74.012	74.014	73.998	73.999	74.007	74.006	0.016
16	74.000	73.984	74.005	73.998	73.996	73.997	0.021
17	73.994	74.012	73.986	74.005	74.007	74.001	0.026
18	74.006	74.010	74.018	74.003	74.000	74.007	0.018
19	73.984	74.002	74.003	74.005	73.997	73.998	0.021
20	74.000	74.010	74.013	74.020	74.003	74.009	0.020

续表

序号	观测值					$\bar{x}_i$	R_i
	X_1	X_2	X_3	X_4	X_5		
21	73.998	74.001	74.009	74.005	73.996	74.002	0.013
22	74.004	73.999	73.990	74.006	74.009	74.002	0.019
23	74.010	73.989	73.990	74.009	74.014	74.002	0.025
24	74.015	74.008	73.993	74.000	74.010	74.005	0.022
25	73.982	73.984	73.995	74.017	74.013	73.998	0.035
均值($\bar{\bar{x}}$, $\bar{R}$)						74.001	0.0224

当样本大小 $n=5$, $D_3=0$, $D_4=2.115$ 时，代入 R 图的控制界限计算公式，得到 R 的控制界限为：

$\text{UCL}=D_4\bar{R}=2.115\times0.0224=0.0474$

$\text{CL}=\bar{R}=0.0224$

$\text{LCL}=D_3\bar{R}=0$

当样本大小 $n=5$, $A_2=0.577$ 时，代入 $\bar{X}$ 图的控制界限计算公式，得到 $\bar{X}$ 的控制界限为：

$\text{UCL}=\bar{\bar{x}}+A_2\bar{R}=74.001+0.577\times0.0224=74.014$

$\text{CL}=\bar{\bar{x}}=74.001$

$\text{LCL}=\bar{\bar{x}}-A_2\bar{R}=74.001-0.577\times0.0224=73.988$

当把预备样本的均值描点在 $\bar{X}$ 图中后，根据判断稳态的准则可知过程的均值处于稳态。由于 $\bar{X}$ 图和 R 图都处于统计稳态，且该厂制造过程也处于技术稳态，于是 $\bar{X}-R$ 图(见图 4-17)可加以延长，作为控制用控制图供日常管理使用。

现在对 $\bar{X}-R$ 图进行一些讨论：

(1)联合应用 $\bar{X}-R$ 图查找异常(见表 4-5)

表 4-5 中情况一、情况二、情况四的判断是成立的，至于情况三，现在说明如下：对于正态分布总体 $N(\mu, \sigma^2)$，只有 μ 变化而 σ 不变，则 $\bar{X}$ 图将由于描点出界的概率增大而告警，但若只有 σ 变化，而 μ 不变，这时不仅 R 图将由于描点出界的概率增大而告警，且 $\bar{X}$ 图中描点出界的概率也增大，从而也会告警。所以在情

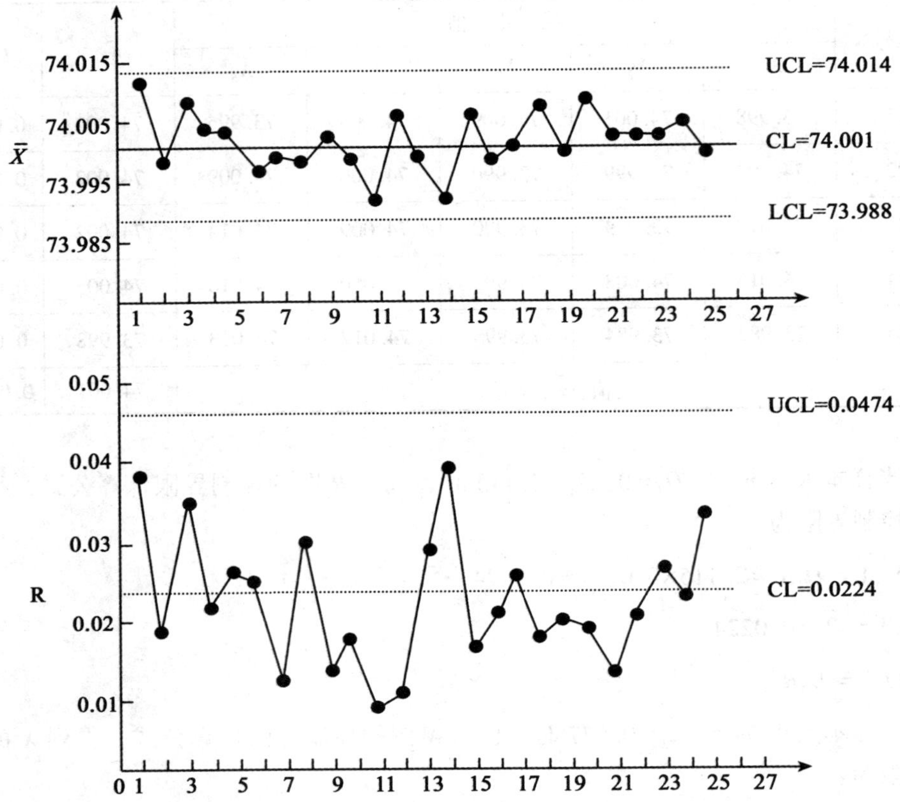

图 4-17　$\overline{X}-R$ 控制图

况三，R 图告警可以判断 σ 变化，而 $\overline{X}$ 图同时告警则不能判断 μ 一定发生变化，因为有可能是由于 σ 变化引起的，μ 是否发生变化应视具体情况而定。

表 4-5　　**应用 $\overline{X}-R$ 图查找异常判断表**

情况	$\overline{X}$ 图	R 图	判　断
一	告警	未告警	μ 变化
二	未告警	告警	σ 变化
三	告警	告警	σ 变化，至于 μ 是否发生变化应视具体情况而定
四	未告警	未告警	正常

(2)控制界限、规格界限间的关系

$\overline{X}-R$ 图的控制界限与规格界限毫无关系完全是两码事。规格界限是由技术经济要求所决定的，而控制界限则是由过程的以标准差 σ 度量的自然变异度，用以区分正常波动与异常波动，两者不可混为一谈。

(3)合理分组原则

合理分组原则是休哈特亲自提出来的原则，其内容是："组内差异只由偶因造成，组间差异由异因造成。"其中，前一句的目的是保证控制图上下控制界限的间隔 6σ 为最小，从而对异因能够及时发出统计信号，由此我们在取样本组时，应在短间隔内取，以免异因进入。根据后一句，为了便于发现异因，在过程不稳，变化激烈时应多抽取样本，而在过程平稳时，则可少抽取样本。

【知识链接 4-1】

p(不合格率)控制图

p 控制图是表示不合格品在制造中所占的比例。如果不合格品控制图的点超出上限，即表示不合格率增大，就要注意查找原因，采取措施进行控制。它是计数值控制图比较典型的一种控制图，统计基础为二项分布。

【案例分析 4-2】

某厂某月份某种产品的数据如表 4-6 所示，根据过去的记录得知，稳定状态下的平均不合格率 $\bar{p}=0.0389$，作控制图对其进行控制。

分析：步骤 1：收集整理数据。

步骤 2：计算各组样本不合格率 p_i ($p_i=D_i/n_i$，$p_1=D_1/n_1=2/85=0.024$)。其余类推。

步骤 3：计算 $\bar{p}$。

$$\bar{p}=\sum_{i=1}^{m}D_i\Big/\sum_{i=1}^{m}n_i=90/2315=0.0389$$

步骤 4：计算 p 图的控制线。代入 p 图的控制线计算公式，得到 p 的控制线，由于本例中各个样本大小 n_i 不相等，所以需要对各个样本分别求出其控制界限。对于第一个样本，$n_1=85$，则第一个样本的控制界限为：

$$\mathrm{UCL}=\bar{p}+3\sqrt{\bar{p}(1-\bar{p})/n_i}=0.0389+3\sqrt{0.0389\times(1-0.0389)/85}=0.102$$

$$\mathrm{CL}=\bar{p}=0.0389$$

$$\mathrm{LCL}=\bar{p}-3\sqrt{\bar{p}(1-\bar{p})/n_i}=0.0389-3\sqrt{0.0389\times(1-0.0389)/85}=-0.024$$

这里，LCL 取负值，由于 p 不可能为负，故取零作为 p_1 的自然下界。

其余各个样本以此类推，并对各样本不合格率进行描点(见图 4-18)。注意，

图 4-18 中横轴就是取为自然下界。下控界限 LCL 与自然下界是不同的。从本例可以看出控制线呈凹凸状态变化的。

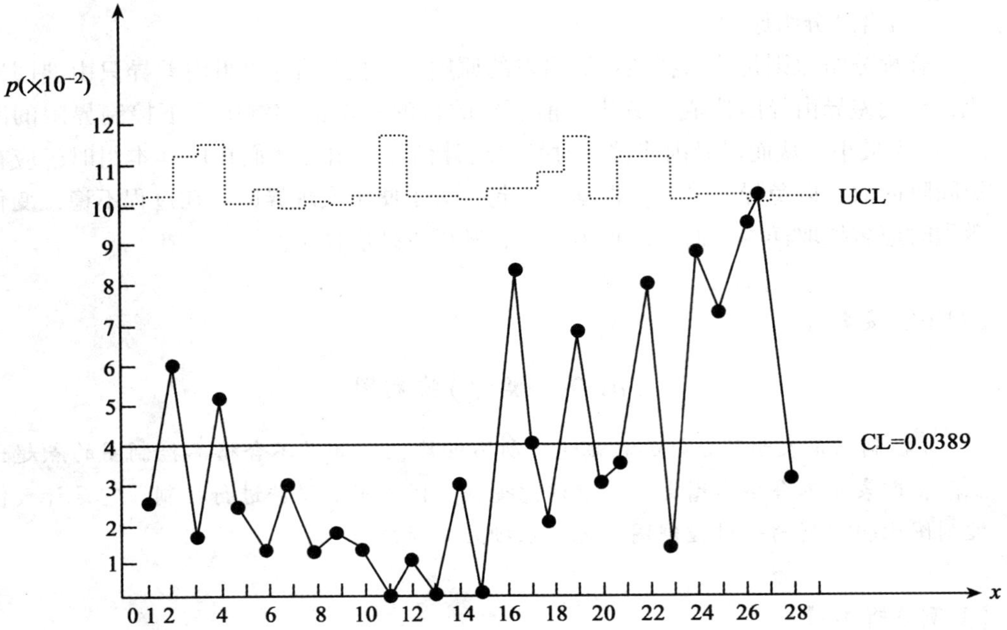

图 4-18 p 控制图

步骤 5：为了判断过程是否处于稳定状态，将各个样本不合格率点绘在图 4-18 中。

步骤 6：判断过程是否稳定。由于第 27 个样本的点子出界，所以过程失控，找出异常因素并采取措施保证它不再出现。然后重复步骤 1 至步骤 5，直到过程稳定为止，这时 p 图作为控制用控制图供日常管理使用。

表 4-6　**p 图的数据与计算表**

组号	样本量	不合格数 D	不合格率 p_i	p 图的 UCL
1	85	2	0.024	0.102
2	83	5	0.060	0.103
3	63	1	0.016	0.112
4	60	3	0.050	0.114
5	90	2	0.022	0.100
6	80	1	0.013	0.104

续表

组号	样本量	不合格数 D	不合格率 p_i	p 图的 UCL
7	97	3	0.031	0.098
8	91	1	0.011	0.100
9	94	2	0.021	0.099
10	85	1	0.012	0.102
11	55	0	0	0.117
12	92	1	0.011	0.099
13	94	0	0	0.099
14	95	3	0.032	0.098
15	81	0	0	0.103
16	82	7	0.085	0.103
17	75	3	0.040	0.106
18	57	1	0.018	0.116
19	91	6	0.066	0.100
20	67	2	0.030	0.110
21	86	3	0.035	0.101
22	99	8	0.080	0.097
23	76	1	0.013	0.105
34	93	8	0.086	0.099
25	72	5	0.069	0.107
26	97	9	0.093	0.098
27	99	10	0.100	0.097
28	76	2	0.026	0.105
小计	2315	90		

【知识链接 4-2】

其他类型的控制图

国际上绝大多数国家均以“3σ”原则设计控制图。因此，控制图在具体应用时就需要：

① 根据取得的预备数据，计算控制图的控制界限。

② 根据实测数据所计算的统计量，在控制图中打点。

这两项工作都需要一定的计算工作量。尤其是在样本大小变化时，二项分布的 p 控制图和泊松分布的 u 控制图，控制界限计算公式中包含有变量 n 时，所计算的控制界限值各个样本不相同，在控制图上所绘制的控制界限呈凹凸不平的状态。这使计算量加大、作图不方便、判断不准确等都成为控制图应用中的难点。n 的变化不大时，可以用平均大小代替样本大小进行计算，但不精确，当点子靠近控制界限时，很容易发生虚发警报或漏发警报，造成错判。

1983 年，我国质量管理专家张公绪教授发明了“通用控制图”，有效地解决了这一问题。除此之外还有很多新的类型的控制图，如验收控制图、累积和控制图、两极控制图、相对偏差控制图、pL 控制图等，各有其特点。

4.4 过程能力和过程能力指数

4.4.1 过程能力

过程能力(Process Capability)又称为工序能力，是指处于稳定状态下的过程(或工序)实际的加工能力，它是衡量过程加工内在一致性的标准。

过程能力的测定一般是在成批生产状态下进行的，过程满足产品质量要求的能力主要表现在以下两个方面：

(1)产品质量是否稳定。

(2)产品质量精度是否足够。

因此，在确认过程能力可以满足精度要求的条件下，它是以该过程产品质量特性值的变异或波动来表示。产品质量的变异可以用频数分布表、直方图、分布的定量值以及分布曲线来描述。在稳定生产状态下，影响过程能力的偶然因素的综合结果近似地服从正态分布。为了便于过程能力的量化，可以用 3σ 原理来确定其分布范围：当分布范围取为 $\mu\pm3\sigma$ 时，产品质量合格的概率可达 99.73%，接近于 1。因此以 $\pm3\sigma$，即 6σ 为标准来衡量过程的能力是具有足够的精确度和良好经济特性的。所以在实际计算中就用 6σ 的波动范围来定量描述过程能力。

过程能力为 B，则 $B=6\sigma$。

4.4.2 过程能力指数

过程能力指数表示过程能力满足产品技术标准的程度。技术标准是指加工过程中产品必须达到的质量要求，通常用标准、公差(容差)、允许范围等来衡量，一般用符号 T 表示。质量标准(T)与过程能力(B)之比值，称为过程能力指数，记

为 C_p。

过程能力指数 C_p 值，是衡量过程能力满足产品技术要求程度的指标，过程能力指数越大，说明过程能力越能满足技术要求，甚至有一定的能力储备。但是不能认为过程能力指数越大，加工精度就越高或者说技术要求越低。

(1)无偏时双向公差过程能力指数

$$C_p = \frac{T}{6\sigma} \approx \frac{T_U - T_L}{6\hat{\sigma}}$$

(2)过程有偏时双向公差过程能力指数

引用偏移系数 $k = \frac{\varepsilon}{T/2} = \frac{2|T_m - \bar{x}|}{T}$，则有：

$$C_{pk} = (1 - k)C_p = \frac{T - 2\varepsilon}{6s}$$

(3)单侧公差过程能力指数

若只有公差上限时，则过程能力指数计算如下：

$$C_{pU} = \frac{T_U - \mu}{3\sigma} \approx \frac{T_U - \overline{X}}{3\hat{\sigma}}$$

若只有公差下限时，则过程能力指数计算如下：

$$C_{pL} = \frac{\mu - T_L}{3\sigma} = \frac{\overline{X} - T_L}{3\hat{\sigma}}$$

4.4.3　C_p 与 C_{pk} 的比较

无偏情况下的 C_p 表示过程加工的一致性，即“质量能力”，C_p 越大，则质量特性值的分布“越苗条”，质量能力越强；而有偏情况的 C_{pk} 表示过程中心 μ 与中心 T_m 偏移情况下的过程能力指数，C_{pk} 越大，则二者偏离越小，即过程分布中心对规范中心越“瞄准”，是过程的“质量能力”与“管理能力”二者综合的结果。

4.4.4　过程能力指数和不合格率的关系

(1)无偏时 C_p 和不合格率 p 的关系

设 $p_U = p_L$ 分别为超出规范上、下界限的不合格率，于是总的不合格率：

$$p = p_U + p_L = 2p_L$$

$$p_L = p(X < T_L) = p\left(\frac{X - \mu}{\sigma} < \frac{T_L - \mu}{\sigma}\right) = p(Z < -3C_p) = \Phi(-3C_p)$$

$$p = 2p_L = 2\Phi(-3C_p)$$

(2)有偏移过程时能力指数 C_{pk}、偏移度 K 和不合格率 p 之间的关系当分布中心向规范上限 T_U 偏移时：

$$p_U = p[X > T_U] = p\left[\frac{X-\mu}{\sigma} > \frac{T_U-\mu}{\sigma}\right] = p\left[Z > \frac{T_U - \left(\frac{T}{2}+\varepsilon\right)}{\sigma}\right]$$

$$= p\left[Z > \frac{\frac{T}{2}-\varepsilon}{\sigma}\right] = p\left[Z > \frac{\frac{T}{2}(1-K)}{\sigma}\right] = p[Z > 3C_p(1-K)]$$

$$= 1 - \Phi[C_p(1-K)]$$

同理，可得：

$$p_L = p[X < T_L] = p\left[\frac{X-\mu}{\sigma} < \frac{T_L-\mu}{\sigma}\right] = p\left[Z < \frac{T_L - \left(\frac{T}{2}+\varepsilon\right)}{\sigma}\right]$$

$$= p\left[Z < -\frac{\frac{T}{2}(1+K)}{\sigma}\right] = p[Z < -3C_p(1+K)] = \Phi[-3C_p(1+K)]$$

于是总不合格率为：

$$p = p_U + p_L = 2 - \Phi[3C_p(1-K)] - \Phi[3C_p(1+K)]$$

当 K 较大时，p_L 接近于零，可略去，故：

$$p \approx p_U = 1 - \Phi[3C_p(1-K)]$$

4.4.5 过程能力分析、评价与处置

计算出的过程能力指数 C_p 或 C_{pk} 客观、定量地反映了过程能力满足技术要求的程度，也就是可以衡量生产过程的质量水平。我们可以根据过程能力指数的大小来对过程能力进行分析与评价。所谓对过程能力的分析与评价，就是判断 C_p 值或 C_{pk} 值多大才能使工序质量满足设计质量要求。根据过程能力的指数大小及不合格率的大小，可将其分为五个等级，过程能力分级及相应的处置措施如表 4-7 所示。此表对 C_{pk}、C_{pL}、和 C_{pU} 也适用。

表 4-7　　**过程能力分级与处置措施**

C_p 值的范围	级别	过程能力的评价参考	
$C_p \geqslant 1.67$	Ⅰ	过程能力过高	视具体情况而定
$1.33 \leqslant C_p < 1.67$	Ⅱ	过程能力充分	表示技术管理能力已很好，应继续维持
$1.0 \leqslant C_p < 1.33$	Ⅲ	过程能力充足	技术管理能力较勉强，应设法提高为Ⅱ级

续表

C_p 值的范围	级别	过程能力的评价参考	
$0.67 \leqslant C_p < 1.0$	Ⅳ	过程能力不足	表示技术管理能力已很差，应采取措施立即改善
$C_p < 0.67$	Ⅴ	过程能力严重不足	表示应采取紧急措施和全面检查，必要时可停工整顿

(1)过程能力指数过高的处置措施。当 $C_p \geqslant 1.67$ 时，可以认为过程能力储备过高。过程能力指数太高意味着粗活细作，这样必然影响生产效率，增加了产品成本。这时，可适当地降低过程能力，如改用精度低、效率高、成本低、技术要求低的设备、工艺技术和原材料，把过程能力降低到经济合理的程度，更改设计，提高技术要求；合并或分解工序等。

(2)过程能力指数过小处置措施。过程能力指数过小意味着产品质量水平低，Ⅲ级加工或Ⅳ级加工属于这种情况。这时，要立即停止加工，采取措施，提高设备精度，改革制造工艺，改善原材料质量，提高加工性能，使过程能力适当地提高；若设计上允许，可降低技术要求，即用放松公差的办法进行处置。实际工作中，过程能力不足时，一般通过全检后剔除不合格品，或施行分级筛选来提高产品质量。

(3)过程能力指数适宜。一般指Ⅱ级加工。此时，应进行工序控制，使生产过程处于受控或稳定状态，从而保证加工质量。

【知识掌握】

□简答题

(1)控制图为什么能对过程实施控制？

(2)什么是生产过程的受控状态？什么是失控状态？

(3)为什么说计量值控制图必须两图联用，而计数值控制图则是单图应用？

(4)简述控制图对过程异常的判断准则。

□单项选择题

(1)控制图主要用来(　　)。

A. 识别异常波动　　B. 判断不合格品

C. 消除质量变异　　D. 减少质量变异

(2)在啤酒厂检测啤酒的酒精含量，应采用(　　)。

A. p 控制图　　B. np 控制图

C. c 控制图　　D. $X-R_s$ 控制图

(3)某厂加工手表齿轮轴，为控制其直径，应采用(　　)。

A. p 控制图　　B. X-R 控制图

C. c 控制图　　D. np 控制图

(4)过程改进策略包括的两个环节是判稳和(　　)。

A. 计算过程能力指数　　B. 计算过程性能指数

C. 评价过程能力　　D. 评价过程性能

□多项选择题

(1)质量因素引起的波动分为偶然波动和异常波动，下述说法中正确的是(　　)。

A. 偶然波动可以避免　　B. 偶然波动不可以避免

C. 采取措施不可以消除异常波动　　D. 采取措施可以消除异常波动

(2)常规计数控制图包括(　　)。

A. np 控制图　　B. p 控制图

C. $\overline{X}-R$ 控制图　　D. c 控制图

E. u 控制图

(3)下述控制图采用一张控制图的是(　　)。

A. 计点值控制图　　B. 计件值控制图

C. 计量值控制图　　D. 稳态下的控制图

(4)如果所控制对象只有合格品与不合格品两种结果，则可以采用(　　)。

A. X 控制图　　B. np 控制图

C. R 控制图　　D. p 控制图

【知识应用】

□实践训练

1. 为控制某 PCB 版印锡量，其标准为 5.5±0.5g，SMT 工艺工程师进行了一系列测量，其印锡量均值 $\overline{\overline{X}}$ 为 5.4g，极差 $\overline{R}$ 均值为 0.6g。在过去 6 小时内定时抽取样本容量 n 为 5 的一组数据(见表 4-8)。

表 4-8　　样本数据分布表　　单位：g

样本号	样本均值($\overline{X}_i$)	样本极差(R_i)	样本号	样本均值($\overline{X}_i$)	样本极差(R_i)
1	5.5	0.4	5	5.5	0.4
2	5.3	0.6	6	5.4	0.5
3	5.4	0.6	7	5.4	0.5
4	5.5	0.4	8	5.4	0.5

续表

样本号	样本均值($\overline{X}_i$)	样本极差(R_i)	样本号	样本均值($\overline{X}_i$)	样本极差(R_i)
9	5.4	0.7	20	5.4	0.7
10	5.4	0.6	21	5.4	0.6
11	5.4	0.6	22	5.3	0.5
12	5.5	0.6	23	5.5	0.5
13	5.3	0.6	24	5.4	0.9
14	5.4	0.3	25	5.4	0.9
15	5.6	0.5	26	5.5	0.7
16	5.7	0.5	27	5.5	0.7
17	5.5	0.9	28	5.4	0.5
18	5.5	0.7	29	5.3	0.7
19	5.5	0.4	30	5.4	0.7

实训目的：对质量管理控制图进一步熟悉。

实训要求：

(1)请作出 $\overline{X}-R$ 控制图。

(2)观察控制图你能得出什么结论?

(3)评价该工序的工序状况。

2. 如果你对某机械公司一台车床加工某种零件进行抽检，每间隔两小时从中抽取 500 个进行检验，经过一段时间检验后得到的数据为：12，15，19，13，9，26，18，14，17，18，16，24，11，31，16，10，16，17，20，15，8，13，12，17，18；请你绘制 P 图并判断是否有异常?

实训目的：熟悉 P 图的绘制及分析。

实训要求：绘制出 P 图后，请说明违反了哪项控制图的判断准则。

□**综合实训**

某制衣有限公司成人休闲裤质量控制方法的运用

某制衣有限公司是一家以生产成人休闲裤为主的劳动密集型的服装加工企业，员工有 400 多人。公司成立于 2005 年，产品主要销往欧美市场，年销售休闲系列裤达 110 万条。随着市场不断扩大，生产部经常处于赶货的压力之下，为了满足客户的交货期等要求，通常加班加点、延长作业时间来提高产量，还请求行政部人事人员不断招进新的员工。到了 2008 年 6~7 月，该公司连续收到了来自不同客户的投诉，对交付产品的质量不满意。这是自公司成立以来少有的质量投诉现象。于是公司在连续收到客户投诉后，会议决定由技术质量部的 QC 加大抽检力度，找出客户投诉的根源并予以改正。

技术质量部 QC 经过一周的加严检验，收集了当前正在生产的裤子的有关数据，其结果如表 4-9 所示。

表 4-9　**当前生产的裤子的有关数据**

抽样调查编号	检验数量	每天检验中不合格裤子数
1	100	3
2	100	6
3	100	9
4	100	8
5	100	2
6	100	10
7	100	7

技术质量部 QC 同时找到前两个月的检验日报表，其统计结果如表 4-10 所示。

表 4-10　**前两个月生产的裤子的有关数据**

抽样调查编号	检验数量	每天检验中不合格裤子数
1	100	2
2	100	4
3	100	3
4	100	3
5	100	1
6	100	1
7	100	4

问题：上述 QC 收集到的数据对该公司的质量控制有什么作用？你如何使用这些数据？

分析提示：作 p 控制图说明控制的方案。

第五章　质量检验

学习目标

知识目标

◎了解质量检验的概念、分类、意义；

◎明确抽样检验的基本原理；

◎掌握计数调整型抽样检验的方法。

技能目标

◎会编制质量检验流程；

◎制定质量检验制度；

◎运用抽样检验方法进行质量检验工作。

引　例

伊利的质量检验

随着人民生活水平的提高，越来越多的消费者在日常生活中不仅关心食品的口味，对食品安全也更加关注。作为中国乳业巨头的伊利集团，一贯坚持严格、严谨的生产过程，把牛奶一点一滴地“炼”出来。

伊利在内蒙古、黑龙江、辽宁三大核心乳品产业基地都配有专门的检测人员，在收奶的时候进行品质监督，杜绝外来奶贩的收奶行为。对收进奶站的牛奶还要进行第二次检测，所用仪器都是国家规定配备的检测设备，并对原料牛奶进行一百多度的高温灭菌，最后一点点“炼”成鲜奶。

在牛奶进入工厂后，首先要进行第一道检查——检查铅封，之后还有二次铅封，进行采样；在检查环节进行严格检验，国际上通行的对于原牛奶的61项检验中，有9项是针对原牛奶掺假进行的检验，而伊利对原料奶的掺假检验有17项，比国际上的标准还要高；当原牛奶进入德国进口的完全封闭的设备之后，工作人员就无法用肉眼观察加工过程，科研人员在奶制品半成品阶段会针对微量元素等进行46项检测，在合格后进行包装。

对于奶站的品质管理，伊利推行标准化的管理。首先是硬件设施、厂房投入都有统一的标准，人员操作的标准化；有专门的评保员对工厂进行检测，针对原料奶的工作抽查奶站。

伊利拥有世界领先的乳品检测技术，在研发实验室配备了乳制品成分分析仪、微生物快速检测仪等先进设备，为消费者食用安全、营养的产品提供了保障。

分析：食品的质量关系到人的身体健康，质量检验是控制食品质量的主要方式，质量检验是企业的生命线。没有质量检验的生产就像是瞎子走路，如果企业削弱了质量检验，就像人体失去了健康的耳目，一切生产都会陷入盲目和混乱中。质量检验的结果还是设计工作、工艺工作、操作水平、文明生产以及整个企业管理水平的综合反映。产品质量直接影响到社会和用户的切身利益，也影响到企业的信誉。

5.1 质量检验概述

质量检验是人们最熟悉的质量保证方法。在质量管理中，一方面要对生产过程进行质量控制，保证生产的稳定性；另一方面还要对生产出来的产品进行严格的质量检验。对产品的质量检验是保证产品质量的主要环节之一。产品质量检验的目的，一是检验已经生产出来的产品是否合格，二是当制造产品过程不稳定时，可通过检验及时发现问题，以便采取措施，确保产品的质量。

5.1.1 检验的含义、任务和性质

1. 检验的含义

检验就是对产品或服务的一种或多种特性进行测量、检查、试验、计量，并将这些特性与规定的要求进行比较以确定其符合性的活动。美国质量专家朱兰对“质量检验”一词作了更简明的定义：所谓检验，就是决定产品是否在下道工序使用时适合要求，或是在出厂检验场合，决定能否向消费者提供的业务活动。

检验包括四个基本要素：

(1)度量。采用试验、测量、化验、分析与感官检查等方法测定产品的质量特性。

(2)比较。将测定结果同质量标准进行比较。

(3)判断。根据比较结果，对检验产品项目或产品做出合格性的判定。

(4)处理。对单件受检产品，决定合格放行还是不合格返工、返修或报废。对受检批量产品，决定接受还是拒收。对拒收的不合格批产品，还要进一步作出是否重新进行全检或筛选甚至报废的结论。

2. 检验的任务

一般来说，质量检验有五项基本任务：

(1)鉴别产品(或零部件、外购物料等)的质量水平，确定其符合程度或能否接收。

(2)判断工序质量状态，为工序能力控制提供依据。

(3)了解产品质量等级或缺陷的严重程度。

(4)改善检测手段，提高检测作业发现质量缺陷的能力和有效性。

(5)反馈质量信息，报告质量状况与趋势，提供质量改进建议。

3. 质量检验的性质

质量检验具有公正性、科学性和权威性。这也是对检验工作的基本要求，对发挥检验工作的作用十分重要。

检验工作的公正性是对质量检验最主要的要求，没有公正性，检验就失去了意义，也就谈不上把关的职能。所谓检验工作的公正性，是指检验机构和人员在开展产品质量检验时，既要严格履行自己的职责，独立行使产品质量检验的职权，又要坚持原则，不徇私情，秉公办事，认真负责，实事求是。

检验工作的科学性说的是要通过科学的检测手段，提供准确的检测数据，按照科学合理的判断标准，客观地评价产品质量。

检验工作的权威性是正确进行检验的基础。所谓检验的权威性实质上是对检验人员和检验结果的信任感和尊重程度。树立检验工作的权威是十分必要的，是保证产品质量和生产工作正常进行的重要条件。

【小思考 5-1】

怎样才能保持检验的科学性?

(1)对检验机构进行科学合理的定岗定编。也就是要根据企业自身的特点，确保每个岗位的工作均由可以胜任的人员来承担检验或管理工作。

(2)对检验和试验人员进行培训和进行资格认证。检验人员必须具备思想和技术素质，这是保证检验工作科学性不可缺少的要素。

(3)健全和完善质量管理和检验方面的规章制度。也就是要使检验工作科学化、制度化和规范化，切忌无章可循或有章不循的现象。

(4)要有明确无误的检验标准。只有按标准组织生产和检验，产品质量才有保证，这也充分体现了企业对用户负责的精神。

(5)不断完善检测手段，提高动态检测水平。企业应尽可能提高检测能力，减少错检与漏检的发生。

5.1.2 质量检验的职能、步骤

在产品质量形成的全过程中，为了最终实现产品的质量要求，必须对所有影响质量的活动进行适宜而连续的控制，而各种形式的检验活动正是这种控制必不可少的条件。

1. 质量检验的职能

质量检验作为一个重要的质量职能，其表现可概括为四个方面：鉴别的职能、把关的职能、预防的职能和报告的职能。

(1)鉴别的职能

检验活动的过程就是依据产品规范(如产品图样、标准及工艺规程等)，按规定的检验程序和方法，对被检物的质量特性进行度量，将度量结果与产品规范进行比较，从而对被检物是否合格作出判定。正确地鉴别产品质量是检验活动的基础功能，是检验质量职能种种表现的前提。

(2)把关的职能

在正确鉴别受检物质量的前提下，一旦发现受检物不能满足规定要求，应对不合格品做出标记，进行隔离，防止在做出适当处理前被误用。这种层层“把关”，使“不合格的材料不投产，不合格的毛坯不加工，不合格的零件不转序，不合格的零部件不装配，不合格的产品不出厂”，从而保证产品的符合性质量，就是检验的把关质量职能。把关是任何检验都必须具备的最基本的质量职能。

(3)预防的职能

现代质量检验区别于传统检验的重要之处，在于现代质量检验不单纯是起把关的作用，同时还要起预防的作用。

(4)报告的职能

报告的职能就是信息反馈的职能，是全面质量管理得以有效实施的重要条件。在检验工作中，即使进行信息反馈，采取纠正措施也只是报告职能的最起码的要求。报告职能的更主要的表现，是通过检验活动，系统地收集、整理及分析研究各种质量信息，根据需要编制成各类报告或报表，按规定向企业有关人员及部门报告企业产品质量的情况、动态和趋势，为企业质量决策提供及时、可靠和充分的依据。

【小思考 5-2】

检验质量报告一般应包括哪几个方面的内容？

答：① 原材料、外购件、外协件进厂验收检验的情况；② 产品出厂检验情况，如合格率、返修率、降级率及相应的经济损失；③ 各生产单位质量情况，如平均合格率、返修率、报废率及相应的经济损失以及质量因素的排列图分析；④ 产品报废原因的排列图分析；⑤ 不合格品的处理情况；⑥ 重大质量问题的调查、分析和处理情况；⑦ 改进产品质量的建议；⑧ 其他有关的问题。

2. 质量检验的步骤

(1)检验的准备。熟悉规定要求，选择检验方法，制定检验规范。

(2)测量或试验。按已确定的检验方法和方案，对产品质量特性进行定量或定性的观察、测量、试验，得到需要的量值和结果。测量和试验前后，检验人员要确认检验仪器设备和被检物品试样状态正常，保证测量和试验数据的正确、有效。

(3)记录。对测量的条件、测量得到的量值和观察得到的技术状态用规范化的格式和要求予以记载或描述，作为客观的质量证据保存下来。质量检验记录是证实产品质量的证据，因此数据要客观、真实，字迹要清晰、整齐，不能随意涂改，需要更改的要按规定程序和要求办理。质量检验记录不仅要记录检验数据，还要记录检验日期、班次，由检验人员签名，便于质量追溯，明确质量责任。

(4)比较和判定。由专职人员将检验的结果与规定要求进行对照比较，确定每一项质量特性是否符合规定要求，从而判定被检验的产品是否合格。

(5)确认和处置。检验有关人员对检验的记录和判定的结果进行签字确认。对产品(单件或批)是否可以“接收”、“放行”作出处置。

①对合格品准予放行，并及时转入下一作业过程(工序)或准予入库、交付(销售、使用)。对不合格品，按其程度分别作出返修、返工、让步接收或报废处置。

②对批量产品，根据产品批质量情况和检验判定结果分别作出接收、拒收、复检处置。

5.1.3 产品验证及监视

产品验证是指通过提供客观证据对规定要求已得到满足的认定。产品验证就是对产品实现过程形成的有形产品和无形产品，通过物理的、化学的和其他科学技术手段和方法进行观察、试验、测量后所提供的客观证据，证实规定要求已经得到满足的认定。它是一种管理性的检查活动。

监视是对某项事物按规定要求给予应有的观察、注视、检查和验证。现代工业化国家的质量管理体系要求对产品的符合性、过程的结果及能力实施监视和测量。这就要求对产品的特性和对影响过程能力的因素进行监视，并对其进行测量，获取证实产品特性符合性的证据及证实过程结果达到预定目标的能力的证据。在现代工业化生产中，过程监视是经常采用的一种有效的质量控制方式，并作为检验的一种补充形式广泛地在机械、电气、化工、食品等行业中使用。

有些产品在形成过程中，过程的结果不能通过其后的检验(或试验)来确认(如必须对样品破坏才能对产品内在质量进行检测；检测费用昂贵，不能作为常规检测手段)，或产品(流程性材料)的形成过程是连续不断的，其产品特性取决于过程参数，而停止作业过程来进行检测时，调整参数是十分困难、代价很大或者是不可能的，对这些过程，生产者往往通过必要的监视手段(如仪器、仪表)实施对作业有决定性影响的过程参数进行监视和必要时进行参数调整，确保过程稳定，实现保证产品质量符合规定要求的目的。

因此，在产品实现过程的质量控制中，监视和检验是不可能相互替代的，两者的作用是相辅相成、互为补充的。

【知识链接 5-1】

产品验证的主要内容

①查验提供的质量凭证。核查物品名称、规格、编号(批号)、数量、交付(或作业完成)单位、日期、产品合格证或有关质量合格证明，确认检验手续、印章和标记，必要时核对主要技术指标或质量特性值。它主要适用于采购物资的验证。

②确认检验依据的技术文件的正确性、有效性。检验依据的技术文件，一般有国家标准、行业标准、企业标准、采购(供货)合同(或协议)。具体依据哪一种技术文件需要在合同(或协议)中明确规定。对于采购物资，必要时要在合同(或协议)中另附验证方法协议，确定验证方法、要求、范围、接收准则、检验文件清单等。

③查验检验凭证(报告、记录等)的有效性，凭证上检验数据填写的完整性，产品数量、编号和实物的一致性，确认签章手续是否齐备。这主要适用于过程(作

业)完成后准予放行。

④需要进行产品复核检验的，由有关检验人员提出申请，送有关检验部门(或委托外部检验机构)进行检验。

5.2 质量检验的方式及基本类型

5.2.1 质量检验的方式

在实践中，常按不同的特征对质量检验的方式进行分类。

1. 按检验的数量特征划分

(1)全数检验。根据质量标准对送交检验的全部产品逐件进行试验测定，从而判断每一件产品是否合格的检验方法，又称全面检验，普遍检验。

全数检验的局限性：检验工作量大，周期长，成本高，占用的检验人员和设备较多，难以适应现代化大生产的要求；不能适用于破坏性的或检验费用高昂的检验项目；对批量大，但出现不合格品不会引起严重后果的产品，全数检验在经济上得不偿失。

在质量检验中，如无必要一般不采用全数检验的方式，全数检验常用于下述场合：精度要求较高的产品和零部件；对后续工序影响较大的质量项目；质量不太稳定的工序；需要对不合格交验进行100%重检及筛选的场合。

(2)抽样检验。从一批产品中随机抽取少量产品(样本)进行检验，以判断该批产品是否合格的统计方法和理论。抽样检验又称抽样检查，它与全数检验的不同之处，在于全数检验需对整批产品逐个进行检验，而抽样检验则根据样本中的产品的检验结果来推断整批产品的质量。如果推断结果认为该批产品符合预先规定的合格标准，就予以接收；否则就拒收。

采用抽样检验可以显著地节省工作量。在破坏性试验(如检验灯泡的使用寿命)以及散装产品(如矿产品、粮食)和连续产品(如棉布、电线)等检验中，也都只能采用抽样检验。抽样检验是统计质量管理的一个重要组成部分。抽样检验方案(简称抽样方案)是一套规则，依据它去决定如何抽样(一次抽或分几次抽，抽多少)，并根据抽出产品检验的结果决定接收或拒绝该批产品。

【知识链接5-2】

抽样检验的历史沿革

抽样检验的研究起始于20世纪20年代，那时就开始了利用数理统计方法制定抽样检查表的研究。1944 年，道奇和罗米格发表了《一次和二次抽样检查表》，这套抽样检查表在国际上仍被广泛地应用。1974 年，ISO 发布了“计数抽样检查程序及表”(ISO2859—1974)。

我国也在 ISO 标准同等采用基础上建立了抽样检验国家标准 GB2828-87“逐批检查计数抽样程序及抽样表”。此外，我国于 1991 年发布了 GB/T13262-91“不合格率的计算标准型一次抽样检查及抽样表(适用于孤立批的检查)”等国家标准。

2. 按检验的质量测定值的特征划分

(1)计数检验。对样本中个体的质量测定值仅确定为合格或不合格，从而推断整批或过程的不合格率，并做出接受或拒收判定的抽验方案；

(2)计量检验。对样本中个体的质量测定值直接进行定量计测，从而推断检验批的不合格率的抽验方案。

对一般的成批成品抽验常采用计数抽验方法；对于那些需作破坏性检验以及费用极大的项目，一般采用计量抽样方法。

3. 按检验方法的特征划分

(1)理化检验。理化检验是应用物理或化学方法，依靠量具，仪器及设备装置等对受检物进行检验。理化检验通常测得检验项目的具体数值，精度高，人为误差小。

理化检验是各种检验方式的主体，特别受到人们的关注。随着现代科学技术的进步，理化检验的计数和装备不断得到改进和发展。如过去的破坏性试验有些已经用无损检测手段来代替；钢材化学成分的快速分析由于光谱分析计数的发展而得以实现等。

(2)感官检验。感官检验就是依靠人的感觉器官对质量特性或特征作出评价和判断。如对产品的形状、颜色、气味、伤痕、污损、锈蚀和老化程度等，往往要靠人的感觉器官来进行检查和评价。

感官检验的结果往往依赖于检验人员的经验，并有较大的波动性。虽然如此，但由于理化检验技术发展的局限性以及质量检验问题的多样性，感官检验在某些场合仍然是质量检验方式的一种选择或补充。

4. 按检验对象检验后的状态特征划分

(1)破坏性检验。破坏性检验后，受检物遭到破坏，不再具有原来的使用功能。如寿命试验、强度试验以及爆炸试验等往往是破坏性检验。破坏性试验只能采用抽样检验方式。

(2)非破坏性检验。随着检验技术的发展，破坏性检验日益减少，而非破坏性检验的使用范围在不断扩大。例如具有穿透力的超声波被采用来探测金属内部的瑕疵和杂质。

5. 按检验实施的位置特征划分

(1)固定检验。固定检验就是集中检验，是指在生产单位内设立固定的检验站，给工作地上的产品加工以后送到检验站集中检验。固定建站专业化水平高，检验结果比较可靠，但也有不足之处，如需要占用生产单位一定的空间，易使生产工人对检验人员产生对立情绪以及可能造成送检零件之间的混杂等。

(2)流动检验。流动检验就是由检验人员直接去工地检验。流动检验的应用场合有其局限性，但由于不受固定检验站的束缚，检验人员可以深入生产现场，及时了解生产过程质量动态，容易和生产工人建立相互信任的合作关系以及有助于减少生产单位内的在制品的占用。

6. 按检验目的的特征划分

(1)验收检验。验收检验广泛存在于生产全过程，如原材料、外购件、外协件及配套件的进货检验，半成品的入库检验，产成品的出厂检验等。验收检验的目的是判断受检对象是否合格，从而做出接受或拒收的决定。

(2)监控检验。监控检验也叫过程检验，目的是检定生产过程是否处于受控状态，以预防由于系统性质量因素的出现而导致的不合格品的大量出现。如生产过程质量控制中的各种抽样检验就是监控检验。

质量检验方式的分类还有其他方法，在此不一一列举。实际上，一种检验活动往往具有多种特征，因此，可以同时属于多种检验方式。

5.2.2 质量检验的基本类型

实际的检验活动可以分成三种类型，即进货检验、工序检验和完工检验。

1. 进货检验

进货检验是对外购物品的质量验证，即对采购原材料、辅料、外购件、外协件及配套件等入库前的接收检验。为了确保外购物品的质量，进厂时的收货检验由专职质检人员按照规定的检查内容、检查方法及检查数量进行严格的质检。

进货必须有合格证或其他合法证明，否则不予验收。供方的检验证明和检验记录应符合需方的要求。

进货检验有首件(批)样品检验和成批进货检验两种。

(1)首件(批)样品检验。首件(批)样品检验是需方对供方提供的样品的鉴定性检验认可。供方提供的样品必须有代表性，以便作为以后进货的比较基准。

【小思考 5-3】

在哪些情况下需要进行首件(批)样品的进货检验?

答:在以下情况下应进行首件(批)样品的进货检验:①首次交货。要求供应商提供的产品必须具有代表性,制造首件(批)样品的生产设备、检测设备、操作人员水平与将来大生产一致;②供应商产品设计上、制造工艺上有较大的变更;③供应商供货停产较长时间后恢复生产;④需求方的质量要求发生了变化。

(2)成批进货检验。成批进货检验是对按购销合同的规定供方持续性供货的正常检验。应根据供方提供的质量证明文件实施检查。

这里介绍一个企业的进料检验流程图,如图 5-1 所示。

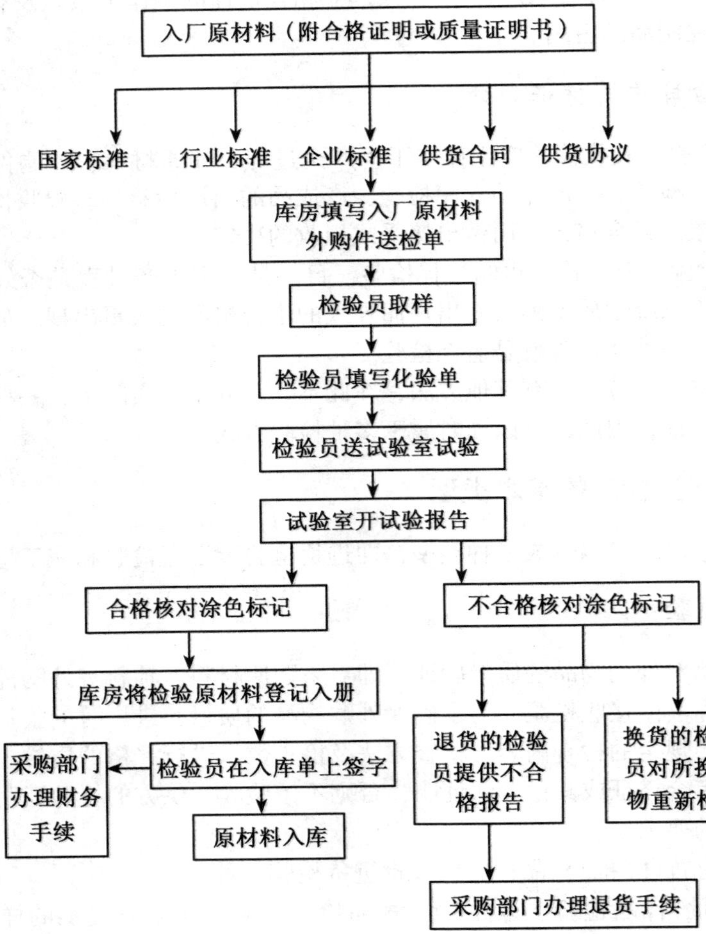

图 5-1　进料检验流程图

【知识链接 5-3】

分类检验法

对外购物品按其对产品质量的影响程度和可能发生缺陷的严重性，分为 A、B、C 三类。A 类是关键件，一般应做到检验项目齐全，如果无条件检验的可送去具有资格的第三方检测机构进行检测，经检验项目全部合格后才能办理入库；B 类是重要件，应对必要的质量特性进行全检或抽查；C 类是一般件，可以凭供货质量证明文件验收，或作少量项目的抽检，如对产品型号规格、合格标志等进行检验。

通过 A、B、C 分类检验，可使检验工作分清主次和轻重缓急，集中主要的力量检验关键件和重要件，确保产品的质量。

【案例分析 5-1】

老供应商的产品是否该检验?

某化学试剂厂进货检验规定："对于老供应商供应的产品就不需要再送化验室进行小试，而如果更换供应商则应送小试，合格才能使用。"审核员问："那么对于老供应商进货的产品，还有其他检验方面的规定吗?"检验科长回答："没有，我们只是进行外观验证。"审核员问："这些老供应商的产品是重要物资吗?"检验科长回答："是重要物资，但是因为老供应商的产品质量比较稳定，所以我们就不想太麻烦了。"

分析： 检验科长回答的理由不能成立。既然可以进行小试，说明工厂有检验能力；这些产品又是重要物资，因此应该进行进货检验，而不是单纯的外观验证。这不能由供应商的新老来推理是否检验。

2. 工序检验

工序检验又称为过程检验或阶段检验。工序检验的目的是在加工过程中防止出现大批不合格品，避免不合格品流入下道工序。因此，工序检验不仅要检验在制品是否达到规定的质量要求，还要检定影响质量的主要工序因素(即 5M1E)，以决定生产过程是否处于正常的受控状态。

工序检验的作用：第一，可以实施对不合格品的控制。对检查出来的不合格品，做出标志、记录、隔离、评价和处理，并通知有关部门；第二，通过工序检验实现产品标志。在有产品标志和可追溯性要求的情况下，通过工序检验可实现生产过程中对每个或每批产品都有唯一性的标志。

工序检验通常有三种形式：

(1)首件检验。所谓首件，是指每个生产班次刚开始加工的第一个工件，或加工过程中因换人、换料、调整设备等改变工序条件后加工的第一个工件。对于大批量生产，“首件”往往指一定数量的产品。实践证明，首件检验能尽早发现问题，防止系统性质量因素导致产品成批报废的有效措施。

(2)巡回检验。巡回检验要求检验人员在生产现场对制造工序进行巡回质量检验。检验人员应按照质检指导书规定的检验频次和数量进行，并做好记录。工序质量控制点应是巡回检验的重点，检验人员应把检验结果标志在工序控制图上。

(3)末件检验。末件检验是指主要靠模具、工装保证质量的零件加工场合，当批量加工完成后，对最后加工的一件或几件进行检查验证的活动。末件检验的主要目的是为下批生产做好生产技术准备，保证下批生产时能有较好的生产技术状态。

【知识链接 5-4】

工序检验的要求

在工序检验的过程中必须按照以下要求来执行：

①依据质量计划和文件的要求进行检验。按企业形成的质量检验的文件或已经制定好的检验工序来进行检验，合格后进入下道工序或入库。

②设置质量控制点进行工序检验。以重点关键的部分或者对产品质量有较大影响或发现不合格项目较多的工序设置为质量控制点，然后应用统计技术对过程进行控制，使产品质量稳定。

③未完成工序检验的产品不得转入下一个程序。未完成工序检验的产品不可以转入下一个生产程序。如果在来不及检验的情况下急需产品，则必须有可靠的退回程序，并在相应的产品上做出标志，做好记录，并经相应授权人批准。这种做法称为“例外放行”。

3. 完工检验

完工检验又称最终检验，是全面考核半成品或成品质量是否满足设计规范标准的重要手段。由于完工检验是供方验证产品是否符合顾客要求的最后一次机会，所以是供方质量保证活动的重要内容。

完工检验必须严格按照程序和规程进行，严格禁止不合格零件投入装配。对有让步回用标志的零件经确认后才准许装配。只有在程序中规定的各项活动已经圆满完成，以及有关数据和文件齐备并得到认可后，产品才能准许发出。

5.2.3 企业检验制度的制定

1. 质量检验在企业生产中的重要性

(1)质量检验是企业管理科学化、现代化的基础工作

没有质量检验就无法掌握生产过程的状态，必将使生产失去必要的控制和调节。在一些工业发达的国家里，计量和质量检验是企业的一项专有技术，是企业的核心机密。

(2)质量检验是企业最重要的信息源

企业许多信息都直接或间接地通过质量检验来获得。没有检验的结果和数据，就无法计算，如合格率、返修率、返工率、废品率等都是如此。而所有这些指标，都同企业的经济效益密切相关，是计算企业经济效益的依据和重要基础。

(3)质量检验是保护用户利益和企业信誉的卫士

产品质量直接影响到社会和用户的切身利益，也影响到企业的信誉。到目前为止，传统的质量的检验把关方式仍然是保护用户利益和企业信誉的有效手段。

2. 企业检验制度的制定

如上所述，不难看出，加强企业的检验组织和管理工作，十分重要。我国通过学习国外经验和长期的实践，已经积累了一套行之有效的质量检验的管理原则和制度，简述如下：

(1)三检制

所谓三检制就是实行操作者的自检、工人之间的互检和专职检验人员的专检相结合的一种检验制度。这种三结合的检验制度是我国企业长期检验工作的经验总结，是行之有效的。

① 自检。自检就是生产者对自己所生产的产品，按照图纸、工艺或合同中规定的技术标准自行进行检验，并做出是否合格的判断。这种检验充分体现了生产工人必须对自己生产产品的质量负责。通过自我检验，使生产者充分了解自己生产的产品在质量上存在的问题，并开动脑筋，寻找出现问题的原因，进而采取改进的措施，这也是工人参与质量管理的重要形式。

② 互检。互检就是生产工人相互之间进行检验。互检主要有：下道工序对上道工序流转过来的产品进行抽检；同一机床、同一工序轮班交接时进行的相互检验；小组质量员或班组长对本小组工人加工出来的产品进行抽检等。这种检验不仅有利于保证加工质量，防止疏忽大意而造成成批地出现废品，而且有利于搞好班组团结，加强工人之间良好的群体关系。

③ 专检。专检就是由专业检验人员进行的检验。专业检验是现代化大生产劳

动分工的客观要求，是互检和自检不能取代的。而且三检制必须以专业检验为主导，这是由于现代生产中，检验已成为专门的工种和技术，专职检验人员无论对产品的技术要求，工艺知识和检验技能，都比生产工人熟练，所用检测量仪也比较精密，检验结果比较可靠，检验效率也比较高；由于生产工人有严格的生产定额，定额又同奖金挂钩，所以容易产生错检和漏检，有时，操作者的情绪也有影响。那种以相信群众为借口，主张完全依靠自检，取消专检，是既不科学，也不符合实际情况的。应当指出，ISO9000 系列国际标准把质量体系的“最终检验和试验”作为企业中一种重要的质量保证模式，对质量检验提出了严格的要求和规定。

目前，我国已等同采用该标准，必须严肃对待，严格执行。今后，是否重视质量检验，实际上是一个是否重视质量的试金石，没有质量标准，没有质量检验机构和质量检测手段的产品，不能允许正式投产。

(2)重点工序双岗制

重点工序可以是关键零部件或关键部位的工序，可以是作为下道或后续工序加工基准的工序，也可以是工序过程的参数或结果无记录，不能保留客观证据，事后无法检验查证的工序。对这些工序实行双岗制，是指操作者在进行重点工序加工时，还同时应有检验人员在场，必要时应有技术负责人或用户的验收代表在场，监视工序必须按规定的程序和要求进行。例如，使用正确的工夹量具、正确的安装定位、正确的操作顺序和加工用量。工序完成后，操作者、检验员或技术负责人和用户验收代表，应立即在工艺文件上签名，并尽可能将情况记录存档，以示负责和便于以后查询。

(3)留名制

留名制是一种重要的技术责任制，是指在生产过程中，从原材料进厂到成品入库和出厂，每完成一道工序，改变产品的一种状态，包括进行检验和交接、存放和运输，责任者都应该在工艺文件上签名，以示负责。特别是在成品出厂检验单上，检验员必须签名或加盖印章。操作者签名表示按规定要求完成了这套工序，检验者签名，表示该工序达到了规定的质量标准，签名后的记录文件应妥为保存，以便以后参考。

(4)质量复查制

我国有些生产重要产品(特别是军工产品)的企业，为了保证交付产品的质量或参加试验的产品稳妥可靠，不带隐患，在产品检验入库后的出厂前，要请与产品有关的设计、生产、试验及技术部门的人员进行复查。查图纸、技术文件是否有错，查检查结果是否正确，查有关技术或质量问题的处理是否合适。这种做法对质量体系还不够健全的企业来说，还是十分有效的。

(5)追溯制

我国大中型企业都很重视产品的追溯性管理，甚至实行跟踪管理制度。在生产过程中，每完成一个工序或一项工作，都要记录其检验结果及存在问题，记录操作者及检验者的姓名、时间、地点及情况分析，在适当的产品部位做出相应的质量状态标志。这些记录与带标志的产品同步流转。产品标志和留名制都是可追溯性的依据，在必要时，都可搞清责任者的姓名、时间和地点。职责分明，查处有据，可以大大加强职工的责任感。产品出厂时还同时附有跟踪卡，随产品一起流通，以便用户把产品在使用时所出现的问题，能及时反馈给生产者，这是企业进行质量改进的重要依据。

【知识链接 5-5】

追溯制的三种管理办法

批次管理法。根据零件、材料或特种工艺过程分别组成批次，记录批次号或序号以及相应的工艺状态。在加工和组装过程中，要将批次号逐步依次传递或存档。

日期管理法。对于连续性生产过程、工艺稳定、价格较低的产品，可采用记录日历日期来追溯质量状态。

连续序号管理法。这种方法就是根据连续序号追溯产品的质量档案。

5.3　计数型抽样检验原理

5.3.1　抽样检验方案及其接收概率

为实施抽样检查而确定的一组规则称为抽样方案。它包括如何抽取样本、样本大小以及为了判定批合格与否的判别标准等。抽样方案分为计数型抽样方案和计量型抽样方案两大类，本书讨论计数型抽样方案。

1. 一次抽样

一次抽样是从检验批中只抽取一个样本的抽样方式。其操作原理如图 5-2 所示，图中 n 为样本大小，d 为样本中测得的不合格数，c 为合格判定数。

对样本中的 n 件产品进行检验，若发现样本 n 中的不合格数为 d，则用 d 与 c 作比较后进行判定。可见，一次抽样检验只需抽取一个样本，就肯定会做出合格或不合格的判断。

2. 二次抽样

所谓二次抽样是指最多从检验批中抽取两个样本，最终对检验批做出接受与否

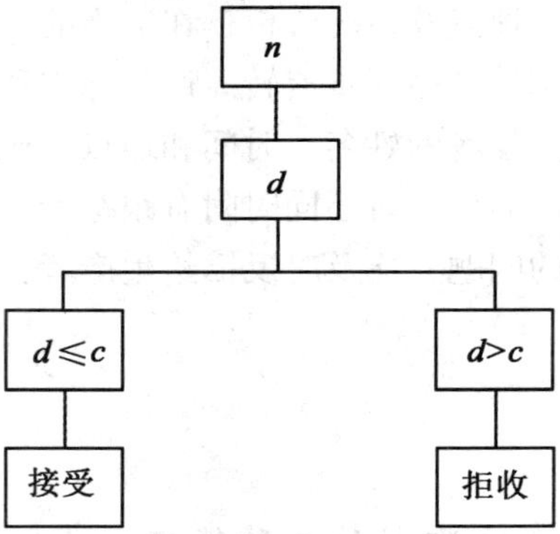

图 5-2　一次抽样检验方案的判定程序图

判定的一种抽样方式。此类型须根据第一个样本提供的信息，决定是否抽取第二个样本。其示意图如图 5-3 所示。

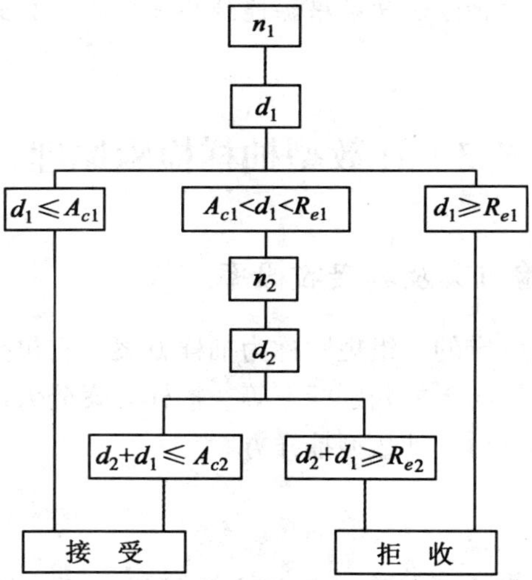

图 5-3　二次抽样检验方案的判定程序图

首先从校验批 N 件产品中抽取第一个样本 n_1 件产品，检验第一个样本的 n_1 件产品，发现其中有 d_1 件不合格品。若 $R_{e_1}>d_1>Ac_1$ 时，则暂不做出决定，需再抽取第二个样本 n_2 件产品。检验第二个样本，发现其中有 d_2 件不合格品，继续作判断及处理。

3. 多次抽样

如果对一批产品需抽检三个以上样本进行检验才能做出合格或不合格的判定时，称为多次抽样检验。目前 ISO2859，美国军用标准 MIL-STD-105B 等规定最多为七次抽样，而我国国家标准 GB2828-87 规定的多次抽样达五次。

五次抽样检验只不过是二次抽样的延续，即：是否需要第 i 次抽样要根据第 i-1 次抽样的结果而定。图 5-4 所示为五次抽样检验方案的判定程序。

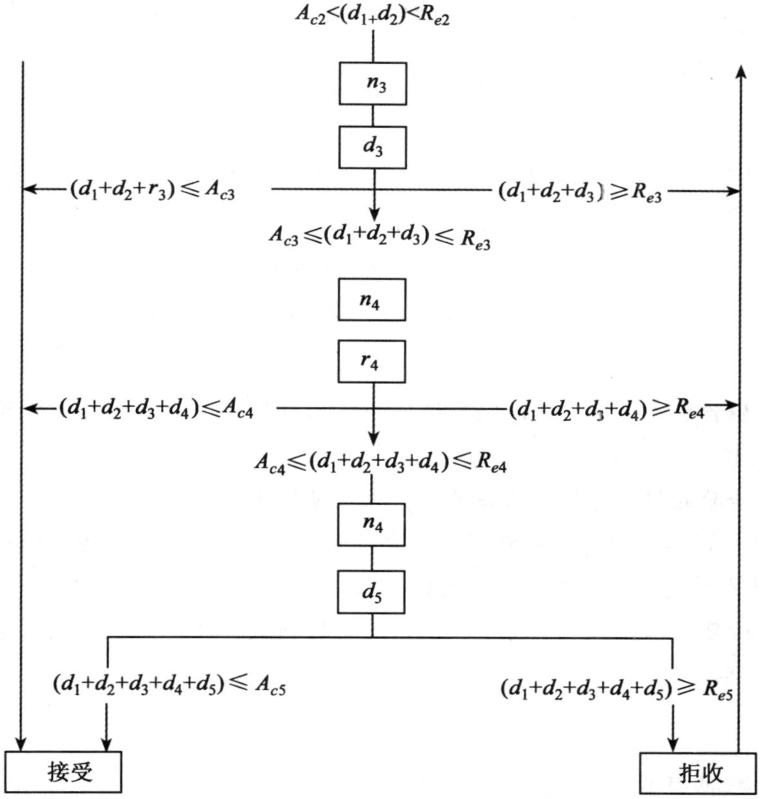

图 5-4　五次抽样检验方案的判定程序图

【知识链接 5-6】

一次抽样、二次抽样与五次抽样的比较

(1)一次、二次、五次抽样方案只要设定的 AQL 值(合格质量水平，Acceptable

Quality Level)和检验水平相同，对产品的质量保证能力(检验的判断能力)基本是相同的。

(2)当产品批的质量水平与设定的AQL值相比较较为明显的优或劣时，二次抽样的样本量明显比一次抽样检验要少，而五次抽样检验的样本是会更少。平均样本量ASN与抽样次数的关系如图5-5所示。

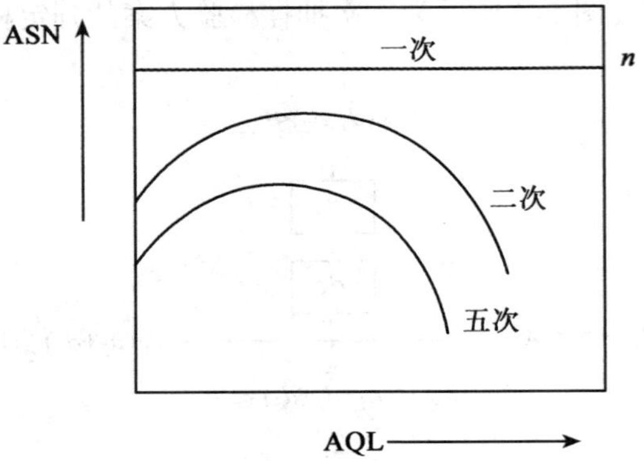

图5-5 平均样本量ASN与抽样次数的关系图

(3)从检验成本考虑，五次抽样检验的费用最低。二次抽样检验的费用又比一次抽样检验低。

(4)从检验的组织与管理工作考虑，一次抽样检验方法简单，批合格与否的误判危险性小，而二次抽样检验特别是五次抽样检验方法复杂，对检验的组织与管理工作及检验人员的素质要求很高，需经专门培训。

(5)从心理上人们往往认为多次抽样的合格判定机会多，于是就认为多次抽样的效果好，其实这是没有必要的。

4. 一次抽样检验方案的接收概率

(1)接收概率的概念

当交验批的不合格品率为 p 时，采用某一抽样检验方案时，交验批可能被接收的程度称为该方案的接收概率。显然，影响接收概率的因素只能是交验批的不合格品率。因此，一个方案的接收概率是批不合格品率 p 的函数，记为 $L(p)$。

(2)接收概率的计算

一次抽样检验方案$[N, n, A_c]$，只有在随机抽取的样本中，不合格品率 $d \leq A_c$ 时，才能判该批产品被接收。若以 $P(d)$ 表示样本 n 中恰好有 d 件不合格品的概率，

则接收概率 $L(p)$ 的一般公式为：

$$L(P)=\sum_{d=0}^{A}p(d)$$

关键在于计算 $P(X=d)$ 的值。$P(d)$ 的计算根据图 5-6 所示的关系，可以用泊松分布计算公式做近似计算：$P(X=d)=\frac{(\mathrm{np})^{d}}{d!}\mathrm{e}^{-\mathrm{np}}$。

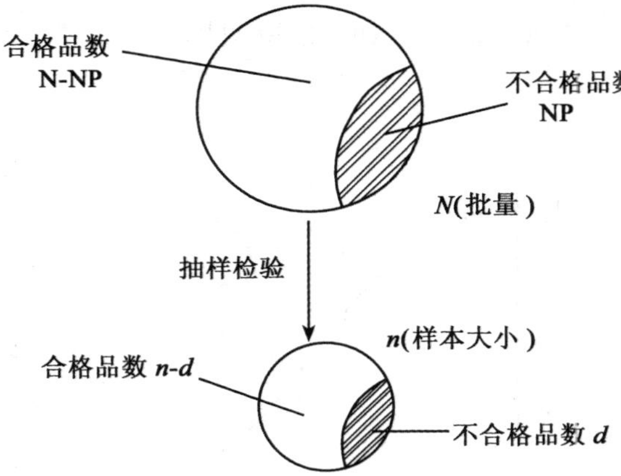

图 5-6 $P(d)$ 的计算依据图

例：校验批批量 $N-50$，假定批不合品率为 $p=0.06$ 时，现随机抽取 $n=5$ 的样本，试求不合格品数 $d=0$，1，2，3 的概率。

泊松分布公式的计算结果如下：

$$P_{(0)}=\frac{(5\times0.06)^{0}\mathrm{e}^{-5\times0.06}}{0!}=0.7428$$

$$P_{(1)}=\frac{(5\times0.06)^{1}\mathrm{e}^{-5\times0.06}}{1!}=0.2222$$

$$P_{(2)}=\frac{(5\times0.06)^{2}\mathrm{e}^{-5\times0.06}}{2!}=0.03334$$

$$P_{(3)}=\frac{(5\times0.06)^{3}\mathrm{e}^{-5\times0.06}}{3!}=0.0033$$

有了 $P(d)$ 的计算公式，接收概率 $L(p)$ 的计算就不成问题。

例如，若某抽样检验方案为[1000，20，2]，若现提交批的不合格品率为 10%，问采用这一方案其接收概率为多少。

$$L(10\%)=\sum_{d=0}^{2}P(d)=P_{(0)}+P_{(1)}+P_{(2)}=0.12158+0.27017+0.28518$$

$= 0.6770 = 67.7\%$

5.3.2 检验特性曲线——OC 曲线

1. OC 曲线的概念

当用一个确定的抽检方案对产品批次进行检查时，产品批次被接收的概率是随产品批的批不合格品率 p 变化而变化的，它们之间的关系可以用一条曲线来表示，这条曲线称为检验特性曲线，简称为 OC 曲线(见图 5-7)。

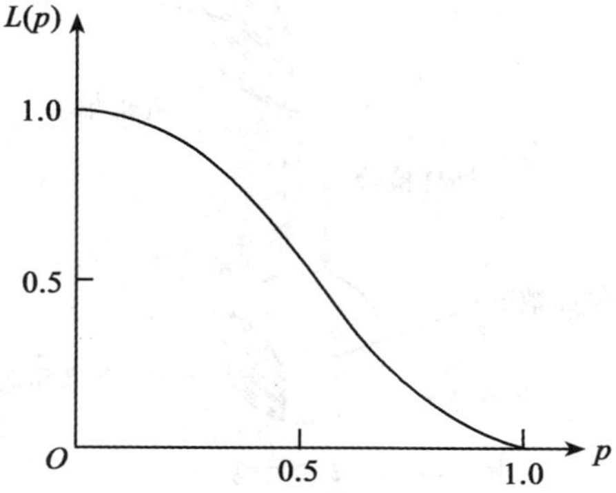

图 5-7　理想的 OC 曲线

产品是一批一批一次提交检验的，但每一批的不合格品率不仅是一个未知数，而且也不是一个确定的数值。对一个确定的抽样检验方案而言，有一个 p 值就有一个唯一的接收概率值 $L(p)$ 与之相对应。我们不仅要知道某一特定的 p 值时的该方案的接收概率 $L(p)$，而且希望掌握当 p 值连续变化时，相应的接收概率 $L(p)$ 的变化情况与规律。这就是抽样检验方案的抽样检验特性。

2. OC 曲线的性质

(1)抽样特性曲线和抽样方案是一一对应关系，也就是说有一个抽样方案就有对应的一条 OC 曲线；相反，有一条抽样特性曲线，就有与之对应的一个抽检方案。

(2)OC 曲线是一条通过(0，1)和(1，0)两点的连续曲线。

(3)OC 曲线是一条严格单调下降的函数曲线。

3. 实际的 OC 曲线

实际的 OC 曲线应当是什么样呢？我们希望的 OC 曲线应尽可能接近于理想的

OC 曲线，要具有相当好的判断能力，使质量好的批次能以高概率接收，对质量差的批应以大概率拒收(即小的接收概率)。

实际使用的抽样方案一般具有三个特点：

① 对于合格的交验批，即 $p \leqslant p_0$，这时以高概率例如 $L(p) \geqslant 0.88$ 予以接收；

② 对于质量变坏的交验批，即超过规定值，这时接收概率迅速减少，达到某个限度时(p_1)以低概率接收(即以高概率拒收)，这时的 $L(p_1)$ 一般为 0.1 左右；

③ 抽样检验的工作量适当，即样本量大小合适，实际使用的抽样方案的 OC 曲线如图 5-8 所示。

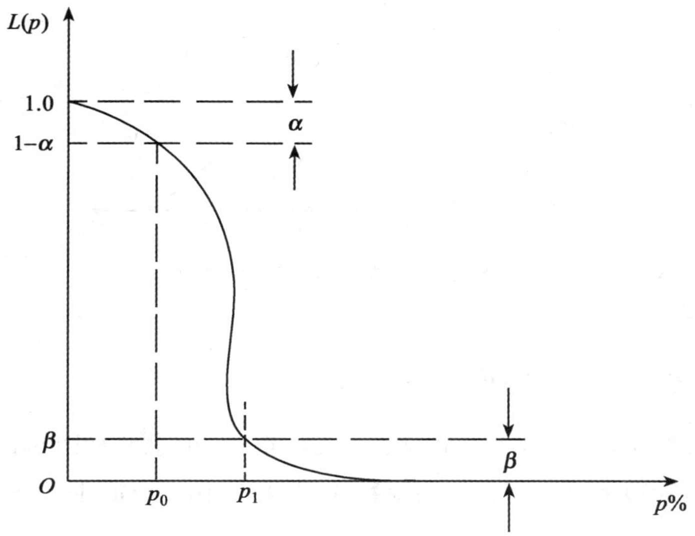

图 5-8　实际的 OC 曲线

5.3.3　N、A_c、n 对 OC 曲线的影响

1. 批量 N 对 OC 曲线的影响

当抽样检验方案中的 n 和 A_c 为确定值时，N 的变化对 OC 曲线的影响如图 5-9 所示，四个抽样检验方案[1000，20，0]、[200，20，0]、[100，20，0]、[50，20，0]，其中 $n=20$，$A_c=0$ 都是相同的，只有批量 N 分别为 1000、200、100、50。批量之间相差 20 倍之多，但从 OC 曲线可以看出没有大的区别，四条 OC 曲线的形状非常接近，说明批量 N 对 OC 曲线(也就是对抽样检验的检验特性)影响很小。所以，通常把一次抽样检验方案只写出[n，A_c]就可以了。

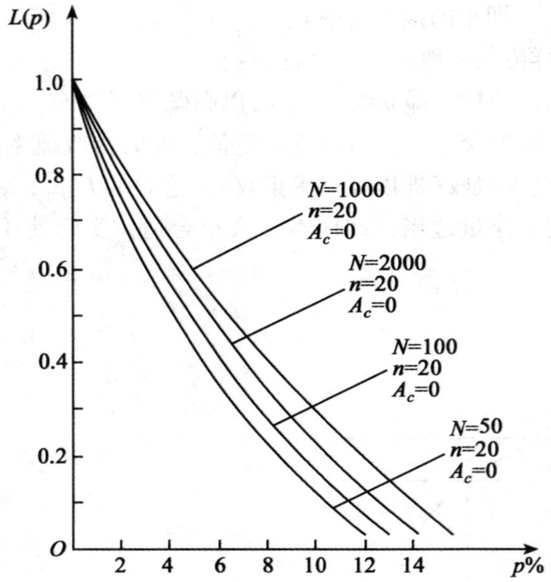

图 5-9　批量 N 对 OC 曲线的影响

2. 合格判定数 A_c 对 OC 曲线的影响

当抽样检验方案中的 N 和 n 确定，A_c 变化时的 OC 曲线如图 5-10 所示。方案中 $N=1000$，$n=20$ 不变，而合格判定数 A_c 由大变小时，OC 曲线由右向左移动，

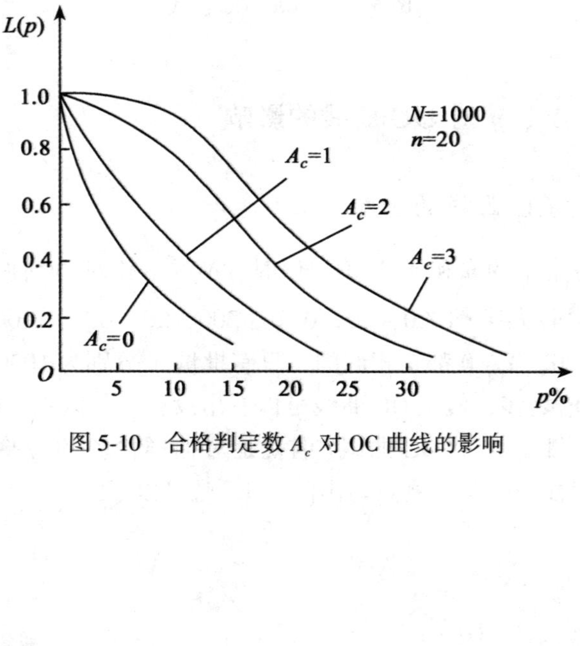

图 5-10　合格判定数 A_c 对 OC 曲线的影响

而且倾斜度变大，说明方案的检验特性也在变化。当处于同样的 p 值时，A_c 值减少使接收概率 $L(p)$ 降低，这就意味着方案变严。反之若 A_c 增加，接收概率 $L(p)$ 值也增加，则抽样检验方案放宽，另外，曲线由右向左移动并非是平行移动，曲线越向左移就变得更陡，使接受概率的变化率增大，也就是灵敏度增加。

3. 样本大小 n 对 OC 曲线的影响

当方案的 N 和 A_c 确定，而 n 发生变化时，其 OC 曲线的变化如图 5-11 所示，从图中可以看见，当 $N=1000$，$A_c=1$ 固定不变时，n 增加使 OC 曲线由右向左移动。

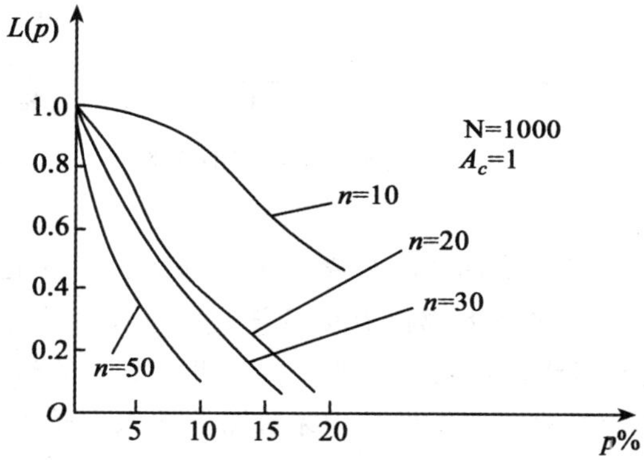

图 5-11 样本大小 n 对 OC 曲线的影响

【知识链接 5-7】

百分比抽样的不合理性

统计抽样检验的科学性、合理性表现在当抽样检验的先决条件确定时，其 OC 曲线基本上相同，代表不同批量的抽样检验方案，对于相同质量水平的交验批其接收概率基本上是相同的。而传统的百分比抽样检验却不然，从图 5-12 中可以看出，它是极不合理的。

传统的百分比抽样检验方案的极其不合理性表现在：不管交验批的批量 N 多大，规定一个确定的百分比去抽样(如按 10%抽样)，如果样本中的不合格品数 $d=0$，则判批合格予以接收，只要样本中出现不合格品，就判该批不合格，予以拒收。表面看来这种抽样逻辑思想似乎是合理的，所以至今尚有为数不少的企业沿用百分比抽样检验。实际上这是一种十分错误的抽样检验方案，要说明其不合理性是

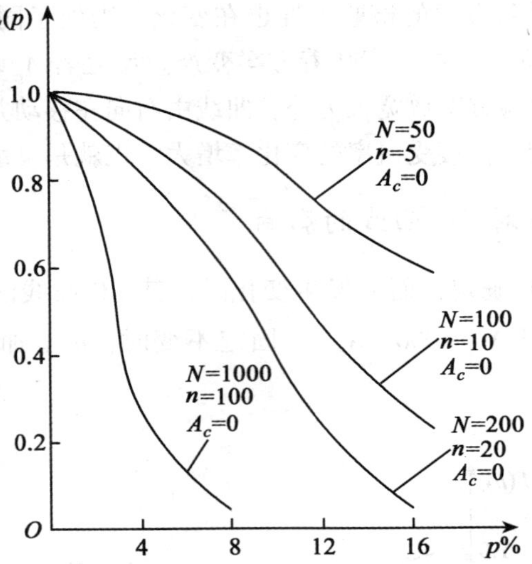

图 5-12　百分比抽样的不合理性

很容易的，只要分析一下它们的 OC 曲线就可以知道，图 5-12 所示的四个方案的 A_c 值都为“0”。同时不管 N 多大都按 10%抽样，四个方案就有四条 OC 曲线。可以看出这四条 OC 曲线的形状、位置差异很大，说明四个方案的检验特性及判断能力相差甚远。按普通常识不难理解，既然以不合格品率来衡量质量水平，则不管交验批的批量有多大，只要交验批的不合格品率相同，其质量水平就是相同的，因此其接收概率就应该相同。然而，实际上采用百分比抽样检验时，尽管交验批的不合格品率 p 是相同的，当批量 N 不同时其接收概率相差甚远，因此其不合理性显而易见，企业应淘汰这种不合理的抽样检验方法，采用科学的、合理的统计抽样检验方法。

总结百分比抽样的不合理性，有下列 4 条：

(1) 百分比抽样检验具有“大批严，小批松”的严重缺点；

(2) 百分比抽样检验的假设前提不确切；

(3) 百分比抽样没有明确的质量保证；

(4) 百分比抽样检验的抽样比例缺乏理论根据。

5.4　计数调整型抽样方案

所谓调整型抽样方案，其实是指一组宽严程度不同的抽样方案以及将他们有机联系起来的转移规则。当产品质量正常时，采用正常抽样方案进行检验；当产品品质量下降或生产不稳定时，采用加严抽样方案进行检验，以免第二类错判概率β变大；当产品质量较为理想且生产稳定时，采用放宽抽样方案进行检验，以免第一类错判概率∂变大。调整型抽样方案较多地利用了抽样检验结果的历史资料，因此在对交验质量提供同等鉴别能力时，所需抽样检验平均工作量要少于标准型抽样方案，且能较好地协调供需双方各自承担的抽样风险。调整型抽样方案使用于批量相同且质量要求一定的检验批的连续性接收检验，应用十分广泛。

5.4.1　计数调整型抽样检验的特点

计数调整型抽样检验是根据供方过去提供产品质量情况调整检验把关的宽严程度，以促使供方提供优质产品的一种抽样检验。调整型抽样检验是由正常、加严、放宽三种宽严程度不同的方案和一套转移规则组成的抽样检验体系。

在计数调整型抽样检验过程中，对于批量相同、质量要求一定的连续批产品进行连续接受性检验时，并不是用一个固定的方案进行检验，而是根据批质量的变化情况，按照一组预先规定的转移规则随时调整方案。当批产品质量正常时，采用一个正常的抽检方案进行检验，以保护供方利益；当批产品质量下降或生产不稳定时，改用加严方案进行检验，以减小需方承担的风险；当批产品质量上升时，改用一个放宽方案进行检验，以加强对供方的保护，相当于“信得过”产品；如果供方不能保持优质产品的历史，在抽检中稍发现有质量下降的趋势，就应立即由放宽转回正常检验。也就是根据批产品质量的变化，适时调整方案的宽严程度，使整个检验达到一种既能防范达不到质量要求的批次漏网，又能使达到质量要求的批次较容易通过。对比其他的抽检方案，调整型抽检方案能充分利用产品检验历史数据提供的质量信息，在同样质量保证的前提下，相对不可调整的抽检方案可以节约更多的检验工作量。同时，调整型抽检方案能促使供方为提高产品质量而努力。

5.4.2　技术调整型抽样检验的抽检程序

1. 对缺陷及不合格品分类

根据严重程度的差别，缺陷可分为以下三类：

(1)致命缺陷(Critical Defects)——影响产品基本功能的缺陷，又称临界性缺陷或A类缺陷；

(2)严重缺陷(Major Defects)——影响产品性能或效用的缺陷，又称主要缺陷或B类缺陷；

(3)轻微缺陷(Minor Defects)——对产品使用性能无影响的缺陷，又称次要缺陷或C类缺陷。

一个不合格品可能同时含有几种不同严重程度的缺陷，一般常按其中最严重的缺陷来定义不合格品，如致命不合格品、严重不合格品和轻微不合格品。

2. 规定合格质量水平(AQL)

AQL可由计数标准确定，也可由供需双方协议确定。确定AQL值要求考虑需方的质量要求，也要考虑供方的生产能力，还要考虑相应的生产和检验成本。一般而言，对致命缺陷(或致命不合格)AQL应小些；对轻微缺陷(或轻微不合格品)AQL可大些；对严重缺陷(或严重不合格品)AQL可适中些。通常，军用产品AQL值小于工业产品的AQL值，而工业产品的AQL值又小于民用产品的AQL值。

在调整型抽样表中，AQL值自0.010至1000的26个档值(见表5-1)，应用时需从中选择。对于表中的AQL值，自0.010至10的16个档值对计件及计点数据均使用，而自15至1000的10个档值仅适用于计点数据。在计件数据场合，档值加上“%”才表示AQL值。如档值“0.15”实际表示AQL=0.15%；在计点数据场合，档值表示每100个单位产品所有的缺陷总数。如档值“650”实际表示每100个单位产品有650个缺陷，或平均每个单位产品中有6.5个缺陷。

3. 规定检验水平(IL)

当规定了供需双方共同认可的AQL后，还需根据检验批批量N确定检验样本的大小n。样本大小n不仅关系到抽样方案对检验批实际质量的鉴别能力，还关系到检验成本及可能的错判损失。

检查水平反映批量与样本量大小之间的关系。GB2828—87(ISO2859)标准中规定检查水平有7级，一般检查水平Ⅰ、Ⅱ、Ⅲ三级和特殊检查水平S—1、S—2、S—3、S—4四级(见表5-2)。一般检查水平Ⅰ是标准检验水平，无特殊要求时采用水平Ⅰ，当需要的辨别能力比较低时，可规定使用一般检查水平Ⅰ；当需要的判别能力比较高时，可规定使用一般检查水平Ⅱ。四种特殊检查水平适用于破坏性检验或检验费用高而且能够或必须允许较大的误判风险的情况，由于其抽取样本大小比较小，又称小样本检验。在三个一般检查水平中，当批量给定后，样本大小随检查水平而变化。水平Ⅱ需要抽取样本大小比水平Ⅰ大；而水平Ⅲ又比水平Ⅱ大。检查水平Ⅰ、Ⅱ、Ⅲ样本大小比例为0.4∶1∶1.6，同时，检查水平的规定直接影响对需方的保护程度，检查水平Ⅲ的保护程度最高。选择抽检水平时，一般应考虑下列因素：产品的复杂程度与价格；检验费用；是否为破坏性检查；保证AQL的重要性；生产的稳定性；各批之间的质量差异程度；批内产品质量波动的大小。

表 5-1

计数标准型一次抽样检验表（1）

样本大小字码	样本	样本大小	累计样本大小	AQL（正常抽检）																										n
				0.010	0.015	0.025	0.040	0.065	0.10	0.15	0.25	0.40	0.65	1.0	1.5	2.5	4.0	6.5	10	15	25	40	65	100	150	250	400	650	1000	
				AR	AR	AR	AR	AR	AR	AR	AR	AR	AR	AR	AR	AR	AR	AR	AR	AR	AR	AR	AR	AR	AR	AR	AR	AR	AR	
A				↓	↓	↓	↓	↓	↓	↓	↓	↓	↓	↓	↓	↓	↓	•	↑	•	•	•	•	•	•	•	•	•	•	2
B	1 2	2 2	2 4	↓	↓	↓	↓	↓	↓	↓	↓	↓	↓	↓	↓	↓	•	↑	↓	0 2 1 2	0 3 3 4	1 4 4 5	2 5 6 7	3 7 8 9	5 9 12 13	7 11 18 19	11 16 26 27	17 22 37 38	25 31 56 57	3
C	1 2	3 3	3 6	↓	↓	↓	↓	↓	↓	↓	↓	↓	↓	↓	↓	•	↑	↓	0 2 1 2	0 3 3 4	1 4 4 5	2 5 6 7	3 7 8 9	5 9 12 13	7 11 18 19	11 16 26 27	17 22 37 38	25 31 56 57	↑	5
D	1 2	5 5	5 10	↓	↓	↓	↓	↓	↓	↓	↓	↓	↓	↓	•	↑	↓	0 2 1 2	0 3 3 4	1 4 4 5	2 5 6 7	3 7 8 9	5 9 12 13	7 11 18 19	11 16 26 27	17 22 37 38	25 31 56 57	↑	↑	8
E	1 2	8 8	8 16	↓	↓	↓	↓	↓	↓	↓	↓	↓	↓	•	↑	↓	0 2 1 2	0 3 3 4	1 4 4 5	2 5 6 7	3 7 8 9	5 9 12 13	7 11 18 19	11 16 26 27	17 22 37 38	25 31 56 57	↑	↑	↑	13
F	1 2	13 13	13 26	↓	↓	↓	↓	↓	↓	↓	↓	↓	•	↑	↓	0 2 1 2	0 3 3 4	1 4 4 5	2 5 6 7	3 7 8 9	5 9 12 13	7 11 18 19	11 16 26 27	↑	↑	↑	↑	↑	↑	20
G	1 2	20 20	20 40	↓	↓	↓	↓	↓	↓	↓	↓	•	↑	↓	0 2 1 2	0 3 3 4	1 4 4 5	2 5 6 7	3 7 8 9	5 9 12 13	7 11 18 19	11 16 26 27	↑	↑	↑	↑	↑	↑	↑	32
H	1 2	32 32	32 64	↓	↓	↓	↓	↓	↓	↓	•	↑	↓	0 2 1 2	0 3 3 4	1 4 4 5	2 5 6 7	3 7 8 9	5 9 12 13	7 11 18 19	11 16 26 27	↑	↑	↑	↑	↑	↑	↑	↑	50
J	1 2	50 50	50 100	↓	↓	↓	↓	↓	↓	•	↑	↓	0 2 1 2	0 3 3 4	1 4 4 5	2 5 6 7	3 7 8 9	5 9 12 13	7 11 18 19	11 16 26 27	↑	↑	↑	↑	↑	↑	↑	↑	↑	80
K	1 2	80 80	80 160	↓	↓	↓	↓	↓	•	↑	↓	0 2 1 2	0 3 3 4	1 4 4 5	2 5 6 7	3 7 8 9	5 9 12 13	7 11 18 19	11 16 26 27	↑	↑	↑	↑	↑	↑	↑	↑	↑	↑	125
L	1 2	125 125	125 250	↓	↓	↓	↓	•	↑	↓	0 2 1 2	0 3 3 4	1 4 4 5	2 5 6 7	3 7 8 9	5 9 12 13	7 11 18 19	11 16 26 27	↑	↑	↑	↑	↑	↑	↑	↑	↑	↑	↑	200
M	1 2	200 200	200 400	↓	↓	↓	•	↑	↓	0 2 1 2	0 3 3 4	1 4 4 5	2 5 6 7	3 7 8 9	5 9 12 13	7 11 18 19	11 16 26 27	↑	↑	↑	↑	↑	↑	↑	↑	↑	↑	↑	↑	315
N	1 2	315 315	315 630	↓	↓	•	↑	↓	0 2 1 2	0 3 3 4	1 4 4 5	2 5 6 7	3 7 8 9	5 9 12 13	7 11 18 19	11 16 26 27	↑	↑	↑	↑	↑	↑	↑	↑	↑	↑	↑	↑	↑	500
P	1 2	500 500	500 1000	↓	•	↑	↓	0 2 1 2	0 3 3 4	1 4 4 5	2 5 6 7	3 7 8 9	5 9 12 13	7 11 18 19	11 16 26 27	↑	↑	↑	↑	↑	↑	↑	↑	↑	↑	↑	↑	↑	↑	800
Q	1 2	800 800	800 1600	•	↑	↓	0 2 1 2	0 3 3 4	1 4 4 5	2 5 6 7	3 7 8 9	5 9 12 13	7 11 18 19	11 16 26 27	↑	↑	↑	↑	↑	↑	↑	↑	↑	↑	↑	↑	↑	↑	↑	1250
R	1 2	1250 1250	1250 2500	↑	↑	0 2 1 2	0 3 3 4	1 4 4 5	2 5 6 7	3 7 8 9	5 9 12 13	7 11 18 19	11 16 26 27	↑	↑	↑	↑	↑	↑	↑	↑	↑	↑	↑	↑	↑	↑	↑	↑	2000

表 5-1

计数标准型一次抽样检验表（2）

样本大小字码	样本	样本大小	累计样本大小	AQL（加严抽检）																										
				0.010	0.015	0.025	0.040	0.065	0.10	0.15	0.25	0.40	0.65	1.0	1.5	2.5	4.0	6.5	10	15	25	40	65	100	150	250	400	650	1000	*n*
				AR	AR	AR	AR	AR	AR	AR	AR	AR	AR	AR	AR	AR	AR	AR	AR	AR	AR	AR	AR	AR	AR	AR	AR	AR	AR	
A				↓	↓	↓	↓	↓	↓	↓	↓	↓	↓	↓	↓	↓	↓	↓	↓	↓	↓	•	•	•	•	•	•	•	•	2
B	1 2	2 2	2 4	↓	↓	↓	↓	↓	↓	↓	↓	↓	↓	↓	↓	↓	↓	•	↓	↓	0 2 1 2	0 3 3 4	1 4 4 5	2 5 6 7	3 7 11 12	6 10 15 16	9 14 23 24	15 20 34 35	23 29 52 53	3
C	1 2	3 3	3 6	↓	↓	↓	↓	↓	↓	↓	↓	↓	↓	↓	↓	↓	•	↓	↓	0 2 1 2	0 3 3 4	1 4 4 5	2 5 6 7	3 7 11 12	6 10 15 16	9 14 23 24	15 20 34 35	23 29 52 53	↑	5
D	1 2	5 5	5 10	↓	↓	↓	↓	↓	↓	↓	↓	↓	↓	↓	↓	•	↓	↓	0 2 1 2	0 3 3 4	1 4 4 5	2 5 6 7	3 7 11 12	6 10 15 16	9 14 23 24	15 20 34 35	23 29 52 53	↑	↑	8
E	1 2	8 8	8 16	↓	↓	↓	↓	↓	↓	↓	↓	↓	↓	↓	•	↓	↓	0 2 1 2	0 3 3 4	1 4 4 5	2 5 6 7	3 7 11 12	6 10 15 16	9 14 23 24	15 20 34 35	23 29 52 53	↑	↑	↑	13
F	1 2	13 13	13 26	↓	↓	↓	↓	↓	↓	↓	↓	↓	↓	•	↓	↓	0 2 1 2	0 3 3 4	1 4 4 5	2 5 6 7	3 7 11 12	6 10 15 16	9 14 23 24	↑	↑	↑	↑	↑	↑	20
G	1 2	20 20	20 40	↓	↓	↓	↓	↓	↓	↓	↓	↓	•	↓	↓	0 2 1 2	0 3 3 4	1 4 4 5	2 5 6 7	3 7 11 12	6 10 15 16	9 14 23 24	↑	↑	↑	↑	↑	↑	↑	32
H	1 2	32 32	32 64	↓	↓	↓	↓	↓	↓	↓	↓	•	↓	↓	0 2 1 2	0 3 3 4	1 4 4 5	2 5 6 7	3 7 11 12	6 10 15 16	9 14 23 24	↑	↑	↑	↑	↑	↑	↑	↑	50
J	1 2	50 50	50 100	↓	↓	↓	↓	↓	↓	↓	•	↓	↓	0 2 1 2	0 3 3 4	1 4 4 5	2 5 6 7	3 7 11 12	6 10 15 16	9 14 23 24	↑	↑	↑	↑	↑	↑	↑	↑	↑	80
K	1 2	80 80	80 160	↓	↓	↓	↓	↓	↓	•	↓	↓	0 2 1 2	0 3 3 4	1 4 4 5	2 5 6 7	3 7 11 12	6 10 15 16	9 14 23 24	↑	↑	↑	↑	↑	↑	↑	↑	↑	↑	125
L	1 2	125 125	125 250	↓	↓	↓	↓	↓	•	↓	↓	0 2 1 2	0 3 3 4	1 4 4 5	2 5 6 7	3 7 11 12	6 10 15 16	9 14 23 24	↑	↑	↑	↑	↑	↑	↑	↑	↑	↑	↑	200
M	1 2	200 200	200 400	↓	↓	↓	↓	•	↓	↓	0 2 1 2	0 3 3 4	1 4 4 5	2 5 6 7	3 7 11 12	6 10 15 16	9 14 23 24	↑	↑	↑	↑	↑	↑	↑	↑	↑	↑	↑	↑	315
N	1 2	315 315	315 630	↓	↓	↓	•	↓	↓	0 2 1 2	0 3 3 4	1 4 4 5	2 5 6 7	3 7 11 12	6 10 15 16	9 14 23 24	↑	↑	↑	↑	↑	↑	↑	↑	↑	↑	↑	↑	↑	500
P	1 2	500 500	500 1000	↓	↓	•	↓	↓	0 2 1 2	0 3 3 4	1 4 4 5	2 5 6 7	3 7 11 12	6 10 15 16	9 14 23 24	↑	↑	↑	↑	↑	↑	↑	↑	↑	↑	↑	↑	↑	↑	800
Q	1 2	800 800	800 1600	↓	•	↓	↓	0 2 1 2	0 3 3 4	1 4 4 5	2 5 6 7	3 7 11 12	6 10 15 16	9 14 23 24	↑	↑	↑	↑	↑	↑	↑	↑	↑	↑	↑	↑	↑	↑	↑	1250
R	1 2	1250 1250	1250 2500	•	↑	↓	0 2 1 2	0 3 3 4	1 4 4 5	2 5 6 7	3 7 11 12	6 10 15 16	9 14 23 24	↑	↑	↑	↑	↑	↑	↑	↑	↑	↑	↑	↑	↑	↑	↑	↑	2000
S	1 2	2000 2000	2000 4000			0 2 1 2																								3150

表 5-1

计数标准型一次抽样检验表（3）

样本大小字码	样本	样本大小	累计样本大小	AQL（放 宽 抽 检）																										n
				0.010	0.015	0.025	0.040	0.065	0.10	0.15	0.25	0.40	0.65	1.0	1.5	2.5	4.0	6.5	10	15	25	40	65	100	150	250	400	650	1000	
				AR	AR	AR	AR	AR	AR	AR	AR	AR	AR	AR	AR	AR	AR	AR	AR	AR	AR	AR	AR	AR	AR	AR	AR	AR	AR	
A				↓	↓	↓	↓	↓	↓	↓	↓	↓	↓	↓	↓	↓	↓	•	↓		•	•	•	•	•	•	•	•	•	2
B				↓	↓	↓	↓	↓	↓	↓	↓	↓	↓	↓	↓	↓	•	↑	↓	•	•	•	•	•	•	•	•	•	•	2
C				↓	↓	↓	↓	↓	↓	↓	↓	↓	↓	↓	↓	•	↑	↓	•	•	•	•	•	•	•	•	•	•	↑	2
D	1 2	2 2	2 4	↓	↓	↓	↓	↓	↓	↓	↓	↓	↓	↓	•	↑	↓	0 2 0 2	0 3 0 4	0 4 1 5	0 4 3 6	1 5 4 7	2 7 6 9	3 8 8 12	5 10 12 16	7 12 18 22	11 17 26 30	↑	↑	3
E	1 2	3 3	3 6	↓	↓	↓	↓	↓	↓	↓	↓	↓	↓	•	↑	↓	0 2 0 2	0 3 0 4	0 4 1 5	0 4 3 6	1 5 4 7	2 7 6 9	3 8 8 12	5 10 12 16	7 12 18 22	11 17 26 30	↑	↑	↑	5
F	1 2	5 5	5 10	↓	↓	↓	↓	↓	↓	↓	↓	↓	•	↑	↓	0 2 0 2	0 3 0 4	0 4 1 5	0 4 3 6	1 5 4 7	2 7 6 9	3 8 8 12	5 10 12 16	↑	↑	↑	↑	↑	↑	8
G	1 2	8 8	8 16	↓	↓	↓	↓	↓	↓	↓	↓	•	↑	↓	0 2 0 2	0 3 0 4	0 4 1 5	0 4 3 6	1 5 4 7	2 7 6 9	3 8 8 12	5 10 12 16	↑	↑	↑	↑	↑	↑	↑	13
H	1 2	13 13	13 26	↓	↓	↓	↓	↓	↓	↓	•	↑	↓	0 2 0 2	0 3 0 4	0 4 1 5	0 4 3 6	1 5 4 7	2 7 6 9	3 8 8 12	5 10 12 16	↑	↑	↑	↑	↑	↑	↑	↑	20
J	1 2	20 20	20 40	↓	↓	↓	↓	↓	↓	•	↑	↓	0 2 0 2	0 3 0 4	0 4 1 5	0 4 3 6	1 5 4 7	2 7 6 9	3 8 8 12	5 10 12 16	↑	↑	↑	↑	↑	↑	↑	↑	↑	32
K	1 2	32 32	32 64	↓	↓	↓	↓	↓	•	↑	↓	0 2 0 2	0 3 0 4	0 4 1 5	0 4 3 6	1 5 4 7	2 7 6 9	3 8 8 12	5 10 12 16	↑	↑	↑	↑	↑	↑	↑	↑	↑	↑	50
L	1 2	50 50	50 100	↓	↓	↓	↓	•	↑	↓	0 2 0 2	0 3 0 4	0 4 1 5	0 4 3 6	1 5 4 7	2 7 6 9	3 8 8 12	5 10 12 16	↑	↑	↑	↑	↑	↑	↑	↑	↑	↑	↑	80
M	1 2	80 80	80 160	↓	↓	↓	•	↑	↓	0 2 0 2	0 3 0 4	0 4 1 5	0 4 3 6	1 5 4 7	2 7 6 9	3 8 8 12	5 10 12 16	↑	↑	↑	↑	↑	↑	↑	↑	↑	↑	↑	↑	125
N	1 2	125 125	125 250	↓	↓	•	↑	↓	0 2 0 2	0 3 0 4	0 4 1 5	0 4 3 6	1 5 4 7	2 7 6 9	3 8 8 12	5 10 12 16	↑	↑	↑	↑	↑	↑	↑	↑	↑	↑	↑	↑	↑	200
P	1 2	200 200	200 400	↓	•	↑	↓	0 2 0 2	0 3 0 4	0 4 1 5	0 4 3 6	1 5 4 7	2 7 6 9	3 8 8 12	5 10 12 16	↑	↑	↑	↑	↑	↑	↑	↑	↑	↑	↑	↑	↑	↑	315
Q	1 2	315 315	315 630	•	↑	↓	0 2 0 2	0 3 0 4	0 4 1 5	0 4 3 6	1 5 4 7	2 7 6 9	3 8 8 12	5 10 12 16	↑	↑	↑	↑	↑	↑	↑	↑	↑	↑	↑	↑	↑	↑	↑	500
R	1 2	500 500	500 1000	↑	↑	0 2 0 2	0 3 0 4	0 4 1 5	0 4 3 6	1 5 4 7	2 7 6 9	3 8 8 12	5 10 12 16	↑	↑	↑	↑	↑	↑	↑	↑	↑	↑	↑	↑	↑	↑	↑	↑	800

表 5-2 **调整型抽样表**

批量	特殊检验				一般检验级别		
	S-1	S-2	S-3	S-4	Ⅰ	Ⅱ	Ⅲ
2~8	A	A	A	A	A	A	B
9~15	A	A	A	A	A	B	C
16~25	A	A	B	B	B	C	D
26~50	A	B	B	C	C	D	E
51~90	B	B	C	C	C	E	F
91~150	B	B	C	D	D	F	G
151~280	B	C	D	E	E	G	H
281~500	B	C	D	E	F	H	J
501~1200	C	C	E	F	G	J	K
1201~3200	C	D	E	G	H	K	L
3201~10000	C	D	F	G	J	L	M
10001~35000	C	D	F	H	K	M	N
35001~150000	D	E	G	J	L	N	P
150001~500000	D	E	G	J	M	P	Q
500001~	D	E	H	K	N	Q	R

【案例分析 5-2】

抽样检验在紧固件公司产品验收中的应用

紧固件产品生产批量大、结构较总成结构简单、价格便宜，如采用全数检验在人力和物力上必会带来更多的投入。为了降低检测费用、但又保证产品质量的情况下，选用紧固件行业常选用的 GB2828 抽样标准，制订一套符合我公司实际情况的抽样检查验收方案。

在实际抽样检验过程中，一个抽样方案通常有两个参数和一个接收准则：一是抽取的样本量 n，二是对样本进行检验时，判断批合格与否的合格判定数 A_c。抽样方案通常用(n，A_c)表示。由于紧固件产品生产批量大、数量较多，部分有性能要求的产品需进行抗拉、金相组织等破坏性检验，如果采用全数检验不经济，也不可行。鉴于上述情况在产品验收检验中，依据计数调整型抽样标准 GB2828，制订了适合自身验收检查的抽样方案。

一、确定质量标准

依据产品图纸中规定的单位产品的技术性能、技术指标、外观等特性，将我公司产品分为螺栓(包括螺柱)、螺母、铆钉、销、管接头、螺钉六大类产品，在检验指导书中明确各类别产品抽样检验的具体项目。

二、确定可接受质量水平 AQL

AQL 如何确定呢？我们这里采用依据过程平均来确定 AQL 值。过程平均是一时期或一定量产品范围内过程水平的平均值。一般用一系列连续提交批初次检验的不合格品率或每百单位产品不合格数的平均值来表示。过程平均不能计算或选择的，但是可以根据过去抽样检验的数据来估计过程平均。假设有 k 批产品，其批量分别为 N_1，N_2，…，N_k，经检验，其不合格品数分别为 D_1，D_2，…，D_k，则过程平均不合格品率为：

$$P=\frac{D_1+D_2+\cdots+D_k}{N_1+N_2+\cdots+N_k}(k\geqslant 20)$$

由此可见过程平均值必须等到过程把全部产品加工出来进行全检后才能得到，但是这是不现实的，通常是进行抽样检验用样本数来估计过程平均。从上述批中依次抽取样本量为 $n_1+n_2+\cdots+n_k$ 个样本，样本中的不合格品数分别为 $d_1+d_2+\cdots+d_k$ 个，利用样本估计的过程平均不合格品率为：

$$P'=\frac{d_1+d_2+\cdots+d_k}{n_1+n_2+\cdots+n_k}(k\geqslant 20)$$

如果规定的 AQL 值大于过程平均，几乎所有批都能抽检合格，生产不致中断；如果规定的 AQL 值小于过程平均，则不合格批增多，生产方常挑选产品或中断生产，处于不经济的生产状态。

鉴于过程平均与 AQL 之间的关系，为确定出 AQL 值，对我公司的管接件分厂、特殊工艺分厂、冷成型一分厂、冷成型二分厂的过程平均进行了如下估算：

管接件 1 月份数据如表 5-3 所示。

表 5-3　**1 月份数据**

月份	1																			
批号	1	2	3	4	5	6	7	8	9	10	11	12	13	14	15	16	17	18	19	20
批量	550	3300	800	400	2150	2000	850	1700	1100	1700	9500	1800	750	3400	950	500	7000	8300	1550	375
样本量	50	50	50	50	50	50	50	50	50	50	50	50	50	50	50	50	50	50	50	50
不合格品数	0	0	0	0	0	1	0	0	0	0	0	0	0	0	0	0	2	0	0	0

1 月份过程平均：3/1000＝0.3%。

按照上述方法估算出管接件2~6月份的月过程平均如表5-4所示。

表5-4　**管接件分厂月过程平均**

月份	2	3	4	5	6
月过程平均	0.4	0.3	0.3	0.2	0.4

则1—6月过程平均为：0.3167%。

依据上述方法估算出其余各分厂的月过程平均分别如下：

特殊工艺分厂月过程平均如表5-5所示。

表5-5　**特殊工艺分厂月过程平均**

月份	1	2	3	4	5	6
月过程平均	0.2	0.3	0.3	0.3	0.2	0.3

则1—6月过程平均为：0.2667%。

冷成型一分厂月过程平均如表5-6所示。

表5-6　**冷成型一分厂月过程平均**

月份	1	2	3	4	5	6
月过程平均	0.3	0.2	0.2	0.4	0.4	0.3

则1—6月过程平均为：0.3%。

冷成型二分厂月过程平均如表5-7所示。

表5-7　**冷成型二分厂月过程平均**

月份	1	2	3	4	5	6
月过程平均	0.3	0.2	0.2	0.3	0.3	0.4

则1—6月过程平均为：0.2833%。

则1—6月整个过程平均为：0.2767%。

一般用于估算过程平均的批数，通常不少于20批，如果是新产品，开始时可用5到10批的样本估计。在估算过程平均的时候，我们将不同类型的不合格品(或不合格)分别估计；利用二次或多次抽样方案的样本数据估计过程平均时，仅使用了第一样本的结果；估计过程平均时将再次提交批的数据剔除，只使用初检批的样本数据；检验不是截尾的，即抽样检验进行过程中，即使可以作出接收或拒收判定时，也并未终止检验。

根据以上分析可见：AQL 取 0.25，略高于过程平均值。

三、决定检验水平

检查水平反映了批量和样本大小之间的关系；在 GB2828 中规定了两类检验水平：一般检验水平(Ⅰ、Ⅱ、Ⅲ)和特殊检验水平(S-1、S-2、S-3、S-4)。

在选择检查水平时应考虑：产品的复杂程度与价格(构造简单、价格低廉的产品应比构造复杂、价格昂贵的产品的检查水平低)；检查费用(若检查费用低于产品价格，宜选高检查水平)；破坏性检查(适于选低检查水平，甚至选特殊检查水平)；生产的稳定性(稳定连续性生产宜选用低检查水平，不稳定或新产品生产宜选用高检查水平)；各批间的质量差异程度(批间质量差异小而且检查总是合格的产品批，宜用低检查水平)。

由于紧固件产品较总成构造简单、价格低廉，并且部分有特性要求的产品需进行破坏性检查，因此选择特殊检验水平 S-4。

四、选择抽样方案类型

采用何种抽样方案类型，一般应考虑以下因素：①产品的检查费用；②抽样的费用；③从管理上考虑。二次和多次抽查的样本大小随产品批的质量好坏而变化大；此外，二次和多次检查的判断对检查人员素质要求较高。此时，采用一次抽查更有利；④检查所需的时间。在试验条件相同的情况下，一次抽检方案比二次、五次抽检方案得出结论的时间短。由于紧固件与其他类别的产品相比价格较低，因此在产品不是很昂贵和检验费用不是很高的情况下，选择一次抽检方案。

五、组成检验批

一个检验批就是需要检验的一组单位产品，通常简称为“批”。批的形式有“稳定的”和“流动的”两种。所谓稳定批是指批中所有单位产品是同时提交检验的；流动批中的各个单位产品是一个个从检验点通过，由检查员直接进行检验。一般说来，只要条件允许最好采用稳定批的形式。构成一个批的所有单位产品应当尽可能整齐，即：检验批应是同型号、同等级、同种类的产品，且生产条件和生产时间基本相同的单位产品组成。为保证抽样检验的可靠性，不能将不同来源、不同时期生产的产品混在同一批交检。

六、规定检验的严格度

GB2828 规定了三种严格度不同的检验。三种检验分别是正常检验、加严检验和放宽检验。

正常检验的设计原则是：当质量优于 AQL 时，则以很高的概率接收交检批，以保护生产方的利益。那么使用方的利益如何来保护呢？加严检验就是当生产者提供的产品质量差于 AQL 时，保护使用方利益的一个重要措施。

在这三种不同的严格度中，放宽检验是非强制性的；但正常检查转为加严检验是带有强制性的。

由于基于 AQL 的抽样方案考虑更多的是生产方风险，为了更好地保护使用方利益，降低使用方风险，我公司仅采用正常和检验两种检验严格度。

七、检索抽样方案

抽样方案的确定主要根据样本大小字码和合格质量水平，检索 GB2828 抽样标准而来。我公司抽样方案如表 5-8 所示。

表 5-8 **抽样方案表**

批量(N)	AQL	检验严格度	抽样方案	
			n	A_c
≤500000	0.25	正常检验	50	0
		加严检验	80	0

八、抽取样本

按抽样方案的样本大小从批中随机抽取所要的样本。在抽取样本时，对于紧固件而言，检查螺纹旋合性时，不应有意将磕碰伤较严重的产品剔除。

九、样本的测量与记录

按照检验指导书要求的检验项目、量检具对被测样本实施检验，并将检验结果客观的记录下来，统计出样本中的不合格品数。

十、判断批合格与否

对于一次抽样方案，根据样本检验的结果，当样本为零缺陷时则判断该批产品合格。

十一、检验后的处置

不论是抽样检验还是全数检验，发现的不合格品一律从批中剔除；对于提交检查判为不合格的批，退回生产方全数检查并剔除不合格品后，再次提交检查，其抽样方案按正常一次抽样方案。

为比较新方案的合理性，将 2003 年用户反映质量问题的频次与 2002 年同期相比较：2002 年同期反映频次为 201 次，2003 年同期反映频次为 162 次，由此可见采用新的抽样方案后将使用方风险有所降低。

紧固件产品批量大、价格较便宜，若采用全数检验要投入更多的人力、物力，提高检测费用。抽样检验可以减少检验工作量、提高劳动生产率，科学的统计抽样检验要比全数检验产生错检和漏检的现象少得多；并且全数检验是一种消极的检验方法，而抽样检验一旦一批产品判为不合格，成批产品要退还生产者或要求生产者逐个挑选，它能加强生产者的质量责任感，促进生产者力求达到更高的质量水平。

资料来源：http：//www. chinafastener. biz/gb/am/detail. aspx？ID=202&kind=comp.

【知识掌握】

□简答题

(1)什么是抽样检验？简述其优缺点。

(2)对进货检验有哪些要求？

(3)对工序(过程)检验有哪些要求？

(4)影响工序质量的有哪些主要因素？

(5)简述标准型抽样检验的步骤。

□判断题

(1)感官检验的结果有较大的波动性，所以已经完全不被采用。 (　　)

(2)产品标志和留名制都是可追溯性的依据。 (　　)

(3)接收概率 $L(p)$ 与交验批不合格品率是反比关系。 (　　)

(4)对使用方的保护，是通过限定对不合格品率 P_0 的优质批的拒收概率来进行。 (　　)

(5)百分比抽样检验具有“大批严，小批松”的严重缺点。 (　　)

□选择题

(1)工序检验有哪三种形式(　　)。

A. 首件检验　B. 巡回检验　C. 末件检验　D. 完工检验

(2)检验包括的基本要素有(　　)。

A. 度量　B. 比较　C. 判断　D. 处理

(3)检验方式按检验目的的特征划分，包括(　　)。

A. 固定检验　B. 验收检验　C. 监控检验　D. 流动检验

(4)下述场合哪些适合采用全数检验(　　)。

A. 精度要求较低的产品和零部件

B. 对后续工序影响较大的质量项目

C. 质量比较稳定的工序

D. 需要对不合格交验进行100%重检及筛选的场合

(5)质量检验的职能有(　　)。

A. 鉴别的职能　B. 报告的职能　C. 把关的职能

【知识应用】

□实践训练

1. 实地考察你所熟悉的某家生产企业，了解该企业产品质量检验的情况，分析该企业采用的质量检验方法和手段。

实训目的：熟悉质量检验的相关知识。

实训要求：运用质量检验的知识，提出建设性的意见。

2. 网上冲浪，查阅国内外知名企业的质量检验的资料，写一篇1000字以上的报告。

实训目的：通过实训了解企业质量检验的理论、方法和手段，加深对质量检验的认识。

实训要求：能够熟练运用互联网相关技术获取丰富的专业知识和信息，报告阐述问题清楚，突出重点，结构合理，层次分明，条理清晰，逻辑性强。

□案例分析

衬衫生产质量控制三步走

衬衫生产要经过许多工序，我们把需要重点控制的工序称为质量管理点。这些质量管理点是制造现场在一定的期间内，一定的条件下，需要重点控制的质量特性、关键部位、薄弱环节及主导因素等。它可以是产品或零件的某项质量特性，如衬衫尺寸；也可以是某一关键部位、关键工序，如门襟外观、绱领、绱袖。

衬衫生产的质量控制要从如下几个方面入手。

1. 布料检验

布料检验是衬衫加工的第一道关卡亦是至关重要的关卡，只有合格品才能进入下一道工序，布料中某些疵点在加工过程中是难以消除的，直接影响成品的质量，如粗细纱、断纱、棉结、洞孔、油污等。布料检验具体可分成以下几个内容：

(1) 在标准光源灯箱下使用验布机对每一匹布料进行检验，有疵点的地方在布边做好标志，对于疵点数较多的布料或存在无法接受的疵点的布料，应酌情使用或退回供应商。

(2) 色差检验，对比同一匹布料的布头、布中和布尾的颜色，用对色卡检验每一匹布的颜色。

(3) 缩水率，布料的缩水率直接影响到衬衫尺寸的稳定性，缩水率过大的布料不利于控制衬衫尺寸。

(4) 匹量检查，保证产量的布料用量，做到按量完成订单。

(5) 织物结构检验，检验布料的紧度、厚度、密度是否符合要求。

2. 中间检验

检验可以有多种形式，按工作过程的次序可分为进货检验、工序检验和成品检验，按检验地点可分为固定检验和流动检验，按检验数量可分为全数检验和抽样检验。而衬衫加工过程中的中间检验主要是以工序检验和流动检验相结合的检验方式为主，预防不符合生产工艺条件的缝型、缝距、尺寸等工艺疵点的产生，做到有效地预防和控制不良品。

(1)工序检验

工序检验是在加工过程中的检验。工序检验不仅要检验工序的加工质量，而且还要检验影响工序质量的工艺因素。它的作用在于防止不良品流入下一道工序，并预防大批不良品的产生。工序检验可分为逐道工序检验和几道工序检验。逐道工序检验对保证加工质量比较有效，但检验工作量较大。对于衬衫企业来说，一般都是采用几道工序检验，检验点主要设在质量容易波动或对成品质量影响较大的关键工序，或者是出了废品无法返修的工序，比如绱领、绱袖等合并裁片的工序之前以及开钮门等不可返修的工序之前，须对半成品进行检验后才能进行。

(2)流动检验

流动检验又称巡回检验，是专职检验员到操作者的工作场地所进行的检验。通过巡回检验可以及时发现生产过程中不稳定因素并加以纠正，防止成批不良品的产生，同时也便于专职检验员对操作者进行指导。

巡回检验时，检验员按一定的检验路线和巡回次数，对有关工序加工的半成品、成品的质量，操作工人执行工艺的情况，工序控制图上的点子排列情况以及废次品的隔离情况进行检查。

衬衫在缝制过程中，每当半成品要缝合时，都要经过专门的人员进行中间检查，保证半成品是合格品，防止不良品流入下一道工序。

3. 成品检验

成品检验也称为最终检验，是产品入库前的一次全面检验。这是防止不合格品出厂的必要措施。成品检验后要由检验部门对合格品签发合格证。在服装加工企业里，成品的检验主要集中在服装外观、包装方式、包装材料等尾部工序的检验。

问题：

1. 本例中衬衫生产质量的控制采取了哪些检验措施？
2. 除了上述质量检验措施，你认为还可以从哪些方面入手进行质量控制？

□综合实训

实训项目：某企业的质量管理措施

1. 实训目的

(1)能把所学质量检验知识用于企业质量管理中；

(2)能结合企业具体情况提出质量检验的方式方法；

(3)进一步认识质量检验的重要性。

2. 实训内容

背景资料：

某厂进货检验抽样规定：“进货物资10个单位以下进行100%检验，10个单位以上抽检10%，但最少检验数量不得少于10个。”

审核员问：“在抽检的数量中，最多允许有几个不合格，可以判断该批物资为合格批？”检验员回答：“没有规定。”

审核员又问：“这样如何判断进货的批量物资是否合格呢？”检验员说：“不知道。不过我们进货一般都是合格的，没出现过您说的情况。”

3. 实训要求

(1)以五到六人为一组，进行合理分工，每人应有明确任务。

(2)认真考察当地一知名企业，熟悉其质量检验的制度、方法和手段。

(3)根据所学知识，对背景资料中的企业质量管理现状进行分析。

(4)在分析的基础上，回答以下问题。

①本案例采用的是哪种抽样方法？这种方法有何缺点？

②本例中没有出现不合格怎么办的处理规定，请试着补全该规定。

(5)撰写实践报告，并做PPT。

(6)实践报告完成后设课堂讨论课，相互交流实训经验。

第六章　新 QC 工具概述和 6σ 管理

学习目标

知识目标

在学习完本章之后，你应该能够：

◎理解七种新 QC 工具的各自的含义和用途；

◎掌握七种新 QC 工具的分析步骤；

◎理解 6σ 管理的含义及组织；

◎掌握 6σ 管理的实施方法；

◎掌握 6σ 管理的推行步骤。

技能目标

◎能够运用新 QC 工具解决实际问题；

◎运用 DMAIC 方法对 6σ 质量项目进行改进。

引　例

质量管理工具在 A 公司的运用

A 公司一直以来从事仪器设备生产。以往由于竞争对手少，即使产品质量出现一些问题也不愁销路。前两年有几家实力非常雄厚的企业进入该市场，于是竞争变得激烈起来。同时公司也不断收到客户对产品质量的投诉。为了摆脱困境，公司展开了一系列的质量管理活动。比如，针对某些产品的使用说明书与产品型号不一致的情况，采用关联图法进行原因分析，找到了重点问题，并且采取了相应的措施加以预防。再如，公司发现由于质量问题带来的成本过高，通过采用亲和图法找出了原因。在开发新产品的过程中，运用系统图法将满足用户要求的设计质量进行展开，明确了质量目标和达到目标所需的手段。通过各种 QC 工具的运用，品质得到了大幅度提升。对于取得的成绩，公司管理层并没有满足，2003 年公司开始推行 6σ 管理，经过几年的努力，公司培养了一批黑带和绿带人员，组建起了一支专业技术队伍。6σ 项目的实施，使得无论是员工的理念，还是产品的质量，都有了质的飞跃，四年来为公司多带来近 300 万元的效益。经过一系列质量管理方法和手段的应用，收到了良好的效果，产品深受用户好评，销量逐年递增，几年前市场份额还不到 10%，去年已经达到了 26%，从众多企业中脱颖而出。

分析：质量是企业生存的根本。企业有多种可采用的质量管理方法，案例中的关联图法、亲和图法、系统图法是新 QC 工具。6σ 管理起源于摩托罗拉公司，而以通用公司的成功运用最为出名。除此之外，还有老七种 QC 工具等质量管理方法，老的方法并不过时，只要能用来解决质量问题，就是好的方法。

6.1　新 QC 工具概述

所谓新 QC(Quality Control)工具也称为“品管新七大手法”，由日本科技联盟在 1979 年正式公布。新 QC 工具同已有的 QC 方法(老七种 QC 工具)并不矛盾，而是互相补充使用上的不足，两者是相辅相成的。新 QC 工具的使用情形，可归纳如下：

关联图法——理清复杂因素间的关系；

亲和图法——从杂乱的语言数据中汲取信息；

系统图法——系统地寻求实现目标的手段；

矩阵图法——多角度考察存在的问题；

矩阵数据分析法——多变量转化为少变量数据分析；

PDPC 法——预测设计中可能出现的障碍和结果；

矢线图法——合理制订进度计划。

6.1.1　关联图法

1. 关联图法的含义

关联图是 20 世纪 60 年代由日本应庆大学的千住镇雄教授开发出来的，全名叫做管理指标间的关联分析，如图 6-1 所示，它是用箭头标志多方问题与其主要原因间的因果关系的图。作为解决问题的手段而实际应用这种图的方法即称关联图法。

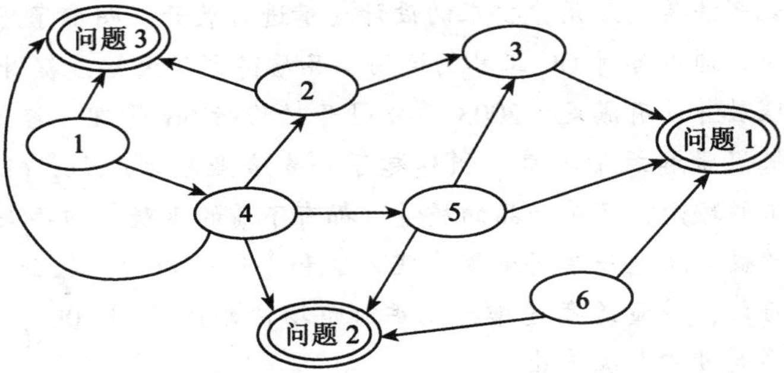

图 6-1　关联图

关联图法是就原因与结果、目的与手段等关系比较复杂的问题，通过以下步骤来解决问题的方法：

(1)提出自认为与问题相关的一切主要原因(因素)；

(2)用简明而通俗的语言表示出主要原因；

(3)用箭头表示出主要原因与主要原因之间、主要原因与问题之间的逻辑关系(因果关联图)；

(4)掌握全貌；

(5)进一步归纳出重点项目。

使用关联图法，最好在其适用范围内，由数人组成小组反复画图。在反复作图的过程中，可使各有关人员正确地认识问题，从而能够取得对问题的一致看法或产生新的意见。总而言之，关联图法是寻找问题核心乃至解决问题的有效方法。

2. 关联图法的用途

关联图法，不仅用来在企业管理活动中解决各种问题，而且对于社会现象等，也可广泛应用。在此围绕质量管理列举一些主要用途：

①推行全面质量管理(TQM)活动，从何处入手、怎样深入；

②制订和实施质量保证的方针、目标；

③研究如何提高产品质量和减少不良品；

④促进质量管理小组活动的深入开展；

⑤从大量的质量问题中，找出主要问题和重点项目；

⑥研究满足用户的质量、交货期、价格及减少索赔的要求和措施；

⑦研究如何用工作质量来保证产品质量问题。

3. 关联图的基本构成

关联图将所表示的问题和主要原因的短语圈起来，然后用箭头表示出其因果关系。箭头的指向，对于原因结果型，原则上应从原因指向结果；而对于目的手段型，则需从手段指向目的。方框内的用语，原则上可自由选择。但为了语言简短和确切地表达内容，通常采用名词加动词的形式。如果仅用名词，意思表达不够充分，不符合关联图的特征，故应尽量避免。

4. 关联图的类型

关联图的类型大致有下面四种：

(1)中央集中型关联图

一般将重要项目或要解决的问题放在图的中央位置，与之有关的各主要原因按其关系的远近排列于四周(见图6-2)。

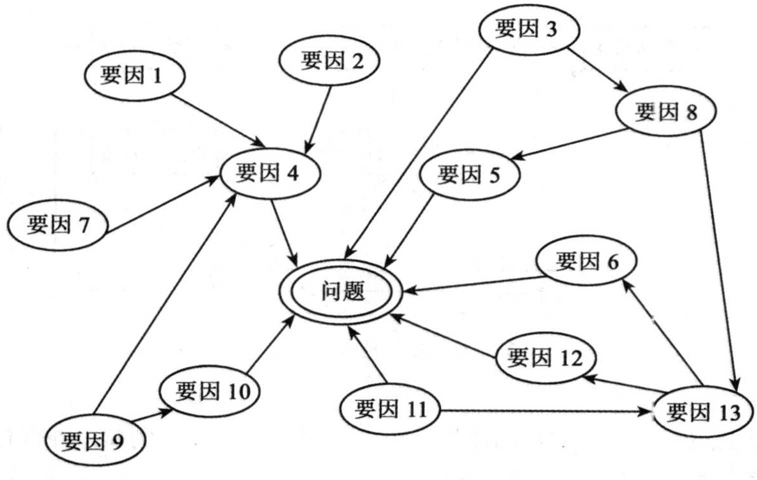

图6-2 中央集中型关联图

(2)单向集约型关联图

将重要项目或要解决的问题置于图的右(或左)侧，各要因按其主体因果关系方向，尽可能由左侧(或右侧)向右侧(或左侧)排列(见图6-3)。

(3)关系表示型关联图

图的主体为表示各活动项目间或要因间的因果关系的简图，这种排列较为自由(见图6-4)。

(4)应用型关联图

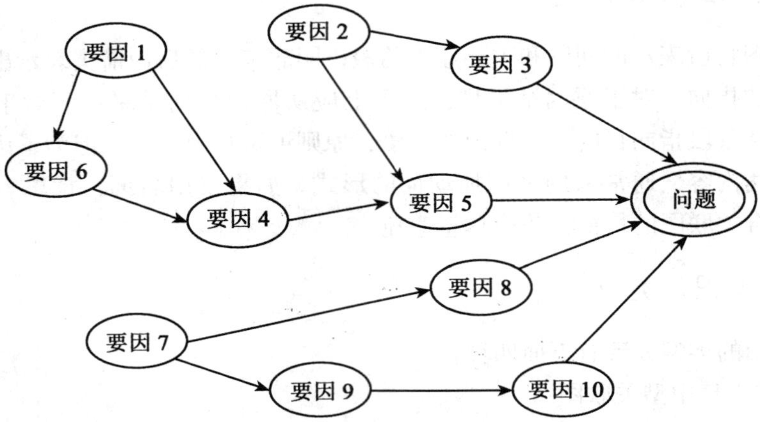

图 6-3　单向集约型关联图

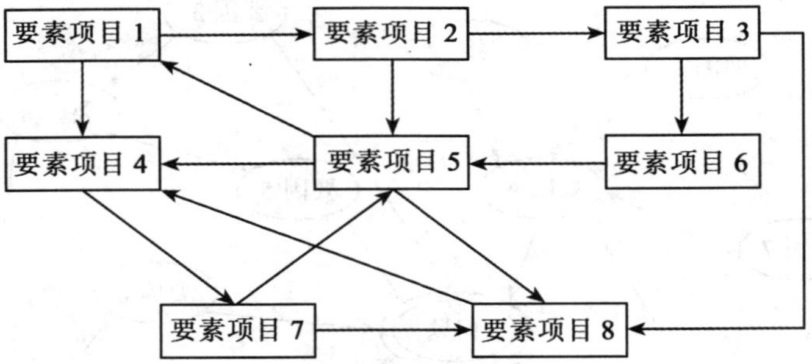

图 6-4　关系表示型关联图

这是以上述三种形式为基础而加以组合运用的关联图。例如，外框栏目排列为部门、工序名或 5M 要素(机械、材料、工人、操作方法及环境)等(见图 6-5)。

5. 关联图的应用步骤

如前所述，关联图法是为了解决问题而使用的一种方法，做出关联图虽不等于解决了问题，但可以从中找到解决问题的捷径。实际应用的步骤如下：

(1)按照目的编成小组

例如应用关联图进行展开时，可由有关部门的领导及管理人员编成小组。

(2)小组集会找出要因和重要项目

小组成员聚集在一起，互相启发，自由地提出要达到目的所必需的手段或方法，且将每个人的发言用概括性文字写在黑板上(也可以利用卡片)。

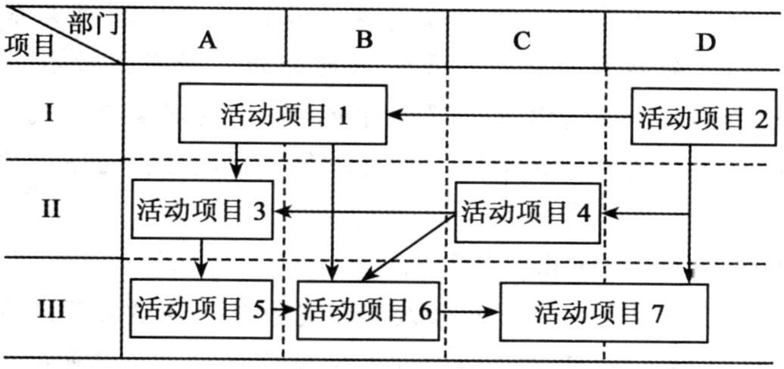

图 6-5　应用型关联图

(3)做成关联图

当大家的意见发表得差不多时，用箭头将各项目间的因果关系表示出来(同类的项目应当归类合并)。

(4)图的修正

从整体立场出发重新审查关联图，若发现有遗漏和不妥的项目应予以补充和修正。

(5)找出重要项目

找到的重要项目应用粗线或双线醒目地圈起。

(6)拟定重要项目的具体实施计划

如果得到授权，各部门负责人应拟定出各重要项目的具体实施计划(以后的阶段可用系统图展开)。

(7)重审关联图

随着情况的变化、环境的变化，要及时审查关联图。为使管理活动经常处于最佳状态，补充、修正及重画关联图也是必要的。

【知识链接 6-1】

使用关联图降低产品的不合格率

影响产品不合格率的因素很多，这些因素之间存在着大量的因果关系，可以使用关联图法寻找其主要因素，以改善生产过程，降低产品的不合格率。具体步骤如下：

(1)做编组准备

召开小组会议，由 4~5 名生产人员组成一个小组，使每个成员都了解要解决什么问题，达到什么目的，怎样应用关联图法去解决问题等。

(2) 共拟草图

召开小组会议，找出影响产品不合格率的各因素间的逻辑关系。通过互相讨论，共同画出草图。会后每个成员都要深入地分析、研究，对不同的草图提出评价，对别人提出的议论要进行深入理解，对重点问题要现场调查或实测数据。在此基础上，组长要通过分析整理出草图，印发给每一个成员，为下一次统一认识做好准备。

(3) 画出正式关联图，做出对策计划

再次召开小组会议，对草图提出修改和补充意见。经过共同地分析、研究和整理，使全组人员取得共同的意见，指出重点问题的要害，共同画出正式关联图；研究实际数据，做出对策计划，会后要采取行动。

(4) 评价和修订关联图

对关联图所采取的措施，可以多次召开小组会议，进行评定。同时根据变化了的环境，对关联图进行修订。

在使用关联图法时，要注意充分发扬民主，集思广益，在统一认识的基础上，画出关联图；关联图中使用的语言和文字要简练、表达要清楚，尽量使用不失原意的文字和语言，使关联图准确、简练，一目了然；要不怕麻烦，反复地分析、研究和修改，努力寻找真正的重点问题；要重视评价和修正，及时根据外部情况不断地修改关联图。

6. 关联图法应用实例

内部失败成本是指产品在交付顾客前在内部因品质相关原因产生的各种费用。分析企业内部失败成本问题就可以利用关联图法，如图 6-6 所示。

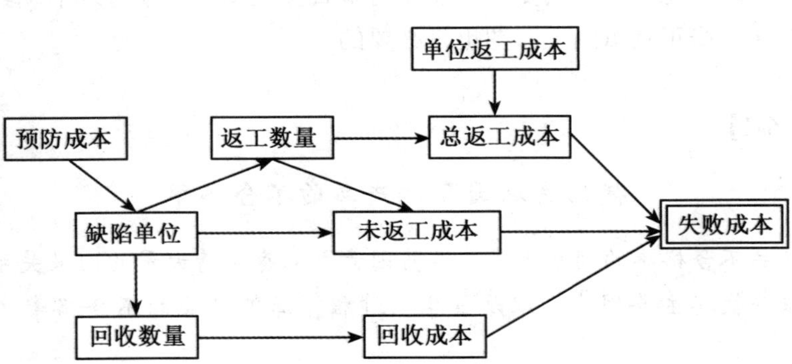

图 6-6　解决内部失败成本问题的关联图

6.1.2　亲和图法(KJ 法)

1. 亲和图法概述

亲和图(Affinity Diagram)法，是就未来要解决的问题或未知、未接触过的领域的问题，搜集与之有关的事实、意见或设想之类的语言文字资料，并利用其内在相互关系(亲和性)做成归类合并图(A 型图解)，进而找到解决问题的方法和明确问题的形态。

亲和图法的主体方法是 A 型图解。亲和图法是累积使用 A 型图解来解决问题的。而 A 型图解就是把收集到的某一特定主题的大量事实、意见或构思语言资料，根据它们相互间的关系分类综合的一种方法。

亲和图如图 6-7 所示。

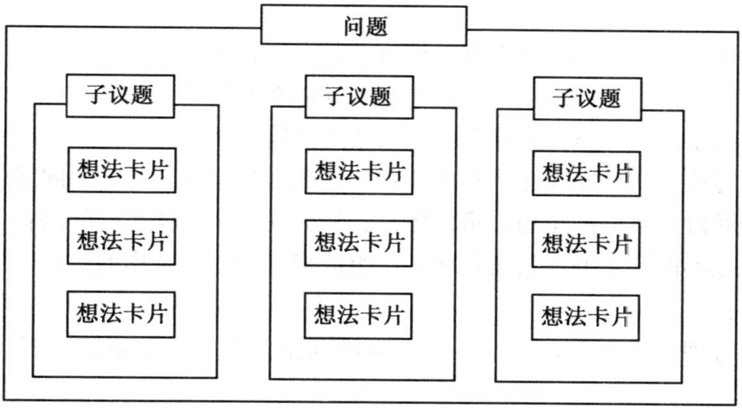

图 6-7　亲和图

【知识链接 6-2】

亲和图法的来历

亲和图法的创始人是东京工业大学教授、人文学家川喜田二郎(Kawakita Jiro)，他的姓名的英文缩写为 KJ，故此法也称 KJ 法。川喜田二郎在多年的野外考察中总结出一套科学发现的方法，即把看上去根本不想搜集的大量事实如实地捕捉下来，通过对这些事实进行有机的组合和归纳，发现问题的全貌，建立假说或创立新学说。后来他把这套方法与头脑风暴法相结合，发展成包括提出设想和整理设想两种功能的方法，这就是亲和图法。

2. 亲和图法的运用范围

在质量管理活动中，亲和图法是寻找质量问题的重要工具，具体来讲，亲和图法可以用在以下几个方面：

①新的企业、工厂制订质量管理方针，拟定质量管理计划。

②制订有关新产品、新技术的质量管理方针，拟定其质量管理计划。

③第一次进入新市场，为保证质量进行市场调查。

④促进质量管理小组活动的开展。

⑤对跨部门的问题，协调各部门的意见，共同推进全面质量管理。

⑥调查协作厂的质量保证活动状况。

3. 亲和图法的实施步骤

(1)题目的选定

应该从下述范围内选定适合自己作 A 型图解的题目：

①事实真相尚处在混乱状态，希望了解其体系的问题；

②思想处于混乱状态，希望理出其头绪的问题；

③受已有成见所束缚而止步不前，希望打破现状建立新观念的问题；

④希望通过分解旧的思想、理论体系，从而找到新的体系的问题；

⑤希望把不同观点的人员集合起来，组成相互谅解与合作的集体，然后再予以解决的问题；

⑥作为管理人员，希望通过倾听下级的意见，借以贯彻自己的观念和方针的问题。

(2)头脑风暴法会议

主持人和与会者 4~7 人。准备好黑板、粉笔、卡片、大张白纸、文具。主持人请与会者提出 30~50 条设想，将设想依次写到黑板上。

(3)制作卡片

主持人同与会者商量，将提出的设想用简洁的短句记录到卡片上。要注意的是文字表现不应抽象化和拘泥于形式。抽象化的卡片记载不利于下一阶段的亲和性分析。

(4)卡片的集中

将卡片摊开，使各成员能看到每张的内容。接着按顺序反复阅读。在阅读卡片的过程中，将感到内容有些相近(即有亲近感)的卡片集中在一起。2~3 张卡片集中成一组之后，接着要做一张标题卡。

(5)做标题卡

集中在一块的卡片再重读一遍，检查一下归并得是否合适。感到不合适的卡片，应从组中剔除，并放回原来的卡片堆里。若认为整个组比较合适，则可把该组的本质内容用简单的语言归纳出来，并记录在一张卡片上——标题卡。

作标题卡的关键在于用生动活泼的语言，表现出原卡片的细微差别。原卡片所包含的意思一定要充分反映出来，卡片之外的内容又务求回避。做标题卡也不宜采用抽象化的方法。

标题卡做好之后，整组卡片即可合在一起，前面放上标题卡再用夹子夹住，或用橡皮筋扎起。扎在一起带有标题卡的整组卡片，可作为一张卡片来对待或处理，接下去继续做其他卡片的工作。

(6)作图

集中卡片时，可能有的卡片放入哪一组也不适当。这种卡片不要勉强地放入哪一组，应单个放着。卡片捆好以后即算编组完成。

编组完成后，再将其全体做成容易理解的图解形式。为此，应把各组(捆)适当展开与排列，以便观察各组之间的位置关系。根据所确定的排列位置，将这些卡片贴在牛皮纸上，再以适当符号画出卡片间的相互关系。

(7)写成报告

写出梗概内容作为报告。其中要有对有关资料的说明，至于一些见解可放入梗概说明中。事实的记述要用“是”的语气，解释性文字应该采用“我想”、“似乎”之类的语气，以示两者的区别。

(8)确定方案

卡片被分类后，就能分别暗示出解决问题的方案或显示出最佳设想。经过会上讨论或会后专家评判确定方案或最佳设想。

【知识链接6-3】

亲和图法、统计方法与SQC法

将亲和图法同质量管理中的统计方法，以及统计质量控制(Statistical Quality Control，SQC)法进行比较，用表6-1和图6-8的形式加以对比，从中可以掌握亲和图法的特征。

表6-1　**质量管理中的统计方法与亲和图法的比较**

统计方法	亲和图法
假设查证型	问题发现型
现象数量化，收集数值性资料(数据)	现象不需数量化，搜集语言、文字之类的资料

续表

统计方法	亲和图法
侧重分析和分层	侧重综合，特别是不同性质的综合
用理论分析问题	用感情归纳问题

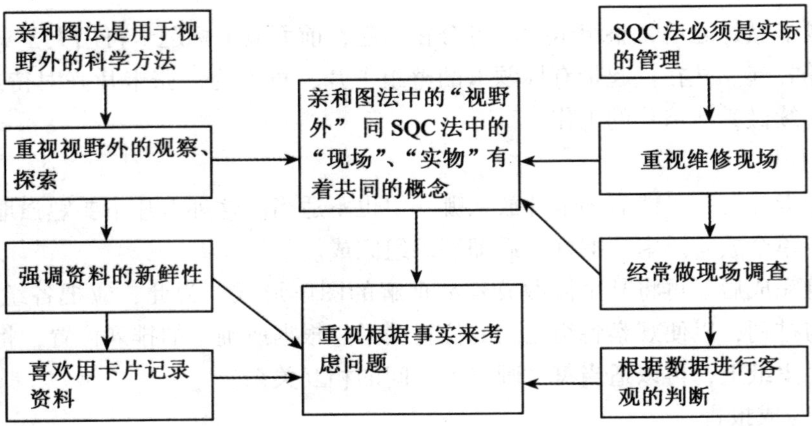

图 6-8　亲和图法与 SQC 法的异同

4. 亲和图法实例分析

实例 1：某公司通信科科长直接或间接地听到科员对通信工作中的一些问题发牢骚，他想要听取科员的意见和要求，但因倒班的人员多，工作繁忙，不大可能召开座谈会。因此，该科长决定用亲和图法找到解决科员不满的方案。

第一步，他注意听科员间的谈话，并把有关工作中问题的片言只语分别记到卡片上，每个卡片记一条。例如：

- 有时没有电报用纸。
- 有时遗留的工作未交接。
- 是否将电传机换个地方。
- 接收机的声音嘈杂。
- 查找资料太麻烦。
- 是否改变一下夜班值班人员的组合。
- 打字机台的滑动不良。

第二步，将这些卡片中同类内容的卡片编成组。例如：

- 其他公司有的已经给接收机安上了罩。
- 因为接收机的声音嘈杂，所以是否将电传机换个地方。

● 有人捂着一只耳朵打电话。

上面的卡片组暗示本公司应“给接收机安上罩”。从下面的卡片组中可以了解到要求采用更简单明了的交接班方法。

● 在某号收纳盒内尚有未处理的收报稿。

● 将加急发报稿误作普通报稿纸处理。

● 接班时自以为清楚了，可是过后又糊涂了，为了做出处理，有时还得打电话再次询问。

第三步，将各组卡片暗示出来的对策加以归纳集中，就能进一步抓住更潜在的关键性问题。例如，每个季节业务高峰的时间、区域都不一样，所以弄明白了需要修改倒班制度，或者是根据季节业务高峰的时间、区域改变交接班时间，抑或考虑电车客流量高峰的时间确定交接班时间。

科长拟定了一系列具体措施，又进一步征求乐于改进的科员的意见，再次做了修改之后，最后提出具体改进措施加以试行，结果科员们皆大欢喜。

实例 2：图 6-9 是某工厂的品质成本过高，用亲和图法找出问题的原因。

实例 3：图 6-10 是用亲和图法对交期不准进行的分析。

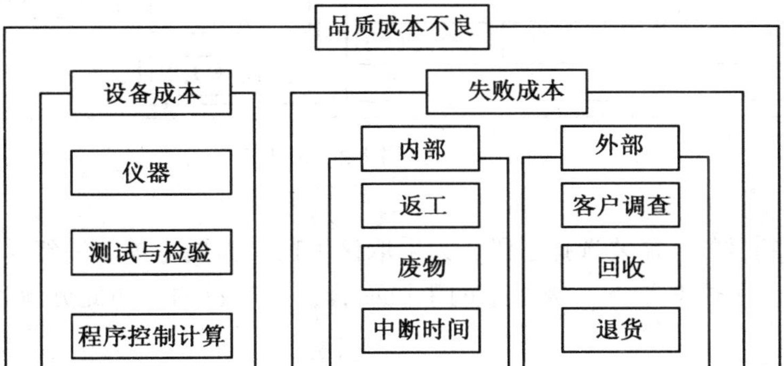

图 6-9　品质成本不良的亲和图

6.1.3　系统图法

1. 系统图法的含义

所谓系统图法，就是把达到目的(目标)所需的手段、方法按系统展开，做成系统图，然后利用此系统图掌握问题(事件)全貌，明确问题的重点，找到欲达目的(目标)的最佳手段和方法。

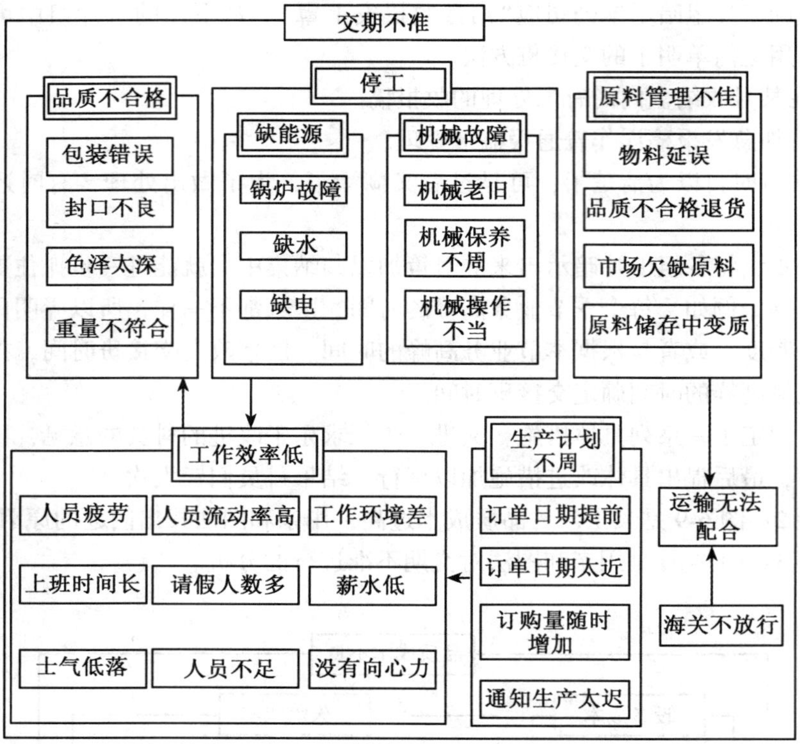

图 6-10　交期不准的亲和图

为了达到目的，需要选择手段，为采取该手段又需要考虑下一级水平的手段。上一级水平的手段对于下一级水平的手段而言，即是目的。如此分解下去，如图 6-11 所示。

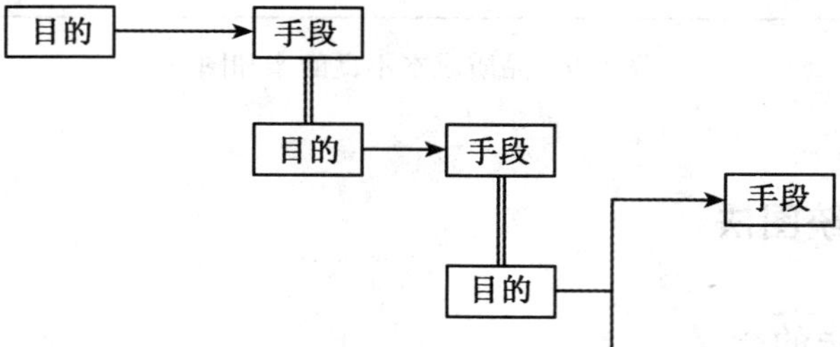

图 6-11　系统图的概念

通过制作出系统图，掌握问题(事实或现象)全貌，明确问题的重点，进而从中找到欲达到目的、目标所应采取的最佳手段和措施。

2. 系统图法的应用步骤

(1)确定目的和目标

具体地提出研究对象所要达到的最终目的和目标，尽可能用简练的语言，醒目地记在卡片上。对于确定的目的、目标首先要问问“为什么要达到此目的和目标”，较高一级的目的、目标确定之后，最好确认一下该目的、目标是否可行。

(2)提出手段和措施

提出实现目的、目标所应采取的各种手段和方法，将其记录在纸上。当手段和方法作为设想来考虑时，应注意集思广益，尽量从各种不同的经验和看法中找出正确的手段和方法。手段和方法的表示也要简洁明了。

(3)评价手段、方法

对找出的手段、措施是否得当进行评价，并进行取舍选择。当遇到有制约关系事项时，评价时也应予以考虑。

评价结果可用一些符号表示：

○：可能实施者。

△：未经调查尚不知能否实行者。

×：不能实行者。

这里，评价结果为“△”号的手段或方法，应立即进行调查，以便最后明确其是“○”或“×”。

(4)绘制系统图

绘制系统图是最重要的一环。具体做法是：首先把确定的目的、目标置于图纸左端的中间，然后把欲达到的目的、目标与必要的手段和方法之间的关系联系起来。在联系的过程中要仔细考虑各因素之间的逻辑关系，一般要对以下几个问题进行思考：

问题 1：为了达到确定的目的、目标，首先应采用什么手段?

问题 2：如果把这种手段和方法作为目的，那么为了达到此目的还需进一步采用怎样的手段?

问题 3：全部实施这些手段或其中的一部分，是否能真正达到上一级的手段(目的)?

经以上确认工作，为达到目的、目标所必需的全部手段、方法得到了真正展开，至此系统图完成。

(5)制订实施计划

使系统图中最低位级的手段进一步具体化、精练化，即规定出实施内容、日程和责任分工等事项。系统图的制作如图 6-12 所示。

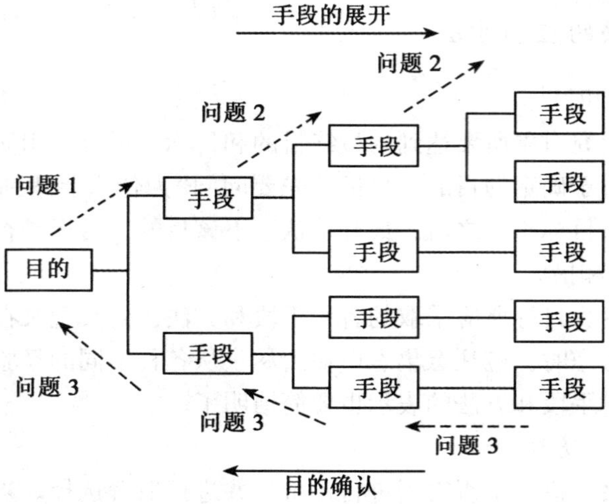

图 6-12　系统图的制作

【知识链接 6-4】

系统图法的用途

系统图法，在质量管理活动中可为我们明确管理重点，寻求有效的改进方法，现将一些主要用途列举如下：

①在开发新产品时，将满足用户要求的设计质量进行系统地展开；

②在质量目标管理中，将目标层层分解和系统地展开，使之落实到各个单位；

③在建立质量保证体系时，可将各部门的质量职能展开，进一步开展质量保证活动；

④在处理量、本、利之间关系及制定相应措施时，可用系统图法分析并找出重点措施；

⑤在减少不良品方面，有利于找出主要原因，采取有效措施。

3. 系统图法实例

这是一个为减少商品脱销而运用系统图分析的例子，如图 6-13 所示。

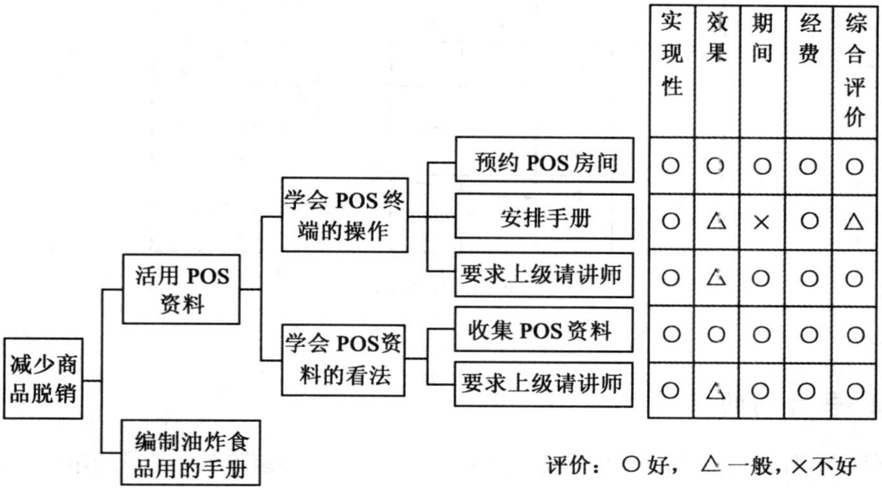

图 6-13　系统图的实例

6.1.4　矩阵图法

1. 矩阵图法的含义

矩阵图法就是从多维问题的事项中，找出成对的因素，分别排成行和列，其交点表示成对因素间相互关联，然后根据矩阵图来分析问题，确定关键点的方法。它是一种通过多因素综合思考，明确问题的方法。

矩阵图的形式如图 6-14 所示，A 为某一个因素群，a_1、a_2、a_3、a_4、…是属于 A 这个因素群的具体因素，将它们排列成行；B 为另一个因素群，b_1、b_2、b_3、b_4、…为属于 B 这个因素群的具体因素，将它们排列成列；行和列的交点表示 A 和 B 各因素之间的关系，根据交点上行和列的因素是否相关联及关联程度的大小，可以探索问题的所在和问题的形态，也可以从中得到解决问题的启示等。

质量管理中所使用的矩阵图，其成对因素往往是要着重分析的质量问题的两个侧面，如生产过程中出现了不合格时，需要着重分析不合格的现象和不合格的原因之间的关系，为此，需要把所有缺陷形式和造成这些缺陷的原因都罗列出来，逐一分析具体现象与具体原因之间的关系，这些具体现象和具体原因分别构成矩阵图中的行元素和列元素。

矩阵图的最大优点在于，寻找对应元素的交点很方便，而且不会遗漏，显示对应元素的关系也很清楚。

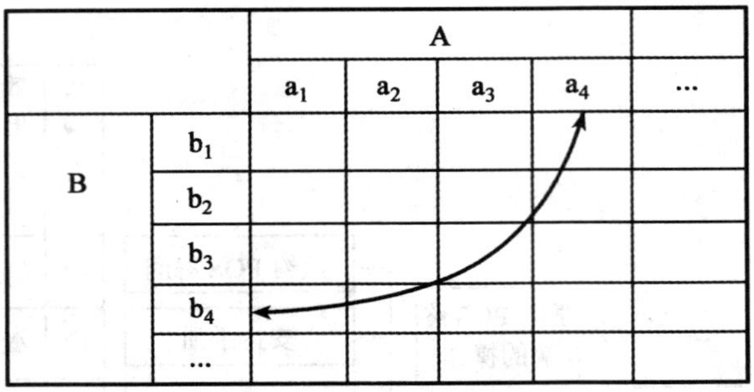

图 6-14　L 形矩阵图

2. 矩阵图的类型

使用矩阵图应注意的一点是根据分析对象恰当地选择矩阵图。常见的矩阵图有以下几种：

(1)L 形矩阵图

这是最基本的一种矩阵图，它是把一对事件按行和列排列成二元表的形式。如图 6-14 所示，由 A 要素与 B 要素相对应地构成的矩阵图。适用于探讨多种目的与多种手段之间的对应关系，或多种结果和多种原因之间的关系。

(2)T 形矩阵图。如图 6-15 所示，这是 A 要素与 B 要素的 L 形矩阵图同 A 要素与 C 要素的 L 形矩阵图组合使用的情况。也就是说，这是 A 要素分别与 B 要素、C 要素相对应的矩阵图。这种矩阵图可以用于分析质量问题中"不良现象——原因——工序"之间的关系，也可以用于分析探索材料新用途的"材料成分——特性——用途"之间的关系等。

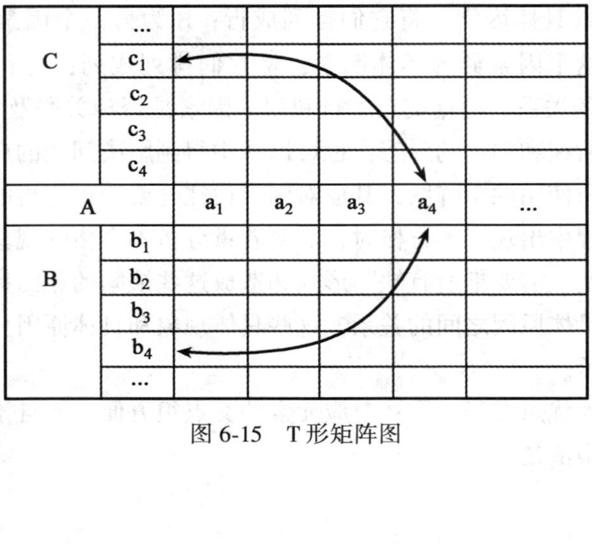

图 6-15　T 形矩阵图

(3)Y 形矩阵图。如图 6-16 所示，这是把 A 要素与 B 要素、B 要素与 C 要素、C 要素与 A 要素三个 L 形矩阵图组合在一起而形成的矩阵图。Y 形矩阵图能够表示出 A 要素与 B 要素，B 要素与 C 要素，C 要素与 A 要素这三对要素分别对应的关系。比如石棉板的"使用地方——特性——形状"的 Y 形矩阵图，为合理地选择材料提供了方便。

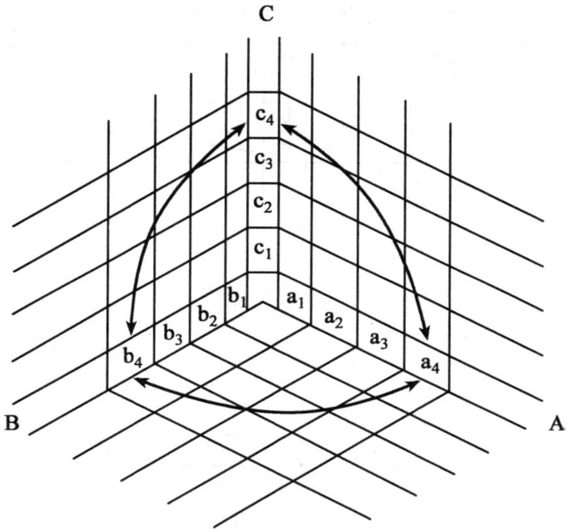

图 6-16 Y 形矩阵图

(4)X 形矩阵图。这是把 A 要素与 B 要素、B 要素与 C 要素、C 要素与 D 要素、D 要素与 A 要素四个 L 形矩阵图组合而形成的矩阵图，这种矩阵图表示这四对要素间的相互关系(见图 6-17)。如计算机数据处理系统的账票设计中，做出的"管理机能——管理项目——输入信息——输出信息"矩阵图就属于这种类型。

制作矩阵图的关键是应将什么样的事项组合起来以及应将哪些水平要素同所提出的事项相对应。

应组合的事项要随内容而定，不能一概而论。如果作矩阵图所需对应的事件(如图 6-18 的 A、B 两个对应事件)确定了，则可将每一事件的要素利用系统图予以展开，直到得出具有意义的末级水平的要素，然后将两事件的各要素对应起来即可做出如图 6-18 所示的系统图与矩阵图组合使用的矩阵图。

3. 制作矩阵图的步骤

制作矩阵图一般要遵循以下几个步骤：

①列出质量因素；

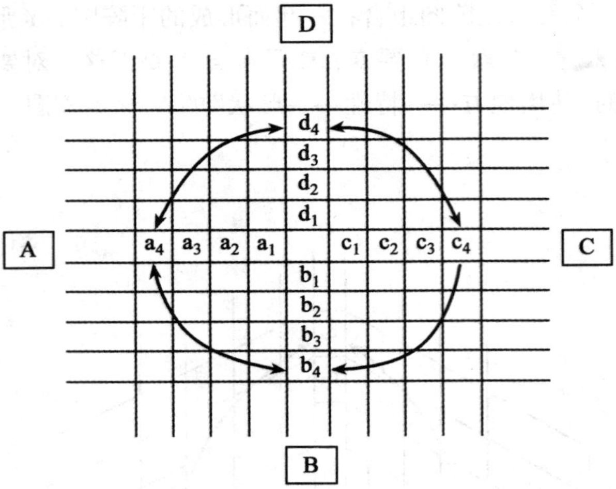

图 6-17　X 形矩阵图

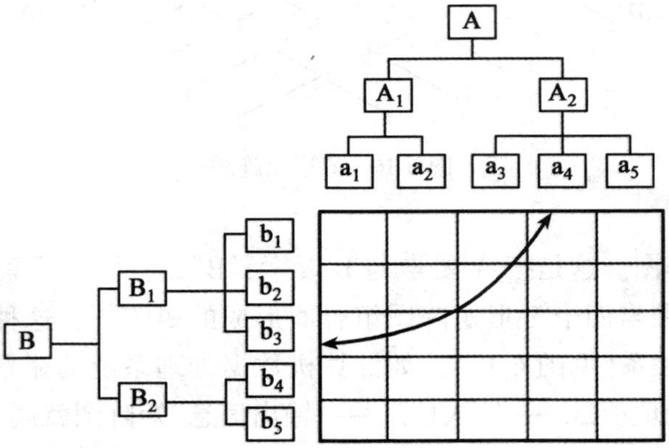

图 6-18　系统图与矩阵图组合

②把成对因素排列成行和列，表示其对应关系；

③选择合适的矩阵图类型；

④在成对因素交点处表示其关系程度，一般凭经验进行定性判断，可分为三种：关系密切、关系较密切、关系一般(或可能有关系)，并用不同符号表示；

⑤根据关系程度确定必须控制的重点因素；

⑥针对重点因素作对策表。

【知识链接 6-5】

矩阵图法的用途

矩阵图法的用途十分广泛，在质量管理中，常用矩阵图法解决以下问题：

①把系列产品的硬件功能和软件功能相对应，并从中找出研制新产品或改进老产品的切入点；

②明确应保证的产品质量特性及其与管理机构或保证部门的关系，使质量保证体制更可靠；

③明确产品的质量特性与试验测定项目、试验测定仪器之间的关系，力求强化质量评价体制或使之提高效率；

④当生产工序中存在多种不良现象，且它们具有若干个共同的原因时，希望搞清这些不良现象及其产生原因的相互关系，进而把这些不良现象一举消除；

⑤进行多变量分析，研究从何处入手以及以什么方式收集数据。

4. 矩阵图实例

实例 1：图 6-19 是用 L 形矩阵图对加工零件的缺点原因及员工错误进行的分析。

员工错误 / 缺点原因	蓄意	误解	遗忘	误判	不熟悉	故意	疏忽	缓慢	无督导	意外
遗漏加工	◎	○	◎	○	○	○	◎	○	○	
加工错误	◎	◎	○	○	◎	◎	◎	◎	◎	
工作设定错误	○	○	◎	○	○		◎		○	
遗失零件	◎	○	○		○	○	◎		○	
错误零件	◎	◎	◎	◎	◎		◎			◎
装入错误工作	○	◎	◎	○	○	◎	◎		○	○
作业错误			○				○		○	◎
调整错误	○	○	○	◎	○	◎	○	○	○	○
不适当设备设定			○				◎			◎
不适当工具			○				◎			○
◎：有较强关联；○有关联										

图 6-19　分析零件缺点原因及员工错误的 L 形矩阵图

实例2：图6-20是某纺布工厂制程因素——不良项目——抱怨项目矩阵图。

制程因素				不良项目	抱怨项目			
喷嘴	油剂	温度	牵伸比		染色	起毛	斑点	粗纱
		○	○	结晶度不均	○			
○			○	断丝		○		
	○		○	飞纱		○	○	
			○	并丝				○

图6-20 分析不良项目的T形矩阵图

6.1.5 矩阵数据分析法

1. 矩阵数据分析法(Matrix Data Analysis Chart)的含义

矩阵图上各元素间的关系如果能用数据定量化表示，就能更准确地整理和分析结果。这种可以用数据表示的矩阵图法，叫做矩阵数据分析法。在新QC工具中，矩阵数据分析法是唯一利用数据分析问题的方法，但其结果仍要以图形表示。

数据矩阵分析法的主要方法为主成分分析法(Principal Component Analysis)，利用此法可从原始数据获得许多有益的信息。主成分分析法是一种将多个变量化为少数综合变量的一种多元统计方法。它是一种定量分析问题的方法。应用这种方法，往往需求助电子计算机来求解。

2. 矩阵数据分析法的绘制方法

①收集资料；

②求相关系数R：

$$R=\frac{\sum(X_i-\overline{X})(Y_i-\overline{Y})}{\sqrt{\sum(X_i-\overline{X})^2\sum(Y_i-\overline{Y})^2}}$$

③以计算机辅助计算，由相关行列求出固有值及固有向量值；

④做出矩阵图；

⑤进行判断。

【知识链接 6-6】

矩阵数据分析法的适用范围

矩阵数据分析法可在以下范围使用：

①新产品开发的企划；②复杂的品质评价；③在市场调查的资料中要把握顾客所要求的品质，质量功能的开展；④从大量的资料中解析不良要因；⑤牵涉到复杂性要因的工程解析。

3. 实例分析

实例 1：某食品企业对其产品进行分析。共有 8 种评价尺度、20 种产品风味，10 位评价者给出的平均评价值(评价值从-2 到 2)如表 6-2 所示。

表 6-2　　**评价值表**

尺度 / 口味	No. 1	No. 2	No. 3	…	No. 19	No. 20
高级—低级	0.5	1.0	−0.5		0.3	−0.3
温—凉	1.0	−0.5	−1		0.3	0.3
甜—咸	0	1	1		0.4	−0.1
包装好—包装差	0.6	1.2	1.3		−1.0	0.8
新奇—老口味	−0.4	−1	0.3		0.3	1.0
甘—酸	−0.3	−0.5	0.2		0.2	−0.3
刺激—平淡	1.5	1.0	0.1		0.5	−0.1
整体感好—整体感差	1.2	1.0	0.8		−0.5	0.3

有关高级—低级，包装好—包装差的两种尺度得到的相关系数如表 6-3 所示。

表 6-3　　**相关系数表**

尺度 / 产品编号 k	高级—低级 i	包装好—包装差 j
1	0.5	0.6
2	1.0	1.2
3	−0.5	1.3

续表

尺　度 产品编号 k	高级—低级 i	包装好—包装差 j
⋮	⋮	⋮
19	0.3	-1.0
20	-0.3	0.8

关联度越大的评价尺度之间的相关系数越趋于 1，否则趋于 0。由此根据计算结果判断：

①高级—低级与包装好—包装差尺度的评价数据间的相关系数为 0.916，因而有高相关性；

②高级—低级与甜—咸尺度的评价数据间的相关系数为 0.123，因而相关性不大。

实例 2：此例是对冲压加工的折皱进行分析。汽车左、右两个前挡泥板冲压加工时，右挡泥板易出现折皱，研究人员对此进行了研究，并随之采取了措施。结果，生产出来的左、右前挡泥板基本上是合格品。但是，右部的生产情况或操作若有些变化，就会在一定部位发生折皱。

在钢板上任选 39 处画上 Φ20 的圆，测定冲压后的圆的变形度。取左挡泥板 18 个，右挡泥板 27 个，一共 45 个样品。得到的矩阵数据为 45 个样品×39 处的测量值数据。

对位置间的有关行列进行主成分分析。结果发现，影响折皱发生的不是折皱处本身的圆变形，而是偏离折皱处的某特定位置的变形度。

进一步作补充分析，又找到影响特定位置变形度的机械、材料、模具等因素。于是，清除了不良原因，并建立了工序管理方式。

6.1.6　PDPC 法

1. PDPC 法的含义

PDPC 法(Process Decision Program Chart)也称为过程决策程序图法，是在制订计划阶段或进行系统设计时，事先预测可能发生的障碍(不理想事态或结果)，从而设计出一系列对策措施，以最大的可能引向最终目标(达到理想结果)。该法可用于防止重大事故的发生，因此也称为重大事故预测图法。

质量管理中，时常会碰到一些不可预测的不确定情况。为此，作为处理的方法最好兼备预见性和随机应变性。从这一方面来看，PDPC 法具备了这两个特性。PDPC 法预测可能出现的不良情况与不良结果，从而给出达到所希望结果的过程与方案。另一方面，如果遇到了当初无法预测的情况或在进展过程中有新的问题出现，PDPC 法也能随机应变给出相应的措施。

【知识链接 6-7】

PDPC 法的优点

PDPC 法具有很多优点，具体来说主要有以下四点：

①能从整体上掌握系统的动态并以此判断全局。

②具有动态管理的特点。PDPC 法在解决问题的各个阶段都在考虑有无新的更可行的方案，随时准备应付不测的事态发生。

③具有可追踪性。PDPC 法很灵活，它既可以从出发点追踪到最后的结果，也可以从最后的结果追踪中间发生的原因。

④能预测通常很少发生的重大事故，并在设计阶段预先考虑应付事故的措施。

2. PDPC 法的分类

PDPC 法可分为两种，一种是顺向思维法，另一种是逆向思维法。

(1)顺向思维法

顺向思维法是定好一个理想的目标，然后按顺序考虑实现目标的手段和方法。这个目标可以是任何东西，比如大的工程、一项具体的革新、一个技术改造方案等。为了能够稳步达到目标，需要设想很多条路线。如图 6-21 所示，它是沿出发状态 A_0 至理想状态 Z 的方向，将其可能的进展过程做成 PDPC 图。

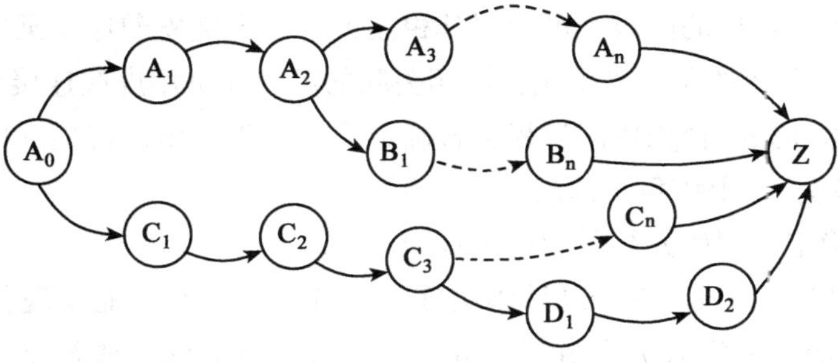

图 6-21　顺向进行的 PDPC 法示意图

(2)逆向思维法

当Z为理想状态(或非理想状态)时，从Z出发，逆向而上，从大量的观点中展开构思，使其和初始状态 A_0 连接起来，详细研究其过程做出决策，这就是逆向思维法，如图6-22所示。

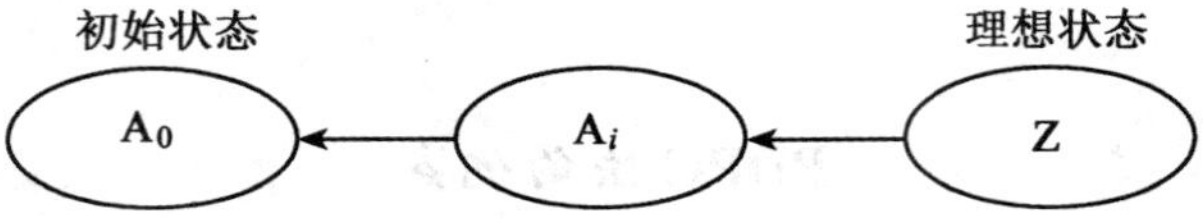

图6-22 逆向进行的PDPC法示意图

逆向思维应该考虑从理想状态开始，实现这个目标的前提是什么，为了满足这个前提又应该具备什么条件。一步一步退回来，一直退到出发点。

3. PDPC法的步骤

PDPC法没有固定的步骤，但一般可按以下步骤进行：

步骤1：召集有关人员(尽可能邀请多方面人员参加)讨论所要解决的课题。此时，最好领导先提出一系列实施项目作为初步解决方案，这样大家就容易发表意见了。

步骤2：从自由讨论中选出需要研究的事项。

步骤3：所提出的研究事项准备实施时，还要列举一下预测到的实施结果。如果步骤1和步骤2给出的研究事项和措施不能实施或者实施的效果不好，应进一步提出另外的方案。

步骤4：将各研究事项按紧迫程度、所需工时、实施可能性及实施难易程度予以划分。进而，就当前可着手实施的事项预测其实施结果，并根据此结果决定各项的先后实施顺序，最后用箭头向理想状态连线。

步骤5：不同性质的内容，可根据其相互关系确定优先顺序。某一路径上所获的信息若对其他路径的研究有影响，则相关联的事项间可用虚线连接起来。

步骤6：由几条路径构成的过程，若确定了其负责实施的部门，则应将这几条路径用细线围起，记上该负责部门。

步骤7：确定过程研究终了的预定日期。

按最初作出的PDPC图予以具体实施，在各阶段还有可能发现新的情况和问题。为此，可定期召集有关人员对PDPC图作进一步的修正或补充，甚至有时需作新的PDPC图。

【知识链接 6-8】

PDPC 法的运用范围

PDPC 法在以下这些领域得到较多应用：

①制订目标管理中的实施计划；②制订技术开发项目的实施计划；③对系统的重大事故进行预测和制定相应的措施；④制定预防工序中出现不良因素的措施；⑤提出或选择谈判过程中的对策。

4. PDPC 法实例

实例 1：图 6-23 是防止产品搬运倒置的 PDPC 图。

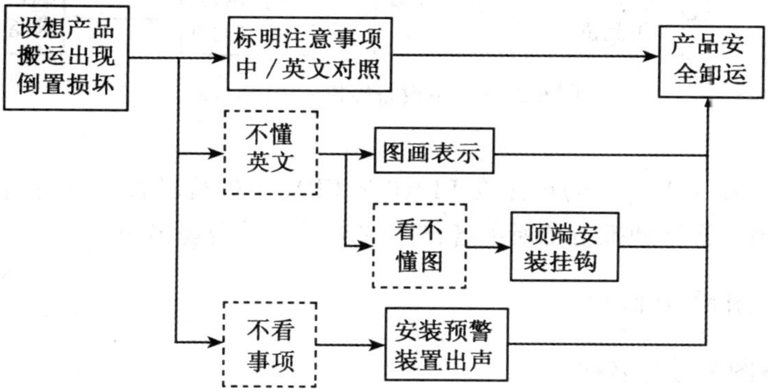

图 6-23　防止产品搬运倒置的 PDPC 图

实例 2：某维修 QCC 小组制作了保证减少设备停机影响均衡生产的 PDPC 图来指导小组工作(见图 6-24)。

6.1.7　矢线图法

1. 什么是矢线图法

在质量管理活动中，时间也是不可缺少的重要管理项目，为了按预定时间生产出所需的质量，总是离不开日程计划与进度管理的。过去多使用甘特图表，但是甘特图表只能给出比较粗略的计划和简单的作业指示，不能表现出各项作业间的从属关系。为了弥补甘特图表的不足，人们提出了能拟定最佳计划和进行有效进度管理的方法，即计划审评法(Program Evaluation and Review Technique，PERT)和关键线路法(Critical Path Method，CPM)。

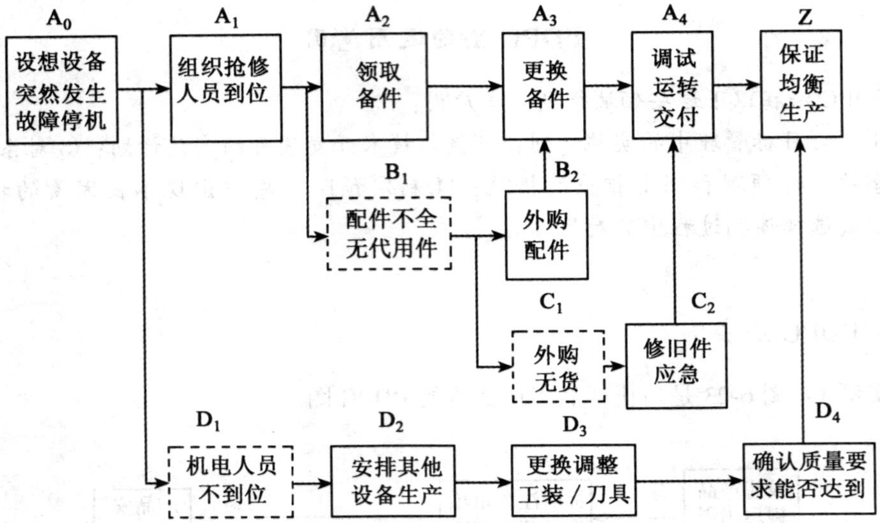

图 6-24　减少设备停机的 PDPC 图

矢线图(Arrow Diagram)即是在 PERT 和 CPM 中进行日程计划时所用的网络组织图。矢线图可将计划推行中所需各作业的从属关系表现出来。

2. 矢线图的制作原则

(1)矢线图符号与名称

矢线图的构成要素与符号如图 6-25 所示。

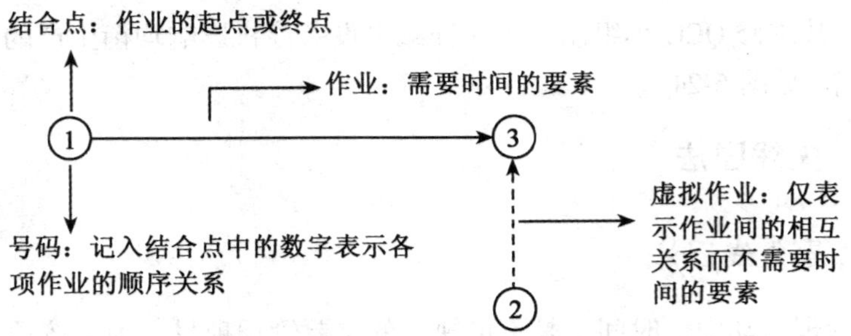

图 6-25　矢线图符号与名称

(2)先行作业与后续作业

在作业 A 与 B 之间，当有作业 A 不结束则作业 B 就不能开始的关系时，或有作业 A 一结束则作业 B 就立即开始的规定时，我们就称：A 是 B 的先行作业，

B 是A 的后续作业。这种关系如图 6-26 所示。

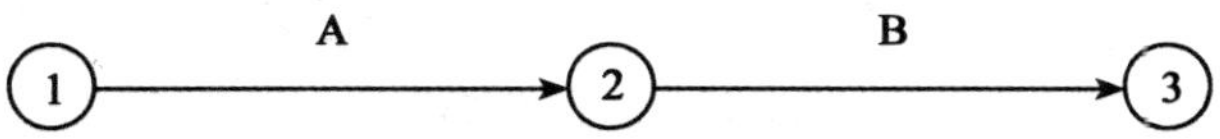

图 6-26　先行作业与后续作业

(3)并行作业

在作业 A 与 B 能够并列进行的情况下，或者有作业 A 与 B 要并列进行的规定的情况下，我们称：A 与 B 是并行作业。

这种关系如图 6-27 所示。

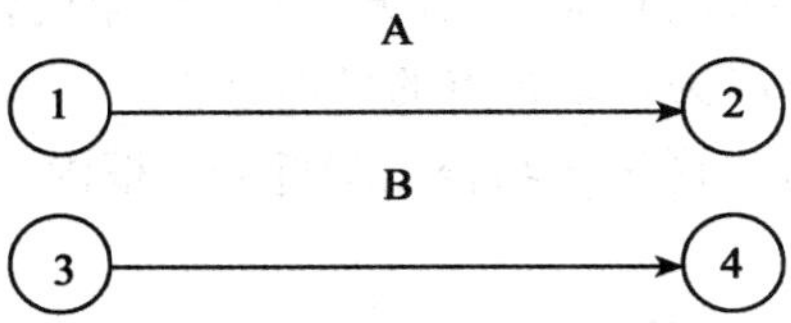

图 6-27　并行作业

(4)虚拟作业

作业间的相互关系如仅用作业要素不能表现时，也可使用虚拟作业来表现。例如当 A、B、C、D 四个作业有如下关系时：C 的先行作业为 A、B，D 的先行作业为 B，就可使用如图 6-28 所示的虚拟作业来表示。

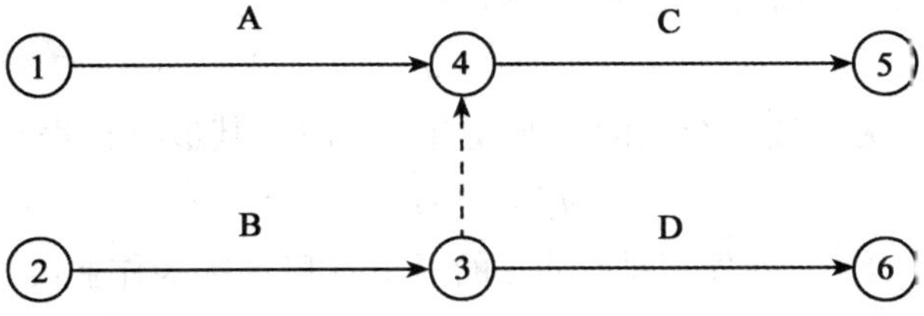

图 6-28　虚拟作业的用法

(5)结合点的编号方法

为了识别矢线图的各结合点，应编号码。结合点的编号采用正整数，作业起点的号码应比终点号码小，即在图 6-29 中，有以下关系式：$i<j$。

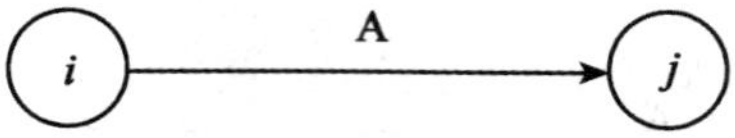

图 6-29　结合点号码

3. 结合点日程及其计算

(1)最早、最迟日程

结合点的日程有以下两种：

① 最早日程(Earliest Node Time)。从结合点 i 开始的作业，若开始作业的时间不能早于 t_i^E 这一天，就称 t_i^E 为该结合点的最早日程。

② 最迟日程(Latest Node Time)。在结合点 i 结束的作业，若结束作业的时间不能迟于 t_i^L 这一天，就称 t_i^L 为该结合点的最迟日程。

如图 6-30 所示，t_i^E 和 t_i^L 应记入结合点附近的方框内。

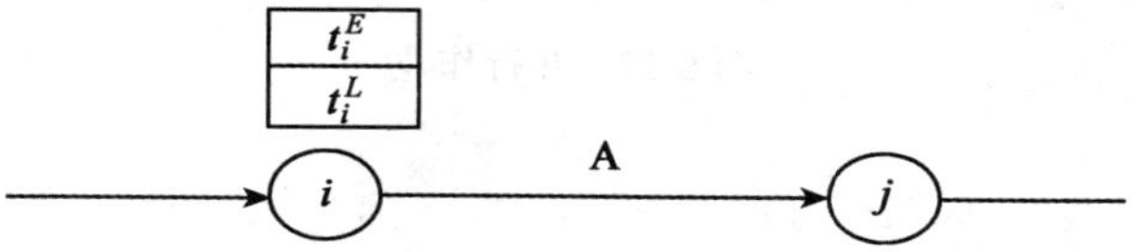

图 6-30　结合点日程表示法

(2)结合点最早日程的计算

最早日程的计算方法如下：

① 矢线图出发点(结合点 1)的最早日程为 0。即：

$$t_1^E = 0$$

② 以结合点 j 为后续结合点的作业仅有一个时，其最早日程 t_j^E 按下式计算：

$$t_j^E = t_i^E + D_{ij}$$

这里，t_i^E 为结合点 j 的先行结合点 i 的最早日程；D_{ij} 为作业(i, j)的所需天数。

③ 以结合点 j 为后续结合点的作业有两个以上时，其最早结合点日程 t_j^E 可按下式计算：

$$t_i^E = \max(t_i^E + D_{ij})$$

这里，max 表示取最大值。

(3)结合点最迟日程计算

最迟日程的计算方法如下：

① 矢线图最终点(结合点 n)的最迟日程，在数值上等于该结合点的最早日

程。即：

$$t_n^{\ L}=t_n^{\ E}$$

② 以结合点 i 为先行结合点的作业仅有一个时，其最迟日程由下式给出：

$$t_i^{\ L}=t_j^{\ L}-D_{ij}$$

这里，$t_j^{\ L}$为结合点 i 的后续结合点 j 的最迟日程；D_{ij}为作业(i，j)的所需天数。

③ 以结合点 i 为先行结合点的作业有两个以上时，其最迟日程由下式给出：

$$t_i^{\ L}=\min(t_j^{\ L}-D_{ij})$$

这里，min 表示取最小值。

(4)关键线路(Critical Path)

关键线路是指矢线图上出发点至最终点的最长路径，它是日程管理上的重点作业系列。

在关键线路上计算出来的 $t_i^{\ E}$ 和 $t_i^{\ L}$，均有：

$$t_i^{\ E}=t_i^{\ L}$$

一般来说，在矢线图上用粗线来表示关键线路。

4. 计算实例

图 6-31 是最早日程、最迟日程计算实例，粗线为关键线路。

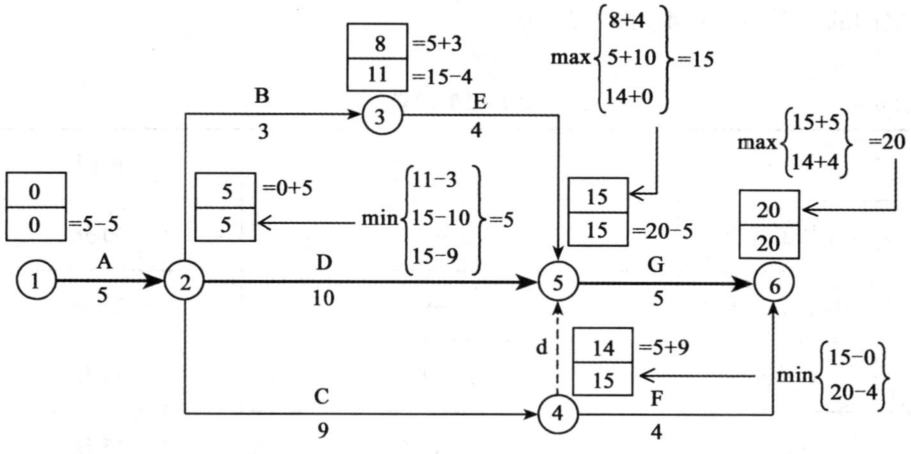

图 6-31　结合点日程的计算

【案例分析 6-1】

零件加工的矢线图

现在有一个部件，它由两个部分组成(管子和盘体)，由四个工序完成。为了节省时间，加工管子和加工盘体可以同时开始，将以上的工艺过程用矢线图表示（见图 6-32）。

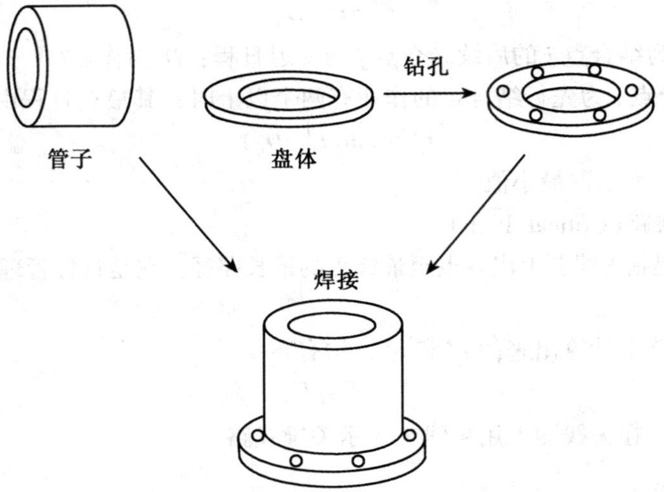

图 6-32　零件加工示意图

如果用 A 表示加工管子，B 表示加工盘体，C 表示钻孔，D 表示焊接，则每个工序之间的关系如表 6-4、图 6-33 所示。

表 6-4　　工序及时间表

工序	先行工序	时间
A 加工管子	——	30 分
B 加工盘体	——	20 分
C 钻孔	B	25 分
D 焊接	A、C	15 分

从矢线图可以得出，完成该零件总共需要 60 分钟，关键线路为：1→2→3→4。要使总的加工时间不超过 60 分钟，则钻孔作业 C 和加工管子作业 A 最迟不能超过 45 分钟结束。当然还可以从中得到更多关于进程安排方面的信息。

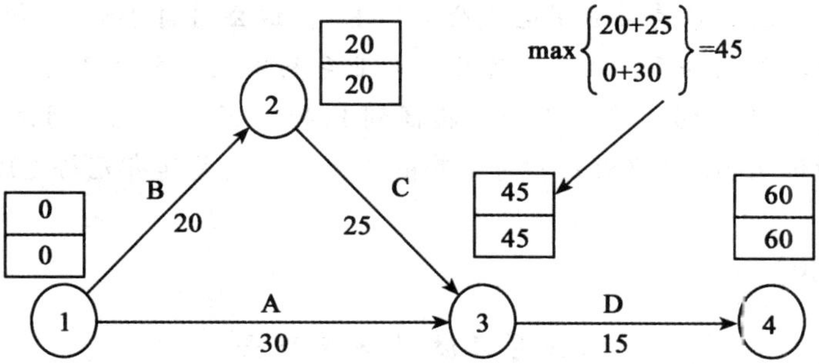

图 6-33　零件加工的矢线图

6.2　6σ 管理概述

6.2.1　6σ 管理的含义与组织

1. 6σ 管理的含义

在统计学上 σ 用来描述总体中个体的偏离程度，这里用来表示质量水平。在 20 世纪 70 年代，产品如果达到“2σ”便达到标准。但在 80 年代，品质要求已提升至“3σ”。这就是说产品的合格率已达到 99.73%的水平，只有 0.27%为次品。很多人以为产品达到此水平已非常完美，但实际上相当于在 100 万件产品中有 2700 件次品。

“6σ”代表着品质合格率达 99.9997%或以上。换句话说，每一百万件产品只有 3.4 件次品，这非常接近“零缺点”的要求。现在的 6σ 管理，其含义远远超出了其统计意义。简言之，6σ 管理模式是一种以顾客为导向的持续改进的管理模式。

【知识链接 6-9】

6σ 管理的由来

6σ 管理诞生于 20 世纪 80 年代中期，它是通过对全面质量管理进行继承和改进以及在实践中不断充实和总结而发展形成的一种管理理念和系统方法。它不是单纯的质量改进，而是通过使企业保持持续改进、增强企业的综合领导能力、不断提高顾客满意度以及经营绩效来获得巨大利润的系统方法。

摩托罗拉公司在 1993 年率先提出了 6σ 管理模式并在公司中推行。在发起 6σ

活动两年之后，摩托罗拉就荣获了马尔科姆·鲍德里奇国家质量奖。不过让6σ管理模式声名大振的还是美国通用电气公司(GE)，该公司自1995年推行6σ管理模式，由此产生的效益每年呈加速度递增，营业毛利率也一个季度接一个季度地不断刷新纪录，利润率从1995年的13.6%提高到1998年的16.7%。通用公司和摩托罗拉公司的成功证明6σ管理模式相对于其他质量管理模式具有无与伦比的优越性。

【知识链接6-10】

6σ管理法的主要理念

从“6σ”的内涵和特征来看，在推动6σ管理法时，必须把“6σ”当成一种管理哲学。在这个哲学里，有几个重要主旨：

(1)真诚关心顾客。“6σ”把顾客放在第一位。例如在衡量部门或员工绩效时，必须站在顾客的角度思考，先了解顾客的需求是什么，再针对这些需求来设定企业目标、衡量绩效。

(2)根据数据和事实管理。近年来，虽然知识管理渐渐受到重视，但是大多数企业仍然根据意见和假设来做决策。“6σ”的首要规则便是厘清要评定绩效时，究竟应该要做哪些衡量，然后再运用资料进行分析，了解公司表现距离目标有多少差距。

(3)主动管理。企业必须时常主动去做那些一般公司常忽略的事情。例如，设定远大的目标，并不断检讨；设定明确的优先事项；强调防范而不是救火；常质疑“为什么要这么做”，而不是常说“我们都是这么做的”。

(4)协力合作无界限。改进公司内部各部门之间、公司和供货商之间、公司和顾客之间的合作关系，可以为企业带来巨大的商机。“6σ”强调无界限的合作，让员工了解自己应该如何配合组织大方向，并衡量企业的流程中，各部门的活动之间有什么关联性。

(5)追求完美，但同时容忍失败。在“6σ”企业中，员工不断追求能够提供较好服务又降低成本的方法。企业持续追求更完美，但也能接受或处理偶发的挫折和失败，从错误中学习。

资料来源：刘家明．当代管理思想．东北林业大学出版社，2009.

2. 6σ管理的组织

6σ管理作为一项系统的改进活动，必须依靠有效的组织体系和一批优秀人才来推动和保证。启动6σ管理时，应挑选合适的人选，经系统培训合格后，安排到6σ活动的相应岗位，并规定和赋予明确的职责与权限，形成6σ的组织体系，这是实施 6σ 管理的基本条件和必须具备的资源。6σ 管理的组织由倡导者、黑带大师、黑带、绿带构成。

倡导者(Champion)：一般由企业高级管理层组成。通常由行政总裁、总经理、副总经理组成，大多数为兼职。一般会由一到两位副总经理全职负责 6σ 管理的组织和推行，其主要职责为调动企业内部和外部的各项资源，确认和支持 6σ 管理全面推行，决定“该做什么”，检查进展，了解 6σ 管理工具和技术的应用，提出正确的问题；确保按时、按质完成既定目标；管理和领导黑带大师和黑带。

黑带大师(Master Black Belt)：与倡导者一起协调 6σ 项目的选择和培训。该职位为全职 6σ 管理人员。其主要职责为理顺人员、组织的关系，协调项目实施，执行和实施由倡导者提出的“该做什么”的工作。在 6σ 管理中，决定“该如何做”，培训黑带和为其提供技术支持，推动黑带们领导的多个项目。

黑带(Black Belt)：黑带是 6σ 管理中非常重要的角色，是企业全面推行 6σ 管理的中坚力量。一般来说，黑带是 6σ 项目的领导者，负责带领团队达到项目目标并为组织获得相应的收益。在 6σ 管理中起着承上启下的关键作用，同时肩负培训绿带的任务(见表 6-5)。

表 6-5　**黑 带 任 务**

任务	内　　容
顾问	为本地组织或现场建立 6σ 网络
教学	对本地员工进行正常的新战略、新工具培训
培训	对本地员工进行一对一教学
传授	通过培训、专题讨论会、案例研究、本地座谈会来传授新战略、新工具
发现	为 6σ 战略和工具在企业内外部(如供应商和客户)寻找应用机会
确认	通过与其他组织合作确定重要的商务机会
影响	推销 6σ 战略和工具

绿带(Green Belt)：为兼职人员。他们是企业内部推行 6σ 管理众多底线收益项目的负责人。他们侧重于 6σ 在每天工作中的应用。他们通常为企业各基层部门的骨干或负责人。实施过程中可根据实际情况决定 6σ 与其工作的比例。

6σ 管理的全面推行要求整个企业从上至下使用同样的 6σ 语言和采用同样的 6σ 工具。因此，要建一支符合项目开展要求的 6σ 专业队伍。国外资料表明，一般可以采用如下公式来确定黑带和黑带大师的人数：

黑带人数＝公司每年营业总额(美元)÷1000000

黑带大师人数＝黑带人数÷10

对从事 6σ 管理的人员必须予以专门培训。资料表明需约 20%的人员接受 6σ 管理的专业性培训(如工具的正确使用)，从而形成如图 6-34 所示的 6σ 组织结构。

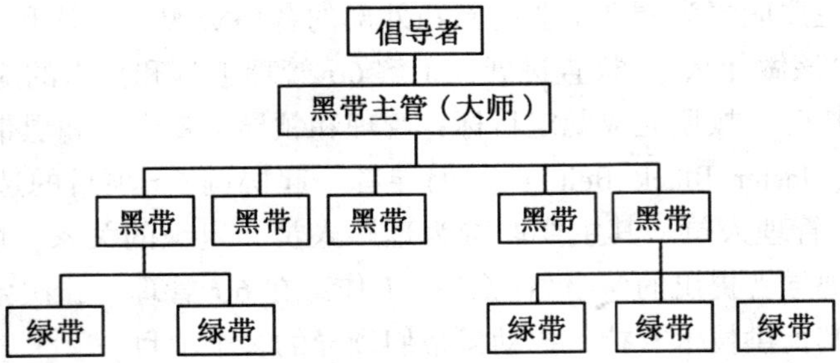

图 6-34　6σ 组织结构图

【小思考 6-1】

实施 6σ 管理需要进行项目的确定，那么该如何选择 6σ 项目呢?

答：在实施 6σ 管理的过程中，项目选择是最关键的活动。选择项目要基于两个 M：

有意义的(Meaningful)。项目要真正有利于顾客和企业经营才是有意义的，经过努力可以争取的，才是我们认为有意义的项目。

可管理的(Manageable)。项目的规模应该能使团队有能力完成，便于管理。即 6σ 改进的 DMAIC 过程都能够在这个范围内得以实施。

【知识链接 6-11】

关键质量特性(CTQ)

关键质量特性(Critical to Quality，CTQ)，是反映顾客心声的产品、服务或过程的关键的、可测量的质量特性，关键质量特性的绩效标准必须能满足顾客的需求，将改进计划与顾客需求保持一致。关键质量特性对于过程(工序)的产出有重大的影响，识别关键质量特性对于如何改进、大幅度地降低成本、提高质量至关重要。CTQ 通常必须由顾客的定性描述转换为可操作的、定量的业务规范或技术特性。举几个 CTQ 的例子，比如说客户要求建筑工程的交付期是 12 个月；客户要求打电话到客户服务中心等候时间不超过 1 分钟；客户要求收到的货物与采货订单上的完全一致；等等。

【小思考 6-2】

什么是“隐蔽工厂”？

答：现代质量管理的领军人物约瑟夫·M. 朱兰(Joseph M. Juran)博士，多年前在介绍“隐蔽工厂”概念时着实使他的高级管理层听众震惊。产品是过程的结果。过程的本质是增值，所以必须有效运行。但是在实际活动中，由于运行失效而不得不为消除缺陷而客观存在着的、不被管理者所察觉的损失，这种活动或过程即称“隐蔽工厂”(Hidden Factory)。当发现不良品质成本(Cost of Poor Quality)在大多数公司中超过 30%时，他把它们称作“隐蔽工厂”。这就像公司有两个厂，一个生产产品，一个生产垃圾废料。“隐蔽工厂”占用了多余资源。

6.2.2　6σ 管理的实施方法

6σ 管理不仅是理念，同时也是一套业绩突破的方法。它将理念变为行动，将目标变为现实。这套方法就是 6σ 改进方法 DMAIC 和 6σ 设计方法 DFSS。DMAIC 常用于对企业现有流程的改善；而 DFSS 则主要用于企业新产品和服务流程的设计，以及旧流程的再造等工作。在 DMAIC 和 DFSS 中的每一个阶段，6σ 管理都有一整套系统、科学和经过企业成功实践的工具和方法。6σ 管理正是通过这些科学、有效的量化工具和方法来分析企业业务流程中存在的关键因素，并通过对最关键因素的改进实现突破，获得产品质量与客户满意度提高的效果。6σ 管理通过有效循环改进的方式，逐一将业务流程中的关键因素进行改善，从而不断地提高企业的产品质量和服务质量。

1. 6σ 改进方法 DMAIC 的含义

DMAIC 是指由定义(Define)、测量(Measure)、分析(Analyze)、改进(Improve)、控制(Control)五个阶段构成的过程改进方法。一般用于对现有流程的改进，包括制造过程、服务过程以及工作过程等。

DMAIC 是 6σ 管理中最重要的管理模型，主要侧重于已有流程的质量改善方面。所有 6σ 管理涉及的专业统计工具与方法，都贯穿在每一个 6σ 质量改进项目的环节中。DMAIC 模型如图 6-35 所示。

第 1 步：定义

定义也称界定问题，即识别客户要求，确定影响客户满意度的关键因素。找准要解决的问题。在这一步，必须抓住一些关键问题：

你们正在做什么？

为什么要解决这个特别的问题？

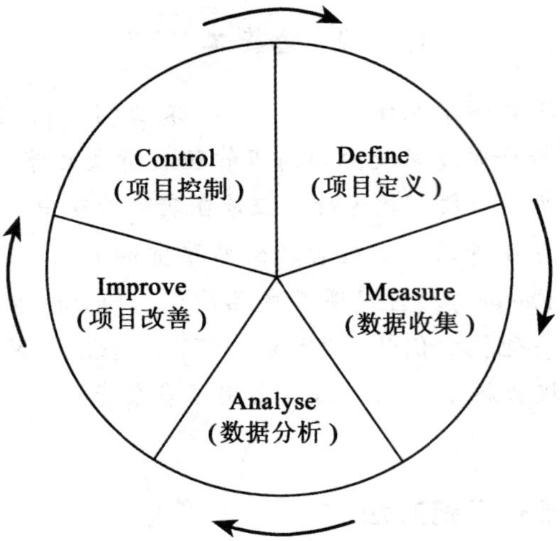

图 6-35　DMAIC 模型

你们的顾客是谁？

你们的顾客需求是什么？

你们过去是怎样做这项工作的？

现在改进这些工作将获得什么益处？

6σ 管理的理念促使我们以新的和独创的方式来思考过去经常忽略的问题，当抓住了一些关键问题之后，便容易形成一份 DMAIC 任务书。这份任务书不仅要呈交业务主管部门，还可作为 6σ 团队解决问题的目标。

【知识链接 6-12】

DMAIC 任务书的内容

各公司、各工作项目的 DMAIC 任务书不尽相同，但主要内容有：为什么选择这个案例？要特别解决的问题是什么？解决这个问题的限制条件是什么？解决这个问题涉及的范围有多大？团队成员及其职责是什么？DMAIC 的各阶段的时间安排。

第 2 步：测量

通过测量来收集关键质量特性 CTQ 的基本数据，测量是 6σ 管理分析的基础工作。通过测量使得量化管理成为可能，有了测量才使统计技术与方法的应用成为可能。为了获取真实、准确、可靠的数据，需要对测量的系统进行校准。数据收集还要求掌握一些数据收集的方法，如抽样技术等。例如客户对供货时间不满意，你就需要收集过去若干次从收到订单到发出货物的天数。

第 3 步：分析

分析是指运用多种统计技术方法找出影响业绩指标的关键的、潜在的原因。

影响产品质量和顾客满意度的因素很多，运用统计方法可找出影响顾客满意度的主要原因。常用统计分析工具有直方图、柏拉图、鱼骨图、散点图、控制图等。

第 4 步：改进

改进阶段主要是基于分析阶段所找到的根本原因，提出问题解决方案。改进方案要进行评价和筛选，可以采用一些综合评价技术进行方案的选择。为了保证方案实施的成功，有必要进行一些局部试运行试验，对改进方案进行验证。

改进对于取得成果无疑是最重要的一步。改进可以是改变工作程序或习惯，也可以是流程的再造。

第 5 步：控制

控制是将主要变量的偏差控制在许可范围内。对流程进行一定的改进之后，接下来的问题就是坚持避免“突然”回到旧的习惯和流程，这是控制的主要目的。6σ 项目的成功依赖于那些始终坚持如一的人，控制过程中，流程中的每个环节的每个人都必须要有工作描述。没有工作描述和过程程序，就谈不上控制。任何流程的初期阶段都是至关重要的。在生产周期中纠正缺陷的成本将逐渐增加，假设在初期发现一个缺陷，花费 1 美元，那么在设计中发现一个缺陷，将花费 10 美元；在实验中发现一个缺陷，将花费 100 美元；在现场发现一个缺陷，将花费 1000 美元。

DMAIC 模型的应用是一个循环过程。作为实施 6σ 管理的操作方法，它的运作程序与 6σ 项目的周期及工作阶段紧密结合。DMAIC 模型从界定到控制不是一次性的直线过程，在运用当中有些技术与方法被反复使用。DMAIC 模型的应用是实现 6σ 水准的一个循环过程。只有不满足现状，勇于创新，不断改进，才能在 6σ 管理中取得卓越成就。

【案例分析 6-2】

GE 塑料公司的 DMAIC 应用实例

1997 年，GE 塑料公司将 DMAIC 应用到 3000 多个项目中，节约了 1.37 亿美元。其中一个项目发生在聚合物部门——GE 塑料公司内经销热塑树脂的一个部门。聚合物部门把塑料产品运给各种客户，其中包括生产计算机、CD-ROM、CD、DVD 和汽车的制造商们。

聚合物部门的员工已经齐心协力组成了一个黑带团队，并关注到一个可疑的问题。他们制订了一个“无损害交货计划”，正执行到定义阶段的中间部分。这时他们其中一个最大、最有利可图的客户跑来对销售人员说："我们准备把我们的业务拿走。你们运送的产品有太多被污染了。"这个客户不断收到受损害的产品，他感到很灰心，并且他还不得不花费自己的时间和人力把残次品运回聚合物部门，以便换货。从 1997 年 1 月 1 日到 6 月 30 日，聚合物部门共向所有客户发送了275501855磅的产品。在此期间，176381 磅的产品被污染，这意味着产品包装在货运途中受损，并被发送到客户那里。这导致无损害计划的 σ 水准只有 4.72，而 DPMO 指数为 640。

聚合物部门的员工意识到一个不愉快的客户可能只是冰山一角，更多的客户只是还没有把不满表达出来而已，而失去客户就意味着失去销量。所以他们告诉客户他们已经注意到问题，并且会全力以赴找到解决方案。

聚合物部门的 DMAIC 过程如表 6-6 所示。

表 6-6　**聚合物部门的 DMAIC 过程**

定义阶段	• 选择流程的关键质量指标	
	• 定义绩效标准	
	• 定义绩效目标	
	• 基准点	
	客户	最终客户是购买聚合物部门产品的人
	关键质量指标(CTQ)	无损害交货
	缺陷	客户反馈的产品受损或货仓确认受损
	单位	运送的每一磅产品
	质量成本	受损产品的再加工、折旧和库存成本
测量阶段	• 确定流程生产率	
	• 验证评估系统	
	• 获取初始数据	
	• 什么在影响 CTQ 指标	
	• 缺陷发生频率是多少	
	• 了解并描述流程	

续表

分析阶段	• 缺陷发生在何时、何地
	• 把实际问题转化为统计问题
	• 利用合格的工具来确认偏差来源
	• 确认仅有的几个会对 CTQ 产生最大影响的关键因素
	• 有缺陷的工艺或流程是否相关
改善阶段	• 我们怎样确定问题
	• 解释解决问题的统计方案
	• 确定哪些关键变量需要修正，以及怎样修正
控制阶段	• 解决方案有效吗
	• 未来的绩效必须可控
	• 改善过程有无引起别处的问题

到了测量阶段，聚合物部门的黑带团队决定从装运产品的货仓开始，仔细地逐个检查 10 个货仓，试图确定损害发生地点。在 10 个货仓当中，有两个(Maumee 货仓和 Piedmont 货仓)产生的残次品最多；同时，有一个(Brampton 货仓)达到 6σ 运作水平。黑带团队计算得出，在 10 个货仓所在地中，共有 50 条不同的产品线、14 种不同的包装以及 100 个运载工具。这样有可能引发问题的变量组合大约有 70 万种。

在分析阶段，黑带团队聚焦于 Maumee 货仓和 Piedmont 货仓。他们发现 95%的受损包装在一边的底部有 2 个小孔，引起产品泄漏。黑带还发现 87%的损害发生在当集装箱被叉车堆叠起来或装入货车的时候。没过多长时间，黑带团队就确定，在室内受损集装箱数(相对于在货运过程中受损而言)和客户收到的受损产品数之间存在很强的相关性。团队还发现，在产品包装方式和损害发生类型之间也有相关性。如果袋包装在地面上摩擦过，它受损的可能性较小；反之，如果用叉车处理，集装箱受损的可能性更大。

为什么用叉车处理的集装箱受损而袋包装没事？答案相当简单。叉车的前叉比箱底要突出 6 到 9 英寸，所以当前叉深深插在要起出的集装箱下面时，后面的集装箱就被刺破了。但是如果事情确实由此而起，为什么安大略湖 Brampton 货仓使用同样的叉车，却能够达到 6σ 水准呢？

答案众说纷纭，但是最合理的解释似乎是司机操作叉车的经验和控制能力(见表 6-7)。在集装箱被举起时，为了装载的稳定性，前叉要向后翘起。但是如果司机不降低倾斜角度，突出的前叉就不会滑进第一个集装箱的下面，而是刺破与之相邻的第二个集装箱。因为司机无法查看起重机的另一端，他们只能摸瞎把集装箱卸到托台上。

表 6-7　　　　叉车司机经验和技能水平

货仓	平均经验年数	集装箱室内受损率(DPMO)
Brampton	20 年	0
Maumee	5.8 年	995
Piedmont	4 年	4628

既然问题已经得到透彻的分析，黑带团队准备启动改善程序。对这个问题有几个现成的解决方案。第一个方案是假定有可能找到具有近 20 年实际经验的叉车操作手，公司花费高昂成本雇佣他们在 Maumee 货仓和 Piedmont 货仓工作。第二个方案是对 Maumee 货仓和 Piedmont 货仓的叉车操作手展开大量的培训——也是一个无法确定其成效的昂贵方案。最后，团队决定安装稍短些的前叉，完全消除前叉的突出。到 1997 年 12 月，Piedmont 货仓把前叉从 42 英寸更换为 36 英寸，每辆叉车只花费了相对微不足道的 350 美元。很快，除了 Piedmont 货仓，Maumee 货仓和其他货仓都更换了 36 英寸前叉。

现在黑带准备进入最后的阶段——控制阶段，也就是保证流程稳定。GE 有一条成文的规定，任何 6σ 项目在完成之前都必须通过数据点验证。有的数据点显示时间间隔，能够反映出在给定时间内某个事件的发生频率。数据点可以是重量单位、英寸、特定时间，可以是两周，也可以是两个月。在这段时间内，黑带必须证明他们的项目可以提供实用、耐久的解决方案。

资料来源：哈里，施罗德 .6 Sigma——风行美国的管理思潮 . 中国科学技术大学出版社，2002.

2. 6σ 设计方法 DFSS

DFSS 是 Design for Six Sigma 的缩写，是指在产品、服务或过程需要开发与设计时，或者产品、服务或过程已经存在，但不能达到顾客所要求的水平或 6σ 设计需要重新设计时，以分析工具为基础，以事实数据为驱动，使缺陷率达到 6σ 质量水平的方法。

6σ 设计关注高水平的创新或优化设计，6σ 设计过程是用 6σ 驱动、以顾客为导向的设计过程，这一方法开始时就需要预测设计质量，需要上下配合，需求自顶向下，功能自底向上，并结合跨功能设计方法，在早期设计阶段就注重质量，监控过程变异，保证顾客需求得到满足。6σ 设计可采用 DMADV 方法。

定义(Define)。定义项目目标、顾客(内部或外部)和可交付的产品。定义阶段通过建立目标、规则和组织结构来确定整个设计项目的基调。工作由管理者和项目设计团队共同承担。项目的选择要与整体业务战略相一致且对战略所发挥的作用最理想。

度量(Measure)。度量过程，确定当前绩效。度量阶段要识别关键顾客，并且确定顾客的关键需求和可度量的关键质量特性。这在成功设计产品、服务和过程时是必不可少的。

分析(Analyze)。分析过程方案，满足顾客需求。在分析阶段，要从多个可选设计方案中选出一个；根据设计要求对细化的设计进行改进、优化；设计团队可开发一些可选设计，选择“最适合”的设计。

设计(Design)。设计(详细设计)过程，满足顾客需求。设计阶段建立在分析阶段所产生细化设计的基础上，产生一个最优化的功能设计，符合生产和服务的双重要求。通过实验、风险分析等，产生符合具体运营能力的最终设计。最后，利用仿真、建模和排障测试证明设计的正确性。

核实(Verify)。核实是指校验设计性能与满足顾客的能力。在 DMADV 过程中，校验阶段的目的是，在要求的质量、可靠性和成本限制条件下保证新设计可以在这个领域实施并获得支持。从后向前全面审视产品，提出产品中存在的所有潜在问题。通过测试，揭示出产品潜在生命期或服务能力中存在的问题。

6.2.3　6σ 管理的推行步骤

企业推行 6σ 管理的具体步骤如下：

(1)将 6σ 管理作为企业的经营战略

将推行 6σ 管理作为企业的经营战略，并由企业高层领导公开表示支持。企业高层领导中的每一位成员都应具有主人翁意识，充分信任 6σ 管理，并对推行 6σ 管理满怀热情。同时，企业高层领导还要对推行 6σ 管理做出承诺，并明确声明推行 6σ 管理是企业一项坚定不移的、长期性的战略决策，符合企业的发展愿景和使命。同时，应在整个企业内，就推行 6σ 管理的目标进行有效沟通。

(2)建立 6σ 管理推进委员会

当高层领导决定在企业层面推行 6σ 管理时，首先需要建立一个强有力的组织机构，指导 6σ 管理的推进工作。我们可以将该组织机构称为 6σ 管理推进委员会或 6σ 管理办公室。

(3)进行 6σ 管理人力资源准备

企业推行 6σ 管理的一大难点是，要为 6σ 改进项目的实施提供充分的资源支持。其中，最主要的是人力资源。由此，企业必须组建一支符合改进项目开展要求的专业技术人员队伍。大多数推行6σ管理的企业都采用了源自柔道的带级体系。该体系由绿带、黑带、黑带大师和倡导者组成。确定合适的黑带数量十分重要，因为推行6σ管理的一项主要开支是支付员工成为黑带的培训费用。推行6σ管理的人力资源准备实质上就是选择和任命6σ管理倡导者、黑带大师以及选择和培养黑带、绿带的活动。

(4)开展6σ管理知识培训

推行6σ管理的组织机构建立以后，就需要对各级人员进行专业培训，使之成为真正的6σ管理推进工作者。6σ管理培训后，一般要求绿带每年完成一个改进项目，至少增产或节约5万元，黑带每年需完成4个改进项目，至少增产或节约50万元。而且企业要每年测评一次，不符合要求的人员将被收回绿带和黑带证书。

(5)实施6σ改进项目

该工作是与6σ管理人力资源准备和6σ管理知识培训中的有关工作同时进行的。例如，在黑带培训课程中，黑带必须把实施6σ改进项目当做作业，在学习管理技术方法的同时，进行6σ改进项目实践。这正是6σ培训方法的优点所在。

(6)建立6σ管理质量水平测量体系

6σ管理为企业提供了一个有效的过程业绩测量体系：DPMO指标以及σ水平数，并以此来度量企业整体质量状况。该测量体系能够揭示不良过程性能，及早提供质量问题正在或即将发生的迹象。过程性能一般用DPMO指标作为度量基准。

(7)制定6σ管理目标

得到企业层面的DPMO值后，还要以此为基础，确定一个以DPMO值或σ水平数表示的长远目标。这一目标包括建立企业级的DPMO值及其平均年改进率。

将企业级的DPMO指标落实到各个部门，并建立部门级的DPMO值及其平均年改进率；将部门级的DPMO指标落实到各个过程，并确定过程性能的平均年改进率。

制定长远目标的目的在于，使企业全体员工关注6σ改进过程，而不是拘泥于现有过程。因此，6σ管理目标的制定，应本着既具有挑战性，又具有可行性的原则。

(8)促进6σ管理的制度化与规范化

企业推行6σ管理要坚持不懈，改进不会一蹴而就。企业应为6σ管理的有效运行提供足够的动力，以克服推行中遇到的各种阻挠和怀疑。高层领导必须起到坚定的带头作用，他们在整个企业中传递有关推行6σ管理的信号。不要忽视在实施6σ改进项目和推行6σ管理早期阶段所制定的基本原则。

通过一个个6σ改进项目的成功实施，不断丰富和完善6σ管理的内涵，从而形成具有各个企业自身特点的卓越的质量业绩管理新模式。

【知识链接 6-13】

实施 6σ 管理的一些原则

实施 6σ 管理的一些原则：

(1)6σ 程序的贯彻实施，离不开执行层职员的积极支持。

(2)要让中间管理层彻底理解 6σ 程序的精髓，达到融会贯通的地步；同时要让尽量多的职工也参与进来，成为 6σ 战略的拥护者。

(3)要把焦点对准结果，一切 6σ 管理的措施都是为了获得有用结果，没有结果或成效不大的措施将会被停止或改进。

(4)6σ 战略的实施，一定要针对有意义的项目，这些项目要与企业的商业需要相联系，要有利于实现企业的发展目标。

(5)要使职工得到优先发展。

(6)要教会职工使用最实用的工具或手段。

(7)6σ 管理要贯彻到企业的任何活动，而不只是制造活动。

(8)要给 6σ 管理以持续的关注和呵护，直到它变成企业文化的一部分。

【知识掌握】

□简答题

(1)简述关联图法的应用步骤。

(2)质量管理中的统计方法与亲和图法有何不同？

(3)简述系统图的制作步骤。

(4)矩阵图有哪些类型？

(5)PDPC 法的优点有哪些？

(6)简述 6σ 管理的含义及组织构成。

(7)简述 6σ 管理的过程改进方法 DMAIC。

(8)采用 DMADV 方法进行 6σ 设计时包括哪些内容？

(9)6σ 管理法的推行一般分为几个步骤？

□判断题

(1)亲和图法是累积使用 A 型图解来解决问题的。（　　）

(2)数据矩阵分析法是新 QC 工具中唯一利用数据分析问题的方法。（　　）

(3)6σ 管理着眼于产品或服务的质量，而不用关注过程的改进。（　　）

(4)6σ 管理不适用于中小企业。（　　）

(5)6σ 管理是一种以顾客为导向的持续改进的管理模式。（　　）

□选择题

(1)用箭头标志多方问题与其主要原因间的因果关系的图称为(　　)。

A. 系统图　　B. 关联图　　C. 矩阵图　　D. 矢量图

(2)系统图法中，对找出的手段是否得当进行评价，如果为可能实施者，则标示为(　　)。

A. ○　　B. △　　C. ×　　D. ◇

(3)由两个 L 型矩阵图组合使用而形成的矩阵图是(　　)。

A. L 型矩阵图　　B. Y 型矩阵图　　C. X 型矩阵图　　D. T 型矩阵图

(4)矢量图法中，在作业 a 与 b 之间，当有作业 a 不结束则作业 b 就不能开始的关系时，我们可称(　　)。

A. a 是 b 的先行作业　　B. b 是 a 的先行作业

C. a 是 b 的后续作业　　D. b 是 a 的后续作业

(5)在企业全面推行 6σ 管理过程中，作为中坚力量的是(　　)。

A. 倡导者　　B. 黑带大师　　C. 黑带　　D. 绿带

【知识应用】

□实践训练

1. 某公司总是有交期不准的事件发生，屡次受到外部顾客的抱怨。请利用亲和图法寻找原因出自何处？目前收集到以下资料：(1)包装错误；(2)锅炉故障；(3)机器老旧；(4)物料延误；(5)产品色泽太深；(6)经常停电；(7)停水；(8)机器保养不周；(9)原料贮存变质；(10)设备操作不当；(11)人员疲劳；(12)工作环境差；(13)人员不足；(14)人员流动高；(15)订单日期太近；(16)订单临时增加；(17)通知生产太迟；(18)产品重量不符合。

实训目的：掌握亲和图法的应用。

实训要求：根据本章内容，能够用亲和图法的步骤进行原因分析。

2. 如果公司 5S 定置管理不良，请你利用系统图法进行原因分析和对策制定。

实训目的：掌握系统图法的应用。

实训要求：根据本章内容，能够利用系统图法的方法和手段进行分析。

3. 实地考察你所熟悉的某家生产企业，针对生产过程中产品产生的某个不良现象，尝试运用矩阵图进行“不良现象——原因——工序”分析，并根据矩阵图找出相应对策。

实训目的：掌握矩阵图法的应用。

实训要求：运用矩阵图法的知识，能够解决实际问题，并提出相应的措施。

4. 某工厂生产绒玩具娃娃，现接受客户订单 50000Pcs，并需先经客户确认模具后方能生产交货，其生产所需时间及工程如表 6-8 所示。

表 6-8　　　　　　　　　　　**生产工序及时间**

工序	先行工序	时间
1. 模具制作(外发加工)	—	12 天
2. 模具确认	1	1 天
3. 主体胶壳	2	7 天
4. 部件胶壳	2	12 天
5. 绒毛布(外发加工)	2	9 天
6. 中心主机件(外购)	2	7 天
7. 中心主机件与部件胶壳组合	6，4	2 天
8. 成品组合	3，5，7	2 天
9. 交货	8	1 天

若客户要求交期为 30 天，请依上述条件绘制出矢线图解法。

实训目的：掌握矢线图法的应用。

实训要求：分析工序的作业顺序，画出矢线图，并进行最早、最迟日程计算。

□案例分析

案例 1：

1997 年的金融风暴发生后，韩国陷入经济衰退，到 1999 年经济才开始恢复。2000 年 IT 行业开始逐渐升温并成为经济热点，GE 工程塑料韩国公司的工厂开始接到大量订单，工厂开足马力进行生产，产品源源不断地运出，随着产量的不断增加，客户的投诉也开始大量增加，主要的问题如下：

(1) 同样的质量问题重复出现；

(2) 客户投诉需要很长的时间才能解决；

(3) 客户投诉后得到的反馈信息非常少。

GE 的 6σ 全球任务小组被派到首尔和忠州工厂，要求在四个月内彻底解决以上问题并保证改进的持续性。

问题：如果你是全球任务小组的成员，你会怎么做？

案例 2：

精益 6σ 在英格索兰工厂的应用

一、精益 6σ 在英格索兰的推行

精益 6σ 结合了促使公司成功的两种关键工具：精益生产和 6σ。

在价值观和企业文化的层面，精益和 6σ 对客户、流程、团队及价值驱动都具有相同的观念，也存在互补的不同之处。精益追求的是速度，通过减少浪费达到JIT；6σ追求的是质量，用数据驱动，通过减少波动消除缺陷。从战略规划层面，精益和6σ都能达到提高竞争力、促进运营改进、降低成本、提高客户满意度和提升员工能力的效果。

英格索兰公司精益6σ项目推行共分DMAICL六个阶段：界定(Define)、测量(Measure)、分析(Analyze)、改进(Improve)、控制(Control)、推广复制(Leverage)，项目展开将以上述六个阶段来进行，通过测量阶段得到数据分析，找到引起波动的根本原因，再针对此原因进行改进和控制，并将取得的成果推广到其他相似领域。

二、生产运营领域的应用

英格索兰工业技术部门在中国共有上海、南京、常州和桂林四个工厂，从开始导入精益6σ到现在，已经完成绿带/黑带项目近80个，这些项目来自各个制造单元，如总装配线、质量、采购、人事等职能部门，通过这些项目的实施使各个工厂质量缺陷DPMO降低50%以上，生产周期缩短30%以上，库存周转率在两年时间内提高了三倍。

通过这两年多的不断探索和实践，总结出一套适合自己的推进流程和方法。

1. 项目筛选

每个工厂都有专职的精益6σ推进人员，通过对各关键过程画价值流图(VSM)，找到存在浪费的地方，同时收集、分析整理顾客之声(VOC)，识别出需要改进的关键技术特性(CTQ)，由各工厂总经理带队识别出的这些改进机会结合工厂战略目标，确定需要完成的黑带/绿带项目。

2. 推进过程

按照英格索兰集团的要求，每个项目必须在六个月之内完成，为确保这些项目按时完成，由各工厂精益推进人员、项目的倡导者、黑带/黑带大师一起每两周一次对这些项目进行阶段点评，和项目的计划进度进行比较，发现存在的问题后及时进行改进，如果资源上存在问题的话，及时和工厂管理层进行沟通，保证问题解决。

3. 完成项目

项目负责人在确认项目完成并且目标达到后，填写项目完成表，由该项目涉及过程负责人对项目完成的结果进行现场确认，黑带/黑带大师进行改进结果的统计确认和项目总结报告确认，工厂财务负责人进行项目收益的财务确认。

4. 推广应用

为保证每个项目取得的改进成果得到最大程度的推广和应用，英格索兰公司在传统的 DMAIC 五个阶段基础上加了一个推广应用(Leverage)阶段，鼓励每个项目负责人在完成项目之后继续寻找推广应用这些成果的机会，并且制订详细的推广计划。

三、给公司带来的变化

精益 6σ 在各工厂的推行不仅带来了业绩指标的增长，更是改变了工作和思考问题的方式。

1. 以数据分析为改进工作的依据：在项目实施过程中引进了精益思维，在理性分析基础上进一步进行数据分析，在库存、生产周期、瓶颈管理等方面形成数据分析的理论和方法。

2. 沟通和协作：信息共享成为重要工作方式，对顾客信息、生产过程中的信息、供应链的信息共享，保证各个部门和人员能够充分合作。

3. 适应变化、持续不断地改进的企业文化：通过实施 6σ 项目，使许多原先已经满足现状的员工看到了不断改进的空间，在公司树立了好的样板。

问题：

1. 试述英格索兰公司推进 6σ 管理的流程和方法？

2. 英格索兰公司的 6σ 管理有何特点？

□综合实训

实训目的及要求：

1. 培养学生的组织能力、表达能力和团队合作精神。

2. 掌握新 QC 工具的基本理论和方法以及进行实际的综合应用。

3. 掌握针对企业实际问题应用所学本章以及相关章节理论与方法进行分析，提出解决方案的能力。提高学生解决企业工作现场实际问题的能力。

实训内容：

1. 公司背景：A 公司一直从事某类日用品的生产制造，产品的销路一直都还不错，但是，近几个月却被产品包装的质量问题所困扰，包装作业的不良率居高不下。经初步分析，引起包装作业不良的原因包括人、设备、培训和工具等几个方面。降低产品包装作业的不良率成为当务之急。

2. 使用矢量图对整改活动进行安排。

3. 使用矩阵图对问题点进行评价。

4. 利用关联图对包装作业不良现象的原因进行分析，并探讨不良现象的关系。

5. 通过 QA 每周报表，使用矩阵数据分析法进行数据解析。

6. 利用系统图对改善措施进行展开。

具体内容及程序如表 6-9 所示。

表 6-9　　　　综合实训具体内容

序号	内容	实训内容
1	公司背景介绍	对包装作业不良的现象进行初步介绍，完成分组工作
2	对整改活动进行计划	以小组为单位，使用矢量图，对改进包装不良的活动进行计划
3	评价包装作业不良问题点	从生产力低、库存量高、包装作业不规范几个方面，运用矩阵图对问题点进行评价
4	不良现象的原因分析	利用关联图对包装作业不良现象的原因进行分析，同时探讨与该不良现象的关系。可以从以下几个方面着手：人的操作、机器设备、员工培训、工具、规章制度
5	数据解析	使用矩阵数据分析法进行数据解析，画出相关的直方图
6	提出整改措施	从人为因素的消除、加强培训、改善设备、工具的配置和改善等方面着手分析，利用系统图对整改措施进行展开分析，最后给出一套可行的整改措施

第七章 质量功能展开(QFD)

学习目标

知识目标

在学习完本章之后，你应该能够：

◎理解质量功能展开的含义；

◎明确质量功能展开的效用；

◎了解质量功能展开的起源；

◎掌握质量的功能展开的原理和步骤。

技能目标

◎能将质量功能展开的原理应用于实践。

引 例

雷兹-卡尔通旅店公司应用QFD提高服务质量

雷兹-卡尔通(Ritz-Carlton)旅店公司是一家跨国公司，曾获美国波多里奇国家质量奖。为了向顾客提供更优质的服务，其在密歇根州的下属公司针对“房间整理”这一课题运用QFD进行了研究，优化服务程序，以最大限度地满足房客的要求，取得成功经验后再加以标准化，向全公司推广。图7-1是该公司针对顾客需求所作的质量屋。根据这一质量屋，明确了努力的目标，经过对目标的讨论，得出问题的关键在于安排好服务的流程。最后，确定每套客房由3个服务员同时整理，分工合作，其中一人兼管处理优惠卡服务事项。这一方案降低了失误率，减少了对房客的打扰时间和打扰次数等，获得了成功。

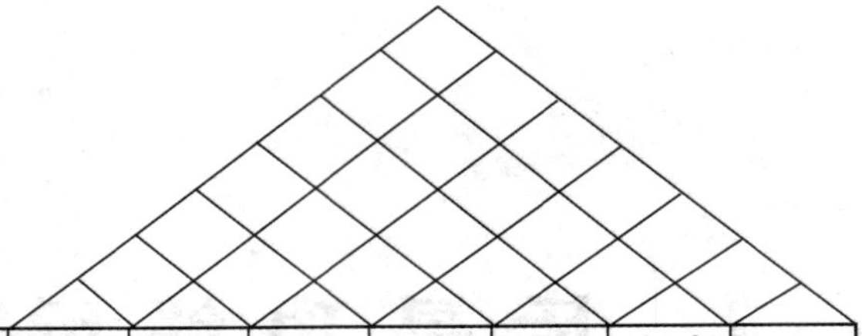

顾客需求 \ 雷兹-卡尔通的措施		重要度	失误率（随机抽样）	房间整理时间	可能的打扰次数	固定的打扰次数	优惠事项与折扣率处理	房客不在时一次打开的房间个数	房间整理效率
顾客的需求	房间提供充足	4	○				○		
	及时服务	5	○		○	○	○		
	打扰次数尽可能少	3			○	○			
	打扰时间尽可能短	4		○					△
	服务质量始终如一	5	○				○		
	房客到达时房间已准备好	5		○					○
	在房客方便时及时清扫房屋	4		○		○			○
	优惠事项准确及时兑现	5	△				○		
	随身物品安全保险	5		△	○			○	
雷兹-卡尔通的要求	减少房间整理的成本与劳力	5		○	△				○
技术特征目标			（）次失误	（）分钟	每日（）次	每日（）次	每千房客比率	开（）扇房门	每人（）间房

图 7-1　旅店业的质量功能配置

这一案例表明：质量功能展开（Quality Function Deployment，QFD）除了应用于生产企业，也可以用于服务企业，而且效果非常显著。

7.1　质量功能展开的概述

7.1.1　质量功能展开的定义及功效

1. 质量功能展开的起源

质量功能展开由赤尾洋二和水野滋两位日本教授于 20 世纪 60 年代作为一项质

量管理系统提出，目的是为了设计、生产充分满足顾客需求的产品和服务。在产品或服务的开发过程中，公司要聆听“顾客的声音”。赤尾洋二、水野滋以及其他一些日本质量管理专家已经开发了一系列 QFD 配套管理工具，使之成为质量管理和保证顾客满意度的综合系统。第二次世界大战后，统计质量控制(Statistical Quality Control)技术深深扎根于日本的制造业，与质量控制活动一起成为企业经营管理极为重要的组成部分，最终演变成为众所周知的 TQC(全面质量控制)与 TQM(全面质量管理)。

赤尾洋二、水野滋打算更进一步，发明一种质量管理方法，能够于产品被生产出来之前就体现出顾客需求，从而确保顾客的满意度。原有的优先质量控制法(prior quality control)针对的是产品制造过程中或生产完结后发现的质量问题。

赤尾洋二于 1965 年至 1967 年在松下电工工作这段时间，开始着手研究 QFD。1966 年，普利司通轮胎公司(Bridgestone Tires)的 Kiyotaka Oshiumi 首次将 QFD 应用于实践，他使用鱼骨图将顾客的需求(结果)转换成所需控制及测量的质量特征及流程因素(成因)。

到了 1972 年，三菱重工的神户造船厂使用 QFD 来设计油轮，并对鱼骨图进行了发展。专家们发现，每一种结果共享多种成因，因此可以用数据表或矩阵来代替鱼骨图。在此例中，各行被用来描述顾客需求所要达到的结果，各列则用来描述所需控制及测量的成因。同时，Katsuyoshi Ishihara 引入了价值工程原则(Value Engineering Principles)，用以描述一个产品的设计与其作业流程的价值，并将其展开描述为用以保证设计流程本身质量的企业功能需求。

整合了所有这些新的理念，QFD 最终发展成为一项产品设计及其流程本身的质量控制系统。1983 年，当美国质量控制协会在其会刊上发表了赤尾洋二的著作后，QFD 被介绍到了美国和欧洲。随后剑桥研究中心(现名为 Kaizen 研究院)邀请赤尾洋二赴芝加哥做关于 QFD 的演讲。

2. 质量功能展开的定义

质量功能展开是一种把顾客或市场的要求转化为设计要求、零部件特性、工艺要求、生产要求的多层次演绎分析方法，它体现了以市场为导向，以顾客要求为产品开发唯一依据的指导思想。在健壮设计的方法体系中，质量功能展开技术占有举足轻重的地位，它是开展健壮设计的先导步骤，可以确定产品研制的关键环节、关键的零部件和关键工艺，从而为稳定性优化设计的具体实施指出了方向，确定了对象。它使产品的全部研制活动与满足顾客的要求紧密联系，从而增强了产品的市场竞争能力，保证产品开发一次成功。

日本的 QFD 包括两个部分：一是狭义的质量功能展开，水野滋博士给它的定义是：用目的的手段系列，将形成质量的功能乃至业务，以不同的层次展开到具体的部分。二是质量展开是日本质量专家赤尾洋二在20世纪70年代提出的。日本专家赤尾洋二教授给它的定义是：将顾客的需要转换为代用特征，以确定产品的设计质量，并将其系统地展开为功能部件的质量、零件的质量、工艺要求乃至工序要求。就是将顾客的需求质量转换成质量特性，确定产品的设计质量，经过各功能部件的质量，直到每个零部件的质量和工序要素，系统地展开它们之间的关系。

QFD通过定义“做什么”(质量需求)及“如何做”(代用质量特性)，使产品或服务具有令顾客满意的、稳定一致的性能；通过明确地定义完成任务所需的工作目标，有助于将顾客定义的质量客观地注入产品或服务，从而实现以市场为导向的质量管理思想，即从顾客需求确认到产品(服务)输出确定，再到过程要素分析以及输入条件的要求。

3. 质量功能展开的功效

一是提高企业的经济效益。促使产品开发人员在产品设计阶段考虑制造问题，产品设计和工艺设计交叉并行，减少产品研发周期，减少设计更改，减少产品投产中的问题。因此可有效缩短产品研发周期，节省开支、提高产品质量，使工程设计更改减少40%~60%。产品开发周期缩短30%~60%，QFD强调在产品早期概念设计阶段的有效规划，因此可使产品开发和试制成本降低20%~40%。

二是有利于实现预防为主和早期的质量控制。采用QFD方法可使产品质量的控制重点由制造阶段转向设计阶段。QFD能及时帮助发现研发过程中的各种问题，清楚地意识到潜在的质量问题及影响质量的各种因素，做到预防为主，从而避免因设计考虑不周而引起的问题。

三是有助于设计和工艺的结合。QFD将顾客需求逐步展开为设计、工艺、制造、检测等各项技术要求。这使工艺、制造部门早期介入产品的设计和开发，使设计开发同生产工艺开发密切结合并可及早明确工艺制造中的关键和重要特性，因而可尽早对此采用相应的控制措施。

四是有助于实现持续的质量改进。QFD是由顾客需求驱动的，将顾客需求放在首位，集中企业的智慧，以顾客为中心开展各方面的工作，不断改进产品质量。重点放在关键和重要的质量特性改进上，使产品功能和质量在竞争中保持优势。

五是有助于建立工程知识库。采用QFD方法，可使设计过程的知识和思考以简明的形式贮存，从而防止设计过程的信息流失，并使各有关部门对技术规范有正确而扼要的理解。成功的QFD案例可贮存在工程知识库中，这样做可以极大地方便今后类似课题的设计和开发工作，从而大大提高工作效率。知识库还可以有效加速人才的培养，通过QFD的案例，可使有关人员迅速掌握相关的知识和经验，少走弯路。产品整个开发过程以顾客需求为驱动，因此顾客对产品的满意度将大大提高；通过QFD的实施，提高全体职工满足顾客需求的意识，对企业的发展有着不可估量的作用。

这里要特别指出，QFD提供了系统的、层次化的顾客需求分析手段，把顾客的声音(Voice of Customer)转变为顾客所需要的质量特征，是支持并行工程的重要技术和方法，为企业实施并行工程提供了有力的支持。近年来，为了支持并行工程，更有效地运用了QFD方法，开发了面向并行工程的智能QFD系统。该系统采用客户、服务器模式，支持多功能设计开发小组协同工作，实现了顾客需求框架自动生成、顾客需求综合处理、质量屋分解决策支持、多功能小组成员意见协同处理、自动数据管理、自动过程管理等功能，能保证并行工程系统地考虑产品生命周期中的各项因素。

7.1.2 质量功能展开的原理及运用

1. 质量功能展开的原理

QFD的基本原理就是用“质量屋”的形式，量化分析顾客需求与工程措施间的关系度，经数据分析处理后找出对满足顾客需求贡献最大的工程措施，即关键措施，从而指导设计人员抓住主要矛盾，开展稳定性优化设计，开发出满足顾客需求的产品。

质量屋也称质量表，是一种形象、直观的二元矩阵展开图表。以下给出的是在综合国外各种形式的质量屋的基础上，结合我国国情，在大量工程应用中具有良好性质的质量屋。其基本结构要素如图7-2所示。

左墙——顾客需求及其重要程度；天花板——工程措施(设计要求或技术特性)；房间——关系矩阵；地板——工程措施的指标及其重要程度；屋顶——相关矩阵；右墙——市场竞争力评估矩阵；地下室——技术竞争能力评估矩阵。为了建立质量屋，开发人员必须掌握第一手的市场信息，整理出对该产品的顾客需求，评定各项需求的重要程度，填入质量屋的左墙。从技术角度，为满足上述顾客需求，提出对产品的设计要求(工程措施)，明确产品应具备的质量特性，整理后填入质量屋的天花板；屋顶用于评估各项工程措施间的相关程度，主要是因为各项工程措施可能存在交互作用(包括叠加强化和抵触消减)；给产品的市场竞争能力和技术竞争能力进行评估打分，填入质量屋右墙和地下室的相应部分。由于产品开发一般要经过产品规划、零部件展开、工艺计划、生产计划四个阶段。因此，有必要对四个阶段质量功能进行展开。根据下一道工序就是上一道工序顾客的原理，各个开发阶段均可建立质量屋，且各阶段的质量屋内容有内在的联系。上一阶段天花板的项目将转化为下一阶段质量屋的左墙等。

2. 质量功能展开的运用步骤

一个典型的QFD流程一般包括以下步骤：通过运用产品规划矩阵，发掘顾客

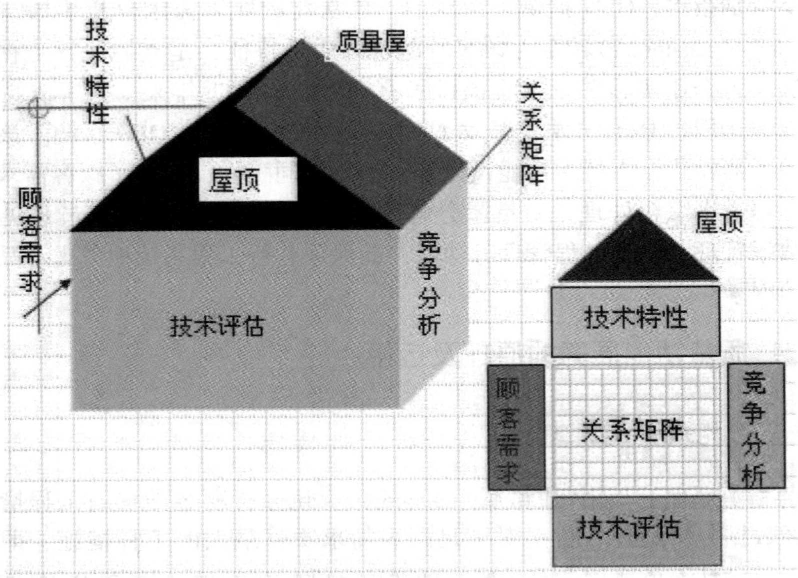

图 7-2　质量屋

的产品需求或者这些需求表现出来的技术特征。通过顾客需求，形成产品概念。运用概念选择矩阵，对产品概念进行评估，选择最佳概念。将系统概念或结构分割为次级系统结构，并将顾客的高级需求及其需求的技术特征分配给这些分割开的次级系统结构。通过运用零部件展开矩阵，将次级系统需求转化为低级的产品/零部件需求和属性。对于关键的零部件，将产品/零部件属性转化为制造操作流程规划。确定这些零部件的生产流程。

根据以上这些步骤，确定生产组织结构需求、流程控制以及质量控制，从而确保合格使用 QFD，首先应该拟定一个 QFD 模式，该模式主要由以下几个部分组成：

①目标陈述；

②由顾客决定的产品、工序或服务的系列特征；

③顾客竞争性评价；

④实现顾客要求的方式；

⑤技术评价与困难分析；

⑥关系矩阵。

这个关系矩阵用来明确产品或服务特性(顾客要求)与实现这个特性方法(方式)之间的关系程度，包括纵列的要求和横列的方式。要经过从设计到生产的整个过程，可将这个过程分为四个阶段，即设计、细节、工序和生产。这四个阶段有助于把顾客对产品的要求传送到设计小组和生产操作者手中。每个阶段都有一个矩阵，包括纵列的要求和横列的方式，在各个阶段，方式是重要的，它需要新技术，或冒较大的风险才能过渡到下一阶段。具体来说，包括以下几个步骤：

①设计。在设计阶段，顾客帮助确定对产品或服务的要求，QFD有助于各研究小组把顾客的需求反映到顾客要求的矩阵中去。

②细节。由第一阶段过渡来的方式成了本阶段的要求，在此阶段，对生产的产品或服务所必需的细节和各种组成部分得到了确定，该阶段出现的细节同顾客特定的产品要求之间存在最强烈的关系。

③工序。在第三阶段，拟定一个矩阵，说明生产产品所要求的工序，从第二阶段过渡来的方式成了该阶段矩阵中的要求，该阶段中出现的工序将最佳地实现顾客对产品的特定要求。

④生产。在该阶段，对产品的生产要求形成了，从第三阶段过渡来的方式成为本阶段的要求，这样决定的生产方式将使公司生产出能满足顾客要求的高质量产品。

日本企业采用QFD获得了很大的成功。它们在汽车、电子、家电、服装、集成电路、合成橡胶、建筑设备以及农用机械行业广泛使用QFD，还在零售店的设计、套房布局、游泳池、学校等服务性行业使用QFD。

日本人一开始就采用QFD来决定什么是真正重要的，他们对公司的产品以及工序设计充满乐观，不断根据顾客要求改进产品和工序，以此降低成本，提高质量。他们的制造工序对不同的设备、操作员、原料都能适应。结果，产品和工序在广泛使用中表现出色，而且制造产品时所使用的各种部件更相配。

企业通过采用QFD，可以科学地决定采用什么手段来满足企业的顾客对产品与服务的要求，认识企业的竞争对手对客户的依赖关系，为达到企业的最低要求而建立一整套技术规格，提高竞争优势等，让企业知道所拥有的资源能否满足顾客们的特殊质量要求。

传统的生产质量控制是通过对生产的物质性检查——用观察与测试的手段来取得的，这种措施通常也被归于检验质量的方法。QFD方法则帮助公司从检验产品转向检查产品设计的内在质量，因为设计质量是工程质量的基石，所以在设计阶段，QFD早在产品或服务设计成为蓝图之前就已经引进了许多无形的要素，使质量融入生产和服务及其工程的设计之中。

简单地说，QFD把客户的要求转换成相应的技术要求，帮助企业的研究小组系统化地达成共识：做什么？什么样的方法最好？怎样用最好的指令去完成工作？对员工与资源有什么要求？

顾客需求特性之间会有一定的联系，顾客需求特性中并不是所有要求都是同等重要的，应在充分考虑顾客意愿的基础上确定全部顾客需求特性的相对重要性。如果产品有竞争对手，企业欲以质取胜，就应通过调研，掌握顾客对本企业的产品及对竞争对手的产品质量特性的评价，顾客需求特性的相对重要性及顾客的评价。

与竞争对手比较一下，就可以发现有质量改进的机会。如果顾客对本公司产品的评价不理想，该项目就应是质量改进的重点。

怎样才能改进产品质量呢？顾客需要“什么”项目已经清楚，我们应该“如何”做？这就需要用工程的语言，也就是用生产过程有关人员都懂得的语言来描述生产特性，即根据顾客的需求特性设计出可定量表示的工程技术特性，需要顾客需求特性和工程技术特性的关系矩阵图。关系矩阵有助于人们对复杂事物进行清晰思维，并提供机会对思维的正确性反复交叉检查。如果发现某项工程技术特性项目与任何一项顾客需求特性没有关系，那么这项工程技术特性就可能是多余的，或者设计小组在设计时漏掉了一项顾客需求特性。如果某项顾客需求特性与所列的任何工程技术特性都没有关系，那么就有可能要增加产品的工程技术要求，在工程技术上应加以满足。

质量屋的基本应用是倾听顾客的意见，捕捉顾客的愿望，很好地理解顾客的需求，并将顾客需求特性设计到产品中去，合理确定各种技术要求，应该为每一项工程技术特性确定定量的特性值。质量功能展开过程通过质量屋全面确定各种工程技术特性和间接工程技术特性的值。在质量屋每一项工程技术特性下加上对应的顾客测量值，根据顾客测量值来设计每项工程技术特性的理想值，即目标值。如果某项产品同时有几家公司生产，则公司之间存在着产品质量的竞争。这时质量屋可提供本公司的产品质量与主要竞争对手产品质量的比较。质量屋矩阵的右边为顾客对各项顾客需求特性的评价，分别按本公司的产品及竞争对手产品的质量以五级记分来评价。质量屋的下面分别列出了本公司的产品和竞争对手产品的各工程技术特性的客观测量值。这样，在质量屋中既有顾客需求特性及其重要性的信息，又有与顾客需求特性相关的工程技术特性信息及工程技术特性之间的相互关系信息，再加上对顾客需求特性和工程技术特性的竞争性评价，就可以借此分析判断本公司工程技术特性的规范是否符合顾客要求，同时也可以确定质量改进所在。

某一顾客需求特性重要性较大，而顾客的评价又不怎么高，我们就应重点研究与该特性正相关的特性是否合适。另外在技术项目的目标值方面还应考虑该项技术实现的难度、重要性及经济性等因素，考虑这些因素后的质量屋扩展了产品的技术。

质量功能展开之所以可以取得很好的效果，其原因在于它强调“团队”工作方式，也提供了比较严格规范的工具，使得各方面的专家可以按照一定的工作程序一步一步地实现“要求”和“措施”之间的映射，并可得出应重点进行质量控制的项目。

【知识链接 7-1】

QFD 架构下的典型质量管理工具

- 亲和图(Affinity Diagrams)。使具有深层结构特征的顾客需求“浮出水面”。
- 关系图(Relations Diagrams)。用以发现优先需求、造成产品质量流程问题的根本原因以及沉默顾客的需求。
- 树图(Hierarchy Trees)。用来寻找亲和图和树图中的缺陷和遗漏。
- 各种矩阵(Various Matrixes)。用来表示各指标之间的关系、优先项以及责任等。
- 流程决策程序图(Process Decision Program Diagrams)。用以分析可能造成新产品或服务失败的潜在因素。
- 层级分析法(Analytic Hierarchy Process)。对一系列的顾客需求进行优先排列，并选出满足这些需求的设计、生产方案。
- 蓝图(Blueprinting)。对提供产品或服务的整个流程进行分析、描述。

3. QFD 的应用优势和局限

QFD 的应用优势。QFD 既积极寻求顾客明确告知的需求，又努力发掘没有言传的顾客需求，并尽可能最大化能够为顾客带来价值的“积极的”质量，如简便易用、制造快乐、产生豪华感等。传统质量系统的目标是最小化“消极的”质量如产品缺陷、服务不佳等。不同于传统的设计流程集中于工程技术性能而较少关注顾客需求，QFD 以满足顾客需求为基础，关注产品发展的各个环节。QFD 使得那些无形需求和公司的战略优势清晰可见，进而使得公司能够对它们进行优先考量。

- 减少设计时间；
- 减少设计变动；
- 减少设计和制造成本；
- 提高产品质量；
- 提高顾客满意度。

有资料显示，通过采用 QFD，丰田公司减少了 61%的启动成本损失。马自达公司减少了半数的最后设计变更，等等。

QFD 的局限。作为一项由日本人开发的管理技术，QFD 在西方企业环境和文化下的应用，可能会出现水土不服的问题。顾客感知是通过市场调研获得的，一旦市场调研不准，其后的所有分析结果只会给公司带来灾难。今天，顾客的想法和需求瞬息万变，作为一项综合管理系统和结构化的质量控制方法，要顺应如此快速的市场变化，比较复杂。

7.2 QFD 案例分析

某餐馆应用 QFD 提高服务质量

A 餐馆位于某高校附近，面积 140 平方米，环境整洁。现有厨师 2 名，服务员 4 名。菜肴口味独特，以湘菜为主，价格适中，有较稳定的学生客流。以下是 A 餐馆应用 QFD，改善产品与服务质量的过程。

(1)顾客要求质量的获得与评价。

首先，通过分析意见簿和顾客的访问，获得“座位舒适”、“有特色菜”等 30 个顾客的要求质量。其中，涉及模糊的需求及意见的转化。例如，“有一定个人隐私空间”可以理解为“不被打扰”，又可以进一步转化为“有包厢”的顾客要求质量。然后，根据这些要求质量设计成问卷并请顾客按 1~5 分打分，分别得到期望值、满意度和重要性的分值。问卷调查表见表 7-1。

表 7-1　问卷调查表

指标	重要性					满意度					期望值
	很重要	重要	一般重要	不重要	很不重要	很满意	满意	一般满意	不满意	很不满意	
环境整治	5 分	4 分	3 分	2 分	1 分	5 分	4 分	3 分	2 分	1 分	
价格合理	……										

在此基础上，利用相关价值公式 $iv=(e-s)\times e$ 计算出要求质量的重要性。其中，e 表示顾客的期望值，s 表示满意程度，iv 表示要求质量的重要性。经过上述过程，保留了 iv>0 的要求质量共 17 个。

(2)要求质量的精简。

在上一过程中，经过对顾客调查的整理，提取出顾客需求项 17 个，可对此进行进一步的精简，以减少后读过程的工作量。使用四象限法，以“小于 3 分”和“不小于 3 分”为界，分别从满意度和重要性两个方面进行划分，把上述 17 个顾客需求进行归类(见图 7-3)。其中，“高满意度和高重要性”的要求质量是需要重点维护的，“低满意度和高重要性”的要求质量则是迫切需要改进的。至于其他两类，通常可以不予考虑。

由此，经过进一步的精简，得到“就餐方便”、“等待时间短”、“原料新鲜”、“价格便宜”、“服务员随叫随到”、“分量足”、“厨房干净”共 7 个要求质量。

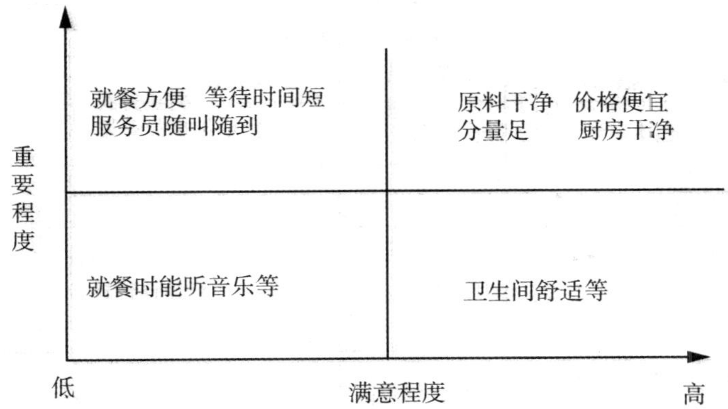

图 7-3　四象限法的应用

(3)服务评价标准的确定。

借用前人已做研究的通常做法，从可感知性、可靠性、反应性、保证性、移情性五个方面展开，确定服务评价标准。例如，可感知性可以进一步拓展为环境整洁、服装整齐等；保证性可以进一步拓展为服务员拥有专业知识、厨师水平高等。

(4)三个质量屋(矩阵)的建立。

由于质量屋的形式大体上差不多，只是左墙(输入)和天花板(输出)不同，质量屋的具体建立过程在此不再赘述，只是给出相应的结果(见表 7-2 至表 7-4)，并对其结果进行分析(其中，△表示强相关，取数值 4；○表示相关，取数值 2；空白表示基本不相关，取数值 1)。

表 7-2　　**顾客要求质量与服务质量标准的质量屋(左端权重为 iv 值)**

服务标准 要求质量		找座位时间不超过 1 分钟	反应时间不超过 20 秒	上菜时间不超过 8 分钟	原料和厨房让顾客看见	比 80%的类似餐馆便宜
就餐方便	15	△	△	△		
等待时间短	8		○	△		
服务员随叫随到	12	○	△			
价格便宜	5					△
原料新鲜					△	○
分量足	5					△
厨房干净					△	

表 7-3 **服务质量标准与服务措施的质量屋**

服务措施 / 服务标准	增加 2 名服务员	厨房开设一个玻璃窗口	改用小器皿	增加一名厨师
找座位时间不超过 1 分钟	△			
反应时间不超过 20 秒	△			
上菜时间不超过 8 分钟	△		△	
原料和厨房让顾客看见		○	△	
比 80%的类似餐馆便宜		△		

表 7-4 **顾客要求质量与服务措施质量屋**

服务标准 / 要求质量	增加 2 名服务员	厨房开设一个玻璃窗口	改用小器皿	增加一名厨师	建议措施
就餐方便	△				
等待时间短	△			○	
服务员随叫随到	△				
价格便宜					
原料新鲜		○			
分量足					
厨房干净		△			

(5)质量改进建议。

通过比较第一个和第三个质量屋，我们发现：商家和顾客之间存在着理解上的偏差。例如：商家认为“改用小器皿”可以让顾客觉得分量更足，顾客则认为此举并不能起任何作用。又如：顾客提出了“改进上菜程序”、“给常来顾客以九折优惠”等措施。

最终，通过分析比较第二个质量屋和第三个质量屋的异同，并对服务质量标准和服务措施的质量屋进行修正(见表 7-5)，使得商家与顾客的意见得到了兼顾，并找到了质量改进的重点及最有效的措施：“增加 2 名服务员”、“改进上菜程序”、“给常来顾客以九折优惠”。

表 7-5 **改进的服务质量标准和服务措施的质量屋**

服务措施 服务标准		增加 2 名服务员	厨房开设一个玻璃窗口	给常来顾客以九折优惠	改进上菜程序	发送原材料送货	增加一名厨师
找座位时间不超过 1 分钟	7	△					
反应时间不超过 20 秒	6	△					
上菜时间不超过 8 分钟	5	△			△		○
原料和厨房让顾客看见	4		△				
比 80%的类似餐馆便宜	4			△		○	

通过此实例研究，可以得出一个重要结论：在工业生产中获得了成功的 QFD 方法，可以在服务业中得到很好的应用。但是，在应用过程中必须结合服务业的特点对传统的 QFD 进行适当的改进。

【知识掌握】

□简答题

(1)质量功能展开的含义是什么？

(2)简述质量功能展开的功效。

(3)简述质量功能展开的步骤是怎样的。

(4)什么是质量屋？

(5)质量功能展开有哪些应用优势和局限？

□判断题

(1) 质量功能展开不能应用于服务行业。 ( )

(2)顾客的想法和需求瞬息万变是质量功能展开应用局限的主因。 ( )

(3)质量屋的基本应用是倾听顾客的意见，捕捉顾客的愿望，很好地理解顾客的需求。 ( )

(4)有利于实现预防为主和早期的质量控制。 ( )

(5)质量功能展开由赤尾洋二和水野滋两位日本教授于 20 世纪 60 年代作为一项质量管理系统提出。 ( )

□综合实训

实训项目：质量功能展开分析应用

1. 实训目的

(1)能用所学知识对企业质量管理状况进行分析；

(2)能结合企业具体情况提出进行全面质量管理的一些措施；

(3)提高对企业质量管理案例进行分析的能力。

2. 实训内容

在个性日益张扬的当代，消费者对家具的需求日益多元化，只有准确把握消费者需求的家具才会受到青睐。因此，越来越多的家具企业将目光投向消费者，与消费者建立良好的沟通渠道以获取真实的消费需求。家具需求信息的采集与分析影响着家具的新产品开发，可能的需求缺乏会造成新产品开发的失败。若是新产品开发失败，给企业带来的影响将非常大，不仅会影响企业一年的销售额，严重的甚至关系到企业的生死存亡，因而以科学的方法获取客户的需求并加以科学分析，是家具企业进行新产品开发的前提，也是确保新产品具有市场的关键。

QFD就是一种有效的科学分析方法，它的作用在于将客户主观的想法和要求转化成客观的详细说明，使设计人员能够利用它来进行产品的设计。一直以来，中国家具企业的新产品开发能力较低，将QFD引入家具企业是提高家具产品设计水平的很好对策。而家具企业对于QFD的研究还刚刚开始，尚未出现系统的理论研究和实践推广应用。

QFD是质量理论的一个分支，以满足市场需求为出发点，以客户需求为驱动，将客户需求信息明确转变为设计、生产、销售部门直接所用的具体信息，保证企业最终能生产出满足客户需求，甚至给客户带来惊喜的产品。它的工作原理是绘制客户需求关系图表，一种描述“客户想要什么”与“企业如何能够最好地交付”之间关系的矩阵图。一般QFD的输入是一系列主观性的客户需求偏好，输出是产品详细设计说明和资源的优先顺序。其中“产品详细设计说明”表示的是设计团队用来设计产品的实际数据以及定制产品的定制策略信息：在何处，由谁来定制家具。“资源优先顺序”表示的是设计团队在设计的各个方面分别应该投入的精力的百分比(可以用设计预算的比例或设计耗费的时间来表示)，以保证资源投向客户最需要的特性。

3. 实训要求

以衣橱为例，详细论述QFD在家具新产品开发中的具体运用。按照下面的程序完成质量功能展开应用。

(1)收集客户需求；

(2)需求排序；

(3)工程性能的衡量；

(4)完成相关矩阵；

(5)同行竞争基准评定。

以5~6人为一组，进行合理分工，每人应有明确任务；认真考察当地一知名家具企业，熟悉其质量管理的制度、方法和手段；根据所学知识，完成质量功能展开分析，撰写实践报告，并做PPT，实践报告完成后设课堂讨论课，相互交流实训经验。

第八章 服务质量管理

学习目标

知识目标

在学习完本章之后，你应该能够：

◎了解服务的含义、特征和分类；

◎明确服务质量管理的概念、内容和来源；

◎熟知服务质量体系的概念和关键内容；

◎掌握服务过程质量管理，包括市场研究与开发质量管理、服务设计质量管理、服务提供过程质量管理、“关键”时刻质量管理。

技能目标

◎掌握服务过程质量管理的方法、步骤与技巧。

◎尝试将服务过程质量管理方法应用于企业。

引 例

酒店前台的争吵

9 月 19 日，熟客梁先生早上入住 1022 房，一切手续办完后，客人问前台服务员于次日凌晨 2 点退房可不可以，服务员答不可以，客人再问一次，服务员再答不可以，客人再三问，服务员再三答不可以，双方争执不下而吵了起来，以至于出动客房部经理、酒店总监，才让客人的怒气平息。客人在离店时对保安说：你们酒店前台的服务质量差。

前台工作人员本应是酒店服务员中素质最高的，但这件事却表明前台人员的素质有待提高。我们在处理问题时一方面要坚持酒店的原则，另一方面要灵活应变。力求在维护酒店利益的同时满足客人，对方是熟客的话，当时可稳住，请示上司后再回答。不能直接拒绝客人，让客人产生一种不受尊重的感觉。

分析：对于一个企业来说，服务质量非常重要，服务企业应该通过建立完善的服务质量体系，精心设计服务提供过程来提高和保证服务质量。

8.1　服务与服务质量

8.1.1　服务的定义、特征与分类

1. 服务的定义

20世纪70年代，由于服务业的发展，学术界开始注重对服务的研究。典型的服务业包括修理、娱乐、餐饮、饭店、旅游、医院、会计服务、法律服务、咨询、教育、房地产、批发零售、物流、金融、保险、租赁等多种行业。由于服务的范围很难精确界定，迄今为止还没有一个被普遍接受的定义。特别是在近二三十年中，制造业和服务业的界限已变得越来越模糊了。今后，这种趋势还将继续。

以下列举影响较广泛的几种对服务的定义：

(1)美国市场营销协会(AMA)于1960年将服务定义为“用于出售或者与销售产品有关的活动、利益或满意”。这一定义并没有充分区分服务与有形产品的差异。

(2)美国学者斯坦顿(Stanton)1974年将服务定义为“可被独立识别的不可感知的活动，为消费者或工业用户提供满足感，但并非一定要与某种产品或服务连在一起出售”。

(3)希尔1977年对服务给出了“变化”的定义，他认为“服务是隶属于某一经济单位的个人或物品状况的变化，这种变化是事先经过该个人或经济单位同意之后由其他经济单位实施的。服务的生产和消费同时进行，这种变化是同一过程的变化，服务一旦生产出来必须由消费者获得的事实意味着服务不能储存。这种不能储存性与其物理特征无关，只是逻辑上的不可能，因为储存同过程的变化是矛盾的”。

2. 服务的特征

对一般服务共有特征的研究有助于认识服务的本质。

(1)无形性。无形性是服务最主要的特征。首先，服务不像有形产品那样，能够看得见、摸得着，服务及组成服务的要素很多都具有无形的性质。其次，服务不

仅其本身是无形的，甚至消费服务获得的利益也可能很难觉察到或仅能抽象地表达。因此，在服务被购买以前，消费者很难去品尝、感觉、触摸到服务，购买服务必须参考许多意见与态度等方面的信息。例如，家用电器发生故障，使用者将其交到维修公司修理，但在修理完成以后，使用者仅从外观上往往难以准确地判断维修服务的质量。

(2)生产和消费不可分离性。有形产品从设计、生产到流通、消费的过程，需要经过一系列的中间环节，生产和消费过程具有非常明显的时间间隔。而服务的生产和消费具有不可分离的特征，服务人员提供服务给顾客的过程，也是顾客消费服务的过程。例如，在教育服务中的教师和学生，医疗服务中的医生和病人，只有二者相遇(相遇的方式可以是多种多样的)，服务才有可能成立。

(3)服务是一系列的活动或过程。服务不是有形产品，即不是实物，服务是服务企业通过一系列的活动或过程将服务提供给服务的买方，也是服务企业生产和服务买方消费的一系列活动或过程。服务企业不能按传统的方式来控制服务的质量。一般而言，服务的生产过程大部分是不可见的，顾客可见的生产过程只是整个服务过程的一小部分。因此，顾客必须十分注意自己看得见的那部分服务的生产过程，对所看见的活动和过程进行仔细的体验和评估。

(4)差异性。服务业是以人为中心的产业，人类个性的存在，使得对于服务质量的评价较难采用统一的标准。一方面，由于服务提供人员自身因素的影响，即使由同一服务人员在不同时间提供的服务也很可能有不同的质量水平，而在同样的环境下，不同服务人员提供的同一种服务的服务质量也有一定的差别；另一方面，由于顾客直接参与服务的生产和消费过程，不同的顾客在学识、素养、经验、兴趣、爱好等方面的差异客观存在，直接影响到服务的质量和效果，同一顾客在不同时间消费相同质量的服务也会有不同的消费感受。

(5)不可储存性。服务的无形性以及生产和消费同时性，使得服务不可能像有形产品那样可以被储存，以备未来销售；或者顾客能够一次购买较多数量的服务回去，以备未来需要时消费。当飞机离开跑道时，从该航班获得的收入就已经确定，即使该飞机上还有部分空座位，也不可能再从该航班上获得任何收入。同样的道理，宾馆里的空床位，只要过了该夜，也不可能再利用，从该项生产能力获利的机会就完全消失。

(6)服务是不包括服务所有权转让的特殊形式的交易活动。与有形产品交易不同，服务是一种经济契约或社会契约的承诺与实施的活动，而不是有形产品所有权的交易。服务缺乏所有权是指在较多服务的生产和消费过程中，不涉及任何东西的所有权转移。服务是无形的，又是不可储存的，服务在交易完成以后就消失了，顾客并没有“实质性”地拥有服务。例如，乘客乘汽车从一个地方到达另一个地方，乘客除了拥有车票以外，没有再拥有任何其他东西，同时客运公司也没有把任何东西的所有权转让给乘客。当然，顾客在享受商业服务时，也同时附带有购买商品的所有权的这种转移。

3. 服务的分类

服务是有共性的，但同时又具有广泛的差异性，从简单的搬运行李到太空旅行，从家电维修到网上购物，不同的服务具有各自的个性。而且随着科技的发展和人类文明的进步，新的服务不断涌现。以下是西方学者提出的几种分类方案。

(1)根据服务的对象特征分类

①经销服务，如运输和仓储、批发和零售贸易等服务。

②生产者服务，如银行、财务、保险、通信、不动产、工程建筑等方面的服务。

③社会服务，如医疗、教育、福利、宗教、邮政和政府服务等以及会计和法律等服务。

④个人服务，如家政、修理、理发美容、宾馆饭店、旅游和娱乐业等服务。

(2)根据服务存在的形式分类

①以商品形式存在的服务，如电影、书籍、数据传递装置等。

②对商品实物具有补充功能的服务，如运输、仓储、会计、广告等。

③对商品实物具有替代功能的服务，如特许经营、租赁和维修服务等。

④与其他商品不发生联系的服务，如数据处理、旅游、旅馆和饭店服务等。

(3)按服务企业的性质分类

①基本上以设备提供为主：自动化设备，如洗车等；由非熟练工操作的动力设备，如影院等；由技术人员操作的动力设备，如航班等。

②基本上以提供服务为主：由非熟练工提供，如园丁等；由熟练工提供，如修理工等；由专业人员提供，如律师、医师等。

8.1.2　服务质量

1. 服务质量的定义

服务质量是产品生产的服务以及服务业满足规定或潜在要求(或需要)的特征和特性的总和。特性是用以区分不同类别的产品或服务的概念，如旅游有陶冶人的性情令人愉悦的特性，旅馆有提供休息、睡觉条件的特性。特征则是用以区分同类服务中不同规格、档次、品位的概念。

2. 服务质量环

如图 8-1 所示，服务质量环是对服务质量形成的流程和规律的描述，是从识别需要到评价这些需要是否得到满足的各个阶段中，影响服务质量的相互作用的活动的概念模式。该模式也是全面质量管理的原理和基础，它涵盖了服务质量体系的全部基本过程和辅助过程，其中三个最基本的过程就是市场开发、设计和服务提供。

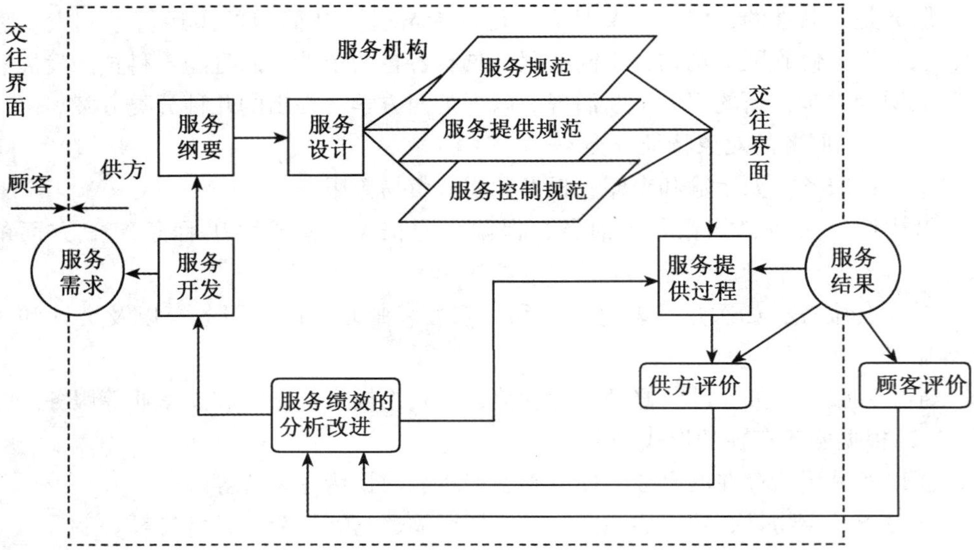

图 8-1　服务质量环

服务质量环是设计和建立服务质量体系的基础，只有对本企业的服务质量环分析清楚，准确、恰当地确认质量环，才能有针对性地选择服务质量控制要素，保证本企业的服务质量达到质量目标。也只有通过对服务质量环的正确管理，才能实现对服务质量的动态识别和适时控制。

3. 服务质量的内涵

服务质量最表层的内涵应包括服务的安全性、适用性、有效性和经济性等一般要求。鉴于服务交易过程的顾客参与性和生产与消费的不可分离性，服务质量必须经顾客认可，并被顾客所识别。服务质量的内涵应包括以下内容：

(1) 服务水平。好的服务质量不一定是最高水平，管理人员首先要识别公司所要追求的服务水平。当一项服务满足其目标顾客的期望时，服务质量就可认为是达到了优良水平。

(2) 目标顾客。目标顾客是指那些由于他们的期望或需要而要求得到一定水平服务的人。随着经济的发展和市场的日益成熟，市场的划分越来越细，导致每项服务都要面对不同的需求。企业应当根据每一项产品和服务选择不同的目标顾客。

（3）连贯性。连贯性是服务质量的基本要求之一。它要求服务提供者在任何时候、任何地方都保持同样的优良服务水平。服务标准的执行是最难管理的服务质量问题之一。对于一个企业而言，服务的分销网络越分散，中间环节越多，保持服务水平的一致性就越难。服务质量越依赖于员工的行为，服务水平不一致的可能性就越大。

【知识链接 8-1】

服务质量差距

测量服务期望与服务感知之间的差距是那些服务领先的服务企业了解顾客反馈的经常性过程。

差距1是顾客期望与管理者对这些期望的感知之间的差距。导致这一差距的原因是管理者对顾客如何形成他们的期望缺乏了解。顾客期望的形成来源于广告、过去的经历、个人需要和朋友介绍。缩小这一差距的战略包括改进市场调查，增进管理者和员工间的交流，减少管理层次，缩短与顾客的距离。

差距2是指管理者没有构造一个能满足顾客期望的服务质量目标并将这些目标转换成切实可行的标准。差距2由以下原因造成：缺乏管理者对服务质量的支持，认为满足顾客期望是不可实现的。然而，设定目标和将服务传递工作标准化可弥补这一差距。

差距3是指服务绩效的差距，因为实际服务过程不一定能达到管理者提出的要求。许多原因会引起这一差距，如缺乏团队合作、员工招聘问题、训练不足和不合理的工作设计等。

4. 服务质量的构成要素

服务质量既是服务本身的特性与特征的总和，也是消费者感知的反映，因而服务质量既由服务的技术质量、职能质量、形象质量和真实瞬间构成，也由感知质量与预期质量的差距所体现。

技术质量是指服务过程的产出，即顾客从服务过程中所得到的东西。例如宾馆为旅客休息提供的房间和床位，饭店为顾客提供的菜肴和饮料，航空公司为旅客提供的飞机、舱位等。对于技术质量，顾客容易感知，也便于评价。

职能质量是指服务推广的过程中顾客所感受到的服务人员在履行职责时的行为、态度、穿着、仪表等给顾客带来的利益和享受。职能质量完全取决于顾客的主观感受，难以进行客观的评价。技术质量与职能质量构成了感知服务质量的基本内容。

形象质量是指企业在社会公众心目中形成的总体印象。它包括企业的整体形象和企业所在地区的形象两个层次。企业形象通过视觉识别、理念识别、行为识别等系统多层次地体现。顾客可从企业的资源、组织结构、市场运作、企业行为方式等多个侧面认识企业形象。企业形象质量是顾客感知服务质量的过滤器。如果企业拥有良好的形象质量，些许的失误会赢得顾客的谅解；如果失误频繁发生，则必然会破坏企业形象；倘若企业形象不佳，则企业任何细微的失误都会给顾客造成很坏的印象。

真实瞬间则是服务过程中顾客与企业进行服务接触的过程。这个过程是一个特定的时间和地点，这是企业向顾客展示自己服务质量的时机。真实瞬间是服务质量展示的有限时机。一旦时机过去，服务交易结束，企业也就无法改变顾客对服务质量的感知；如果在这一瞬间服务质量出了问题也无法补救。真实瞬间是服务质量构成的特殊因素，这是有形产品质量所不包含的因素。

服务生产和传送过程应计划周密，执行有序，防止棘手的“真实瞬间”出现。如果出现失控状况并任其发展，出现质量问题的危险性就会大大增加。一旦真实瞬间失控，服务质量就会退回到一种原始状态。服务过程的职能质量更是深受其害，将进一步恶化质量。

8.1.3 服务质量的来源和形成模式

1. 服务质量的来源

北欧学派的两名服务管理学家，瑞典的古默森教授和芬兰的格龙鲁斯教授，对产品和服务质量的形成过程进行了深入的研究，并于20世纪80年代发表了各自的研究成果。古默森的理论称为4Q模式，即质量的形成有4个来源：设计来源、生产来源、供给来源和关系来源。这里根据服务的生产和消费不可分离的特征，将服务质量的来源综合为设计、供给和关系三个来源。服务企业如何认识和管理这三个方面来源，将会影响顾客对总体服务质量的认识。

(1)设计来源，即服务是否优质，首先取决于独到的设计。

(2)供给来源，即将设计好的服务，依靠服务提供系统，并以顾客满意和希望的方式操作实际服务过程，把理想中的技术质量转变为现实中的技术质量。

(3)关系来源，即服务过程中服务人员与顾客之间的关系。服务人员越是关心体贴顾客，解决顾客的实际问题，顾客对服务质量的评价就越高。

2. 服务质量的形成模式

关于服务质量的内容和来源的理论可归结为古默森—格龙鲁斯质量形成模式。这里考虑到服务的生产和供给过程的一致性，将生产和供给综合在一起，分析服务质量的形成和实质。服务质量形成模式如图 8-2 所示。

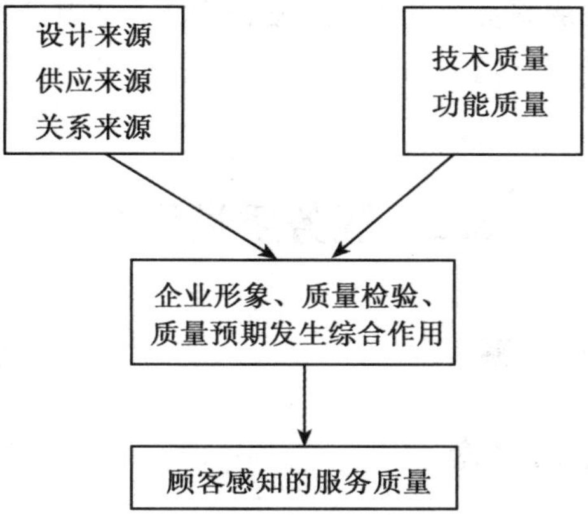

图 8-2　服务质量形式模式

图 8-2 表明，顾客感知服务质量要受到企业形象、预期质量和体验质量三方面的综合作用。

【知识链接 8-2】

三鹿事件发生的深层次原因

反思三鹿事件，造成此次事件的原因比较多，主要原因有以下三个方面：一是部分乳制品企业的经营价值观发生扭曲，没有坚持基本的经营原则，一味追逐利润最大化，放松了对产品质量的监管；二是企业发现问题没有及时处理，三鹿集团在 2007 年底就发现了三聚氰胺的问题，基于市场和经济的原因，任由事态发展，没有采取有效措施；三是事件发生之后，企业推卸责任，找客观理由，反而使事态扩大化。

三鹿奶粉危机反映出很多中国企业在品牌经营过程中存在的认识误区和价值理念的缺失，其影响是巨大的。

首先，对中国品牌的发展产生了一定的负面影响，特别是对已经具有一定知名度和国际影响的中国品牌造成了较大的信任打击，消费者对老品牌，特别是国有企业也会产生信任危机。

其次，使中国乳制品行业整体发展和国际化进程受到一定打击，重塑行业和企业形象需要一段时间。乳制品行业是中国少数能够在国际化竞争中站住脚的行业之一，目前，除了大型能源化工、通信等中央企业，消费品行业尚没有几个能达到乳制品行业这样的高度。不难想象，中国乳制品行业需要一段时间才能再度赢得消费者的信任。

最后，给中国国家形象带来一定伤害。“三鹿奶粉”这一事件本身带来的负面影响已经远远超出了经济损失的范围，甚至使中国在世界上的名誉和形象都受到了影响。

8.2 服务质量体系

8.2.1 服务质量体系

1. 服务质量体系的概念

服务企业必须把服务质量管理作为企业管理的核心和重点，把不断提高服务质量，更好地满足顾客和其他受益者的需求作为企业管理和发展的宗旨。因此，任何一个服务企业要实现自己的质量战略，都必须建立一个完善的服务质量体系。

服务质量体系就是实施服务质量管理所需的组织结构、程序、过程和资源。对它的理解应注意以下三个方面：

(1)服务质量体系的内容应以满足服务质量目标的需要为准。

(2)服务企业的质量体系主要是为满足服务企业的内部管理的需要而设计的。它比特定顾客的要求要广泛，顾客仅仅评价该服务质量体系的相关部分。

(3)可根据要求对已确定的服务质量体系要素的实施情况进行证实。

服务质量体系的作用是使服务企业内部相信服务质量达到要求，使顾客相信服务满足需求。服务质量体系是服务企业实施质量管理的基础，又是服务质量管理的技术和手段。

2. 服务质量体系的关键方面

如图 8-3 所示，服务质量体系主要有管理者的职责、资源、质量体系结构三个关键方面，而顾客则是服务质量体系三个关键方面的核心。只有当管理者的职责、资源以及质量体系结构三者之间相互配合和协调时，才能保证顾客满意。

8.2.2 管理者的职责

服务企业管理者的职责是制定和实施服务质量方针并使顾客满意。方针取决于管理者对服务质量体系的开发和有效运行的支持。

1. 服务质量方针的成功实施

任何服务企业在服务质量体系的设计和建立时，均应编制并颁布本企业的服务

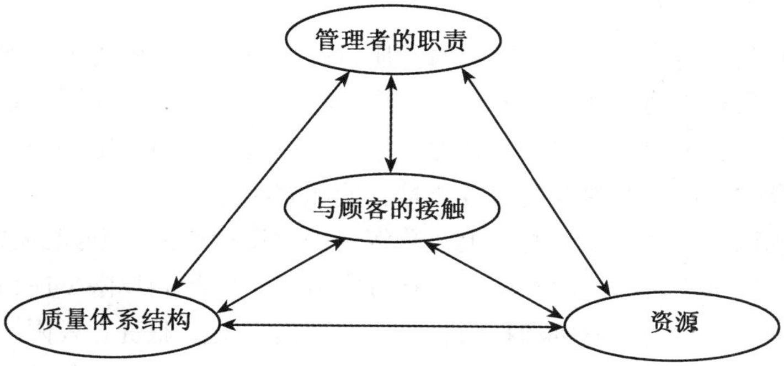

图 8-3　服务质量体系的关键方面

质量方针，并通过服务质量体系的实施，保证本企业服务质量方针的实现。服务质量方针是服务企业总的质量宗旨和方向，是企业在服务质量方面的总的意图，涉及服务企业所提供服务的等级、企业的质量形象和信誉、服务质量的目标、保证服务质量的措施、全体员工的作用等内容。服务质量方针应是整个企业总方针的核心部分，引导企业在服务竞争日趋激烈的市场竞争中以服务质量取胜，以服务质量求得效益，以服务质量的优势保证企业生存和持续发展。

服务企业的最高管理层应高度重视并亲自主持制定本企业的质量方针，并以正式文件予以颁布。企业领导者应以必要的措施，使全体员工能理解并自觉坚持执行。

2. 质量目标和质量活动

服务企业要实现本企业的服务质量方针，首先要建立服务质量目标并识别服务质量活动。建立服务质量目标应考虑：用适当的质量测量如产品衡量、过程衡量和顾客满意度衡量来清楚地定义顾客的需要；采取预防和控制措施，以避免顾客的不满意；优化质量成本，达到所要求的服务业绩和等级；不断衡量服务要求和成绩，使其与改进服务质量的时机相一致；预防服务企业对社会和环境的不利影响。

服务质量活动是指在服务的市场开发、设计、提供全过程中与服务质量直接相关或间接相关的全部活动。服务质量体系要素体现为一组过程，任何服务工作都是通过过程完成的，每个过程都包含一定的服务质量活动，因此确定服务质量活动是建立组织结构的前提。服务质量活动是指从服务的市场开发、设计、提供全过程中与服务质量直接相关或间接相关的全部活动。服务质量体系要素体现为一组过程，任何服务工作都是通过过程完成的，每个过程都包含一定的服务质量活动，因此确定服务质量活动是建立组织结构的前提。

3. 质量职责和权限

管理者的职责包括对其活动影响服务质量的所有人员明确规定一般的和专门的职责和权限。只有明确合理分工的质量职责和权限，一线员工才可以在确定的权限范围内尽可能地满足顾客的要求，其他员工也可以通过承担规定的职责与一线员工进行有效的合作，以持续地改进服务质量，使顾客满意。

在设计或识别质量活动的基础上，分解、细化质量职能，分配到各部门、各岗位，最终落实到每个员工。落实职权是指分配或承担职责和权限。应该说，服务企业内每个员工都有自己的职责和权限，但一些关键人员的职责和权限的落实有利于职能部门和全体员工的质量职责的确定、分配和落实。在这些少数的关键人物加高层管理人员，明确并充分有效地行使了自己的职权以后，其他问题就能迎刃而解。

8.2.3 服务质量管理体系的资源

资源是服务质量管理体系的物质、技术基础和支撑条件，是服务质量体系赖以存在的根本，也是能有效运行的前提和手段。资源包括人力资源、物质资源和信息资源三部分。

1. 人力资源

人是服务企业最重要的资源，大多数的服务都需要服务企业的员工来提供。对顾客而言，他们往往把第一线员工看作服务的化身。由于服务是一种情绪性的工作，管理好服务体系中的人力资源必须做到以下两点：

(1)聘用个性适宜提供良好服务的人。服务企业中的大部分工作职位，都需经常与顾客密切接触，而且工作过程中充满了不确定性——顾客的需要和期望各不相同，服务企业员工在执行任务时，不可能全按标准作业来进行。他们必须自行判断如何解决顾客的问题，采取主动式服务，才能针对顾客的特殊情况提供个性化的服务。但在很多服务企业，当需要员工自己判断解决顾客面临的实际问题时，员工的服务多半不佳。因此，服务企业对员工特别是对第一线员工的聘用应投入足够的重视。

由于服务是无形的，顾客对服务质量好坏的认识，主要根据他们与服务人员打交道的体验来判断。有些研究发现，即使提供服务的系统发生故障，使得服务的效率降低，只要顾客认为服务企业的员工仍在关心他们，了解他们的需求以及尽量设法补救，顾客仍然会同情谅解。传统的制造企业需要一切都在控制之下，而且整个制造过程必须防止干扰。但优质的服务则相反，它欢迎顾客提出要求，并且有能力进行弹性处理。许多服务质量优异的企业，如麦当劳，都列出优秀服务人员应具备的能力和个性，针对需要来了解服务企业的应征者是否具备这些素质。在服务企业，员工的个性是否开朗，可能比经验、技术能力更重要。

(2)培训。不断地、密集地、全面地培训是服务质量体系要素得以有效实施的前提。美国花旗银行研究过17家服务领先的公司，这些公司都拨出1%~2%的营业收入作为一线员工、管理人员和高层主管的培训经费。当然，培训的课程要因职位和职务的不同而不同，但所有的培训都应当包括提供后勤支援的人如何对待内部顾客——第一线员工或其他服务企业的工作人员。

除正式的培训以外，服务企业也可以通过非正式途径来培训员工。例如，通过同事和上司示范工作诀窍，传授应有的价值观和服务态度等。不管是采用正式的还是非正式的方式，对所有员工的培训都必须前后一致，并要符合公司发展战略、经营策略、文化和人事政策，同时要得到服务企业相关部门的支持。

如果培训只针对直接提供顾客服务的第一线员工实施，而不是针对同样需要这种训练的监督和管理人员(后勤支持人员)；培训只集中于与外部顾客的关系，而不涉及与内部顾客的关系以及团队合作的重要性，这种培训对服务企业提高服务质量并无长期效果。

由于服务质量包含技术质量和功能质量两方面的内容，服务培训也可以分为技术培训和功能培训两种。要提供杰出的服务，就要确保每一个员工——并非只是与顾客直接接触的那部分员工，而是包括所有能影响到顾客对服务质量评价的员工，都对如何执行本职工作有深入的认识。服务质量体系要求服务作业过程分解成具体的步骤，然后利用各种语言、文字和形象等传播方式，把服务规范的内容灌输给员工。通过垂直式或横向式交叉培训，可以使公司在服务能力上进行较大的弹性调整，同时提高员工的自尊心和工作的积极性更重要的是，交叉培训能确保每一个员工都有能力解决顾客面临的问题，并在顾客与服务企业内部作业之间扮演桥梁角色。

为提高服务质量而进行的培训，其具体方案可以有多种选择。例如，服务现场面对面培训；角色培训；小组在岗培训；研讨会；针对不同岗位的培训班，如经理培训班、主管人员培训班、一线员工培训班等。

【案例分析8-1】

未经培训而导致的失误

某饭店前台有旅游外事职业学校的实习生甲在值班台服务。一位客人电话预定了一个套间，这位实习生将套间安排在四层409房间。实习生下班后将预定情况转交给下一班的实习生乙。晚上客人到店，接班实习生乙没有检查上一班实习生安排的房号，就匆忙通知了楼层值班员。当客人来到409房间时发现这不是套间，而是标准间。客人大为不满，要求换房。但是总台查询后说套间已全部租出，没有办法调整，只好答应一有套间就给予调换。事后前台主管了解到是因为各层的09房间均是套间，唯独四层的09房间是标准间。而实习生对楼层的情况只是大致了解，结果按一般规律办理，错把标准间当做套间了。

分析：此事表面上看是由于实习生甲粗心大意造成的，实质上是由于实习生甲对于自己提供的服务没有进行细致的了解。服务员出租房间就是出售商品，自己对于出售的商品不甚了解，又怎么能进行推销？应该很好地进行上岗培训，包括深入现场，全面、详细、认真地了解饭店各部门、经营业务、设施设备、服务功能、服务项目及品种价格等，以便准确掌握饭店向顾客提供的所有商品信息。对于实习生乙，同样由于粗心没有对甲提供的信息进行核实，也应进行培训。

【案例分析8-2】

迪斯尼公司对员工的培训

迪斯尼公司对员工的培训非常有特色，他们把一线员工称作“演员”，而人事部门则是“分配角色”。有一对兄弟曾被奥兰多市的“迪斯尼世界”雇去收门票，这看来是非常普通的工作，可是也必须经过每天8小时的4天培训以后，才被允许登上“前台”。他们要懂得什么是“贵宾”(Guest)，这是用大写字母G开头的，而不是顾客(customer)，那是用小写字母c开头的，不可混淆。学会收门票为什么要花上4天时间？他们回答说要是有人来问厕所在哪里，游行表演什么时间开始，回宿营地去该乘哪路公共汽车等，我们得知道怎么回答，或者到哪儿能得到最快的回答。

分析：员工出现在前台上，是向客人演出，他们所做的工作是要使客人的每一分钟都能感到游园的快乐。这些都需要对员工进行培训，以提高员工的素质和能力。

(3)适当的激励。员工与顾客接触得越多，越需要在情绪上投入。激励是一种正式的鼓励和赞美，可以鼓舞所有的员工。但通常情况下，很多激励方式因为缺乏公正性、次数太少或缺乏心理意义而最终失败。只有挑选获胜者的过程严肃认真，大公无私，并与顾客心目中的服务质量密切相关，这样的激励才有意义。要员工维持长期干劲，不能只靠赞美和奖赏，还必须提供给员工可以展望的发展前景。很多服务企业的员工，特别是第一线员工，不仅薪资少，而且很难出人头地，导致服务企业的人员流动率较高。如何通过最佳的激励方式调动这些能直接影响企业形象和服务质量的员工的积极性是完善服务企业质量管理体系的重要课题。

【案例分析 8-3】

美国运通公司的“伟大表现奖”

美国运通公司每年都要评选“伟大表现奖”，各分公司和办事处先进行“伟大表现奖”准决赛，然后把获胜者的事迹送往公司总部参加决赛。运通公司总部主管评审各参选者的事迹，然后选出该年度的“伟大表现奖”的得主。得奖员工可以到纽约度假一周，获颁一枚“伟大表现奖”白金奖章，参加颁奖宴会以及得到 4000 美元的旅行支票。公司员工对参与评选该奖表现出极大的热情，都把获得“伟大表现奖”作为自己的工作目标。许多顾客被运通公司的员工追求质量，尽力为其解决问题的精神所感动。

分析：激励是一种鼓励和赞美，可以鼓舞所有的员工。特别是在服务行业，员工的激励更重要。

2. 物质资源

物质资源，包括技术和装备。只有拥有先进的物质资源、完善的服务基础设施，才能保证顾客享受到高质量的服务。但同时，由于服务产能与服务需求很难精确匹配，服务企业的物质资源需要具有一定的弹性，能够应付变化较大的服务需求。

服务业固然对人力资源需求巨大，但为了提供服务而必须建立的基础设施及设备，也会使服务企业资本密集度相当高。即使是纯粹的服务企业，从餐厅到电力公司，其资本密集程度也不在制造企业之下。这是由于公用事业、航空公司和其他一些需要昂贵设施提供服务的行业以及主要依靠人力提供服务的行业如餐厅、零售店、保险公司等也都需要可观的资本投资，而且其中绝大部分是着眼于以科技代替人力。

建立完善的服务质量体系要对基础设施及设备投入大量的资金，这些基础设施及设备包括：基本的装修和服务工具、有关顾客的信息系统、管理的通信网络、备用物资的储备等。对基础设施及设备的投入与对人力的投入是相互关联的。基础设施及设备的投入可以使服务员工提高生产力，并降低增聘新员工的需要，节约了挑选和培训新员工的时间和费用，又避免了损失未来的销售额即公司的发展机会。

一些服务行业具有规模经济，可以在较低的边际成本下提高服务质量，或是增添新的服务品种。如果服务企业在竞争者之前，先对服务质量体系中的基础设施及设备进行适当的投入，其产生的规模效应可以形成有力的垄断优势，甚至可构成竞争壁垒，在保证提供的服务质量的基础上，排斥新的竞争者。

3. 信息资源

在竞争日趋激烈的今天，信息资源将是服务企业最终能在竞争中获胜的关键之一。拥有信息基础的服务企业，可以根据自身的信息资源，对顾客提供个性化的服务，针对顾客的偏好适时调整其服务，以提高服务的效率和效益。

服务企业获得信息资源的主要渠道包括以下几个方面：顾客、企业一线员工、企业管理层、供应商、社会公众。服务企业可针对不同来源特别设计调查方式，获得与服务质量有关的信息资源。

【知识链接 8-3】

沃尔玛公司的私人卫星网络

1984 年，沃尔玛公司耗资 2400 万美元发射了自己的卫星。截至 1990 年 1 月，沃尔玛的卫星系统是全球最大的交互式、高度整体化的私人卫星网络。卫星网络向所有商店同时广播，不但加快了信息的传送，也降低了电话费用。这个卫星系统给公司提供交互式的音像系统，便于库存控制的数据传输，能够在结账柜台上进行快速信用卡授权，并增强了 EDI 传输功能。这一系统是沃尔玛"迅速反应"项目的一部分，确保商店一旦库存紧缺，能够及时订货。与之相对应，沃尔玛的付款方式也较其他零售公司优惠。平均而言，沃尔玛在 29 天之内付款，而竞争对手平均在 45 天之内付款。利用这些信息资源，沃尔玛提高了服务效率，获得了竞争优势，通过快速增长逐渐成为全世界零售业的巨头。

8.2.4 质量体系结构

服务企业的质量体系结构包括组织结构、过程和程序文件三个部分。

1. 组织结构

组织结构是组织为行使其职能，按某种方式建立的职责、权限及其相互关系。服务质量体系的组织结构是服务企业行使质量管理职能的一个组织管理的框架。其重点是将服务企业的质量方针、目标层层展开，再转化分解到各级、各类人员的质量职责和权限，明确其相互关系。由于整个管理最活跃和最关键的因素是人，因此规范人的行为的组织结构就是整个管理的核心。

组织结构可以看成是服务质量体系的静态描述。在静态条件下，考虑管理框架、层次结构，部门职能分配，职责、权限和相互关系的协调和落实，组成了一个服务质量管理的组织系统。对于服务业而言，考虑到服务的特殊性，其组织结构的设立主要表现在一线员工的职责、权限，管理者的职权和管理的层次等方面。

2. 过程

对于服务企业而言，过程的输出就是无形的服务。每个服务企业都有其独特的过程网络，服务企业的质量管理就是通过对服务企业内部各种过程进行管理来实现的。

根据服务质量环，服务可划分为三个主要过程，即市场研究和开发、服务设计和服务提供过程。市场研究和开发过程是指服务企业通过市场研究与开发确定和提升对服务的需求和要求的过程。服务设计过程是指把市场研究和开发的结果即服务提要的内容转化成服务规范、服务提供规范和服务质量控制规范，同时反映出服务企业对目标、政策和成本等方面的选择方案。服务提供过程是将服务从服务企业提供给服务消费者的过程，是顾客参与的主要过程。

3. 程序文件

对服务质量体系而言，程序是对服务质量形成全过程的所有活动，规定恰当而连续的方法，使服务过程能够按规定具体运作，达到系统输出的要求。程序文件是服务质量体系可操作的具体体现，是服务质量体系得以有效运行的可靠保证。形成文件的程序应根据服务企业的规模、活动的具体性质、服务质量体系的结构而采用不同的形式。

服务工作程序是服务企业为确保所提供的服务满足明确的和隐含的需要，保证质量方针和质量目标得以实现所制定和颁布的所有影响服务质量的各项直接和间接活动的规定。根据性质，可以分为管理性程序和技术性程序两类。对某一项影响服务质量的质量活动，服务质量体系的程序有如下作用：

(1)各部门、各岗位严格执行程序，可以对服务质量活动进行恰当而连续的控制，使服务质量始终保持在受控状态。

(2)由于在程序文件中事先对预防措施进行了适当安排，可以减少发生服务质量问题的风险。

(3)由于事先作业安排，一旦发生服务质量问题，可以及时作出反应并能迅速加以纠正。

8.2.5　顾客

顾客是服务质量体系中最关键的因素，也只有服务质量体系的其他因素相互沟通，共同发展并和谐地服务于顾客这个中心，才能使服务质量体系有效地运行。管理者应采取有效的措施，在顾客与服务企业之间建立畅通的信息沟通渠道。同顾客直接接触的人员是企业获得服务质量改进信息的重要来源。

以下几点可能是服务企业做好与顾客接触所必需的：

(1)理解顾客。

(2)发现顾客的真实需要。

(3)提供顾客需要的产品和服务，使顾客理解所提供的服务。

(4)最大限度地提供顾客满意的服务。服务企业创造性地考虑自己的产品和服务，有时还可以给企业带来新的相关产品或服务项目。例如，书店中设茶座或咖啡厅；加油站免费给加油的汽车提供清洗服务等。

(5)使顾客成为“回头客”，并使顾客传播公司的服务。

【知识链接8-4】

家乐福某店价格欺诈被罚50万元

湖北省物价部门对武汉市家乐福等超市进行了专项价格检查。经查，认定武汉地区家乐福超市存在价格欺诈行为，两种涉案商品为：家乐福超市某店销售的意邦多功能清洁巾“3+1”装，标价为16.9元/个，实际结算价格为18.8元/个；销售的华味亨138克小核桃仁售价35.9元/袋，与同品牌的225克纸皮核桃(售价14.8元/袋)混放，但只摆放纸皮核桃的价签14.8元/袋。

以上商品存在低标价招揽顾客，而以高价格实际结算，以及模糊标价的情况，违反了我国《价格法》的规定，属于存在“利用虚假的或者使人误解的价格手段，诱骗消费者或者其他经营者与其进行交易”的价格欺诈行为。武汉市价格主管部门依据相关法规，对武汉家乐福某店罚款50万元。

8.3 服务质量管理与控制的基本内容

8.3.1 服务市场研究与开发的质量管理

1. 服务市场研究与开发

服务企业不可能仅仅依靠对现有的服务扩大地理范围或对某些项目进行一些缺乏实质性的改动而始终保持成功。由于保持竞争力的需要，为维持现有提供的服务以及获得足够的资金以适应市场竞争，服务企业在其服务组合中，要通过取代在生命周期中处于衰退期的服务品种，并利用超额服务能力以抵消季节性波动，降低风险，探索新的机会。

服务市场研究一般包括以下四个方面的内容：

(1)对各种市场的确认和测量。

(2)对各种市场进行特征分析，包括顾客对各种服务的需求、各种服务的功能、理想的服务特征、顾客找寻服务的方法、顾客的态度与活动、竞争状况、市场占有率、装备及竞争趋势等内容。

(3)对各种市场进行预估，包括成长或衰退的基本动力、顾客的趋势与变迁、新竞争性服务业的类型、环境变迁(社会、经济、科技、政治)等内容。

(4)个体服务市场的特征和发展重点项目，包括确定顾客对提供的服务的需要和期望，各种辅助性服务，已经收集到的顾客的要求、服务合同信息的分析和评审，职能部门为满足服务质量要求的承诺，服务质量控制的应用等。

通过市场研究和分析，服务企业一旦决定提供一项服务，就应把市场研究和分析的结果以及服务企业对顾客的义务都纳入服务提要中。服务提要中规定了顾客的需要和服务企业的相关能力，作为一组要求和细则以构成服务设计工作的基础。服务提要中应明确包含安全方面的措施、潜在的责任以及使人员、顾客和环境的风险最小的适当方法。对服务市场研究与开发进行质量控制，首先要做到识别市场研究与开发过程中对服务质量和顾客满意有重要影响的关键活动，然后对这些关键活动进行分析，明确其质量特性，对所选出的特性规定评价的方法，建立影响和控制特性的必要手段，通过对其测量和控制来保证服务质量。

瑞典联网租车公司1988年着手开发新的服务项目。根据周密的市场调查和研究，联网租车公司确定了新服务项目的服务内容：

(1)向顾客提供租车信息；

(2)接受顾客预约，并为顾客准备好车；

(3)公司主动将车送到顾客期望的地方；

(4)让顾客享受公司的车；

(5)顾客还车；

(6)核定收费；

(7)开具发票；

(8)收取租车费用；

(9)受理投诉。

该项服务经过细致的设计、周密的准备和声势浩大的市场宣传，于该年9月推出后，当月营业额增长了15%，到次年中期，全公司营业额比上年同期增长了23%，取得了较好的效果。

2. 广告的质量管理

服务行业的广告宣传过于夸张其效果可能会适得其反，而太过平淡则可能缺少冲击力度，要使广告取得适当的效果，广告的质量管理往往要注意以下几个方面：

(1)与员工直接沟通。广告虽然是为了吸引企业目前的和潜在的顾客，但服务则是由企业全体员工共同努力提供的，因此在广告的创意和制作过程中，应充分听取不同岗位员工的意见，进一步激发员工提供优质服务的热情。

(2)提供有形的说明，使服务被人理解。由于服务或多或少是无形的，顾客不容易理解，因此在广告中创造性地应用被感知的有形证据，尽可能使广告词变得具体、可信，可以使顾客更容易了解服务的内涵。

【小思考 8-1】

美国西南航空公司的广告策略

1990 年美国西南航空公司开辟伯班克至奥克兰航线，宣称如果乘客按其他航空公司的 186 美元票价付款，到达奥克兰以后，将在机场返还给乘客 127 美元。其主要竞争对手美国西部航空公司对此进行了嘲笑，在其广告中刻画了乘客登上西南航空公司的飞机时，因贪图便宜含羞而掩起面颊的形象。

西南航空公司应该怎么办呢?

分析：西南航空公司应该立即进行反击，比如，广告可以这样设计，公司董事长头上套着一个大口袋，其容易被感知的广告词是“如果你因乘西南航空公司的飞机而害羞，我们给你这个袋子套上你的头；如果你不觉得难堪，就用它装你省下来的钱”。这样的广告容易理解，可以起到很好的效果。

(3)持续推进广告宣传。由于服务比较抽象，因此必须持续地进行广告宣传。只要持续下去，就可能会使顾客逐渐认同广告的内容和实质。

(4)注意广告长期效果。过于许诺，使顾客产生不切实际的期望，尽管在短期内可能效果较好，但当顾客明白服务的真相时，就会因失望而不再光顾。因此，广告必须注意长期效果，进行长期规划，维护企业的形象和声誉。

8.3.2 服务设计质量管理

服务设计是服务质量体系中预防质量问题的重要保证。一旦系统中有一个缺陷，它将被连续不断地重复。戴明认为 94%的质量问题是设计不完善导致的，而仅有 6%是由于粗心、忽视、坏脾气等原因造成的。更重要的是，设计的缺陷使服务质量的源泉——企业员工受到伤害。由设计而造成的系统缺陷不断地使员工和顾客之间、员工和员工之间处于不能融洽相处的状况。

设计一项服务的过程包括把服务提要的内容转化成服务规范、服务提供规范和服务质量控制规范，同时反映出服务企业的选择方案(如目标、政策和成本)。

1. 服务设计的职责和内容

(1)设计的职责。设计的职责应包括策划、准备、编制、批准、保持和控制服务规范、服务提供规范和质量控制规范；为服务提供过程规定需采购的产品和服务；对服务设计的每一阶段执行设计评审；当服务提供过程完成时，确认是否满足服务提供要求；根据反馈或其他外部意见，对服务规范、服务提供规范、质量控制规范进行修正；在设计服务规范、服务提供规范以及质量控制规范时，重点是设计服务需求变化因素计划；预先采取措施防止可能的系统性和偶然性事故以及超过企业控制范围的服务事故的影响。

(2)服务规范。服务规范应包括对所提供服务的完整阐述。设计服务规范之前要确定首要的和次要的顾客需要，首要的顾客需要即基本的需要。例如，去旅游是顾客的基本需要。如果选择飞机旅游，就有一些其他问题：怎样订票、怎样去机场和从机场到目的地等，这些就是次要需要，是由不同的选择产生的。

服务规范中要规定核心服务和辅助服务，核心服务满足顾客首要的需求，辅助服务满足顾客的次要需要。高质量的服务都包括相关的一系列的合适的支持服务。服务企业服务质量优劣的差别主要在于支持服务的范围、程度和质量。顾客把一些支持服务认为是理所当然的、服务企业必须提供的，因而在设计服务规范时，定义和理解次要服务的潜在需求是必要的。

服务规范对提供服务的阐述要包括每一项服务特性的验收标准，如等待时间、提供时间和服务过程时间、安全性、卫生、可靠性、保密性、设施、服务容量和服务人员的数量等。

(3)服务提供规范。服务企业在设计服务提供过程中应考虑到服务企业的目标、政策和能力以及其他诸如安全、卫生、法律、环境等方面的要求。在服务提供规范中应描述服务提供过程所用方法的服务提供程序。对服务提供过程的设计，可通过把过程再划分为若干个以程序为支柱的工作阶段来有效地实现，这些程序的描述包含了在每个阶段的活动。具体包括：对直接影响服务业绩的服务提供特性的阐述；对每一项服务提供特性的验收标准；设备、设施的类型和数量的资源要求必须满足服务规范；要求人员的数量和技能；对提供的产品和服务区分供方的可依赖程度等。

(4)服务设计的内容包括员工、顾客、组织和管理结构、有形和技术环境以及质量控制规范。

服务设计不仅仅根据体系和过程对员工有详细的要求，而且必须考虑员工个人和整体怎样能对他们的工作和设计思想作出最大贡献。服务体系是一个社会——技术系统。设计应包括人员选择、培训/教育和开发以及与激励系统相适应的工作内容和工作设计的分析。

设计服务应考虑到顾客在生产服务的不同时间的作用以及他们与体系中其他要素和其他顾客接触的方式。在设计中考虑潜在的顾客，有利于分清服务过程中顾客参与的程度和性质。服务体系需要仔细地设计，以便顾客尤其是初次使用者理解。

服务的组织和管理部门必须和服务体系的其他要素相配合，主要的几个方面是：首先通过清晰定义服务概念，授权和分配责任，确保在控制和自由之间的平衡，这种平衡对于员工和他们处理重要事件的能力和热情是至关重要的；其次是确保组织内的非正式结构(质量队、质量项目组)和执行不同任务的员工所在的部门之间自动协调。

顾客往往首先对服务的有形和技术环境产生印象。办公室设备、技术系统和服务的价格、旅馆地理位置、建筑物的外观设计、大堂的布局和客房内家具的陈设都是有形技术环境。高质量的有形和技术环境对员工和顾客都是重要的，它们传递着无形服务的线索和信息，而且是服务质量体系的一部分。

质量控制规范应能有效地控制每一个服务过程，以保证服务满足服务规范和顾客需要。质量控制的设计应包括：识别每个过程中对规定的服务有重要影响的关键活动；对关键活动进行分析，明确其质量特性，对其测量和控制将保证服务质量；对所选出的特性规定评价的方法；建立在规定界限内影响和控制特性的手段。

2. 质量的服务设计技术——服务蓝图

(1)蓝图技术。蓝图是指在分析服务过程的不同阶段所使用的一种系统的图示方法。蓝图技术把事件、活动和决策标记成不同的符号，并按时间顺序详细地描述服务是怎样被提供的。通过图表把服务看做一个流动的过程可以使我们更好地理解人、财、物与服务体系和其他部分之间的相互依赖，有助于确定服务潜在的缺陷。这个方法可以设计新的服务，评估和再设计已有的服务并可作为评价服务体系的工具。

在所有的服务中，时间是影响质量和成本的重要因素。蓝图技术使在服务过程的不同阶段计算顾客能接受的时间成为可能。一般来说，要求的时间与服务的复杂程度有关。

在服务蓝图中，一条“视野分界线”把服务提供过程中顾客可见的部分与顾客不可见的部分分离开来，在可见线以上，顾客和员工、不同类型的有形环境打交道，一般而言，蓝图最大部分在可见线以下。大部分的过程顾客是无法看到的，被视野分界线分开，这条隔离线有助于服务企业在顾客视线之外集中控制过程中最困难的部分，避免服务质量遭受更大风险。

(2)蓝图技术的运用。Skostack(1984)指出蓝图技术能帮助服务企业在质量问题发生以前发现可能的问题隐患，她总结出以下四个步骤：绘制事件的过程、发现潜在的缺陷、建立时间框架、分析获利能力。

Kingman—Brandage 把蓝图发展为“服务图”，可以显示出服务过程的一切活动，如图 8-4 所示。服务蓝图强调四个群体：顾客、接触员工(前台人员)、支持员工(后台人员)和管理层(经理人员)。实施分界线把管理层和运营系统分离开来，视野分界线把顾客与服务后台分离开来。

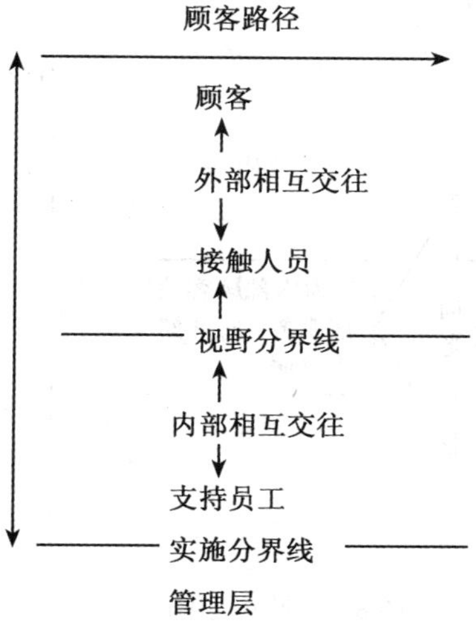

图 8-4　服务图的基本结构

运用蓝图技术，通过对服务过程时间的控制可以提高服务系统的服务能力弹性，使服务企业能随着需求的起伏而适当调整自己的供给状态。

【知识链接 8-5】

企业对蓝图技术的实践

纽约市的花旗银行在其大厅地毯下面铺设电线，用以测量顾客排队等候的时间。当顾客等候时间太长时，该行会采取增添柜台等措施。诺顿百货公司在设计其零售服务系统时，决定在每个旺季都雇用大量的临时工。当其他百货公司在淡季为辞退员工而大为头痛时，诺顿公司则能一贯保持自己员工较高的工作热情。

8.3.3　服务过程质量管理

服务提供过程是顾客参与的主要过程。服务提供过程有两大基本特征：服务提供者与顾客之间的关系十分密切；服务生产过程和消费过程是同时进行的。

1. 服务提供过程模型

根据服务提供过程模型(见图 8-5)，服务的提供被视野分界线划分为两个部分，一部分是顾客可见的或可接触到的；另一部分是顾客看不见的，由服务企业辅助部分提供，但又是为顾客服务不可缺少的。

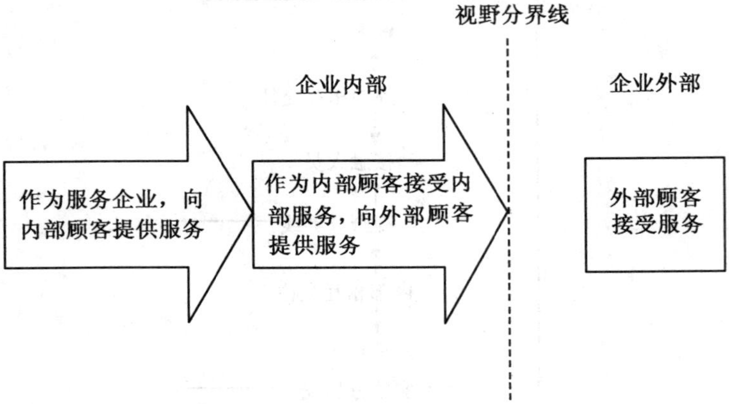

图 8-5　服务提供过程模型

(1)相互接触部分。外部顾客通过相互接触部分接受服务。在相互接触过程中，能够产生和影响服务质量的资源包括介入过程的顾客、企业的一线员工、企业的经营体制和规章制度、企业的物质资源和生产设备。

(2)后勤不可见部分。在服务提供过程中，顾客极少有机会看到视野分界线后面发生的事情。后勤不可见部分可分为两部分，一部分是直接为顾客提供服务的一线员工接受企业后勤人员的服务，另一部分是企业后勤人员作为服务企业向其他内部顾客提供后勤支持服务。通常服务企业可以采取适当的宣传或扩大顾客与企业的接触范围的方式，使顾客理解服务的全部内涵，但由于扩大了相互接触部分，可能会增加服务质量控制的难度。辅助部门在服务提供过程中起到后勤支持作用，这种支持作用表现在管理支持、有形支持和系统支持三个方面。

2. 服务企业的评定

服务企业要保证服务的质量，就要对服务提供过程是否符合服务规范进行监督，并在出现偏差时对服务提供过程进行检查和纠正。特别是对服务过程的关键活动进行测量和验证，避免出现不符合顾客需要从而导致顾客不满意的倾向，并将企业员工的自查作为过程测量的一部分。

服务企业进行过程质量测量的一个方法是绘制服务流程图，显示工作步骤和工作任务，确定关键时刻，找出服务流程中的管理人员不易控制的部分、不同部门之间的衔接等薄弱环节，分析各种影响服务质量的因素，确定预防性措施和补救性措施。

考核是难以计量的，这是由于服务是无形的，结果要经过顾客的主观判断，不易精确量化。除此以外，服务企业管理人员也很难量化服务质量的经济价值。

服务过程质量控制关系到服务业中每一个人，包括顾客看得见和看不见的人员，各种质量控制制度应能发掘质量缺陷及奖励质量成功，并协助改善工作，以机器代替人力，尤其是取代那些例行服务。

【知识链接 8-6】

企业的服务质量标准

一家美国航空公司通过研究以下事项，来执行服务过程质量标准：每位顾客在取得飞机票时需要花费多少时间；将行李从飞机上卸下来需要花费多少时间；有电话进来未接听之前应容许电话响几声等。而经常被人称道的麦当劳公司，其质量标准的注意事项有：汉堡包在多长时间内要翻面多少次；未卖出的汉堡包只能保持多久；未卖出的炸薯条只能保持多久；收银员应当以目光接触每位顾客并微笑等。这些例子说明，在服务提供过程中建立质量控制标准，应当是能够做到的。不过，服务业在制定和执行标准时，通常不得不经历多次试验和失误。另外，许多可以改善生产率的方法也都可以用来改善服务质量，如机器设备的采用、时间和动作研究、流程图、专门化、标准化、流水线作业等原则和措施。服务承诺就是一种特殊的质量标准。例如，美国联邦快递公司所承诺的 24 小时内将包裹送到。服务承诺可以采取多种形式，如没有达到标准向顾客退款、下次提供免费服务、提供其他一些服务作为补偿等。服务承诺刺激顾客主动投诉未达到标准的服务，迫使企业思考产生不合格服务的原因，并采取措施以防止出现类似问题。

3. 顾客评定

顾客评定是对服务质量的基本测量，它可能是及时的，也可能是滞后的或回顾性的。很少有顾客愿意主动提供自己对服务质量的评定，不满的顾客在停止消费服务前往往不作任何明示或暗示，以至服务企业失去补救机会。所以，片面地依赖顾客评定作为顾客满意的测量，可能会得出错误的结论，导致服务企业决策失误。

顾客评定与服务企业自身评定相结合，可以克服自我评定中的自以为是，也可以弥补顾客评定的随机性和滞后性，对于服务企业避免质量差错、持续改进服务质量是一条行之有效的管理途径。

美国运通公司从1986年开始，每年大约追踪12000笔交易。在顾客与公司有过某种接触之后对他们进行访谈，以了解他们对柜台作业的满意程度以及是否会影响他们将来对信用卡的使用。运通公司有位高层主管解释说，顾客满意度的调查，能做到他们利用其他方法无法做到的事，这种调查能使他们与信用卡持有人更加接近，更重要的是，调查报告并未被束之高阁，这些报告最后为他们确定改善服务质量必须采取的具体行动以及有关如何加强服务的新观念，这种调查是质量保证的最佳工具。

4. 不合格服务的补救

没有任何服务质量体系能绝对保证所有的服务部是可靠的、无缺陷的，不合格服务在服务企业仍是不可避免的。对不合格服务的识别和报告是服务企业内每个员工的义务和责任。服务质量体系中应规定对不合格服务的纠正措施的职责和权限，并鼓励员工在顾客未受到影响之前，尽早识别潜在的不合格服务。

服务质量体系针对不合格服务的补救应有两个阶段：

(1)识别不合格服务。要识别不合格服务，成功地将服务问题揭示出来，就必须监测、记录和研究顾客的抱怨。

大多数经历不合格服务的顾客虽然并不向服务企业投诉和抱怨，但会向许多人传诉他们消费不合格服务的经历。对于向服务企业直接投诉和抱怨的顾客，其不合格服务的补救就较容易安排，只需采取必要的外部行动，向顾客道歉，承认服务企业确实存在让他们不满意的地方，而且将纠正措施及时通知他们。但对不进行抱怨的顾客，纠正不合格服务就比较困难。唯一的办法是通过顾客研究，将不合格服务找出来，采取改进措施，以免影响更多的顾客。

进行顾客研究的目的是识别不合格服务，可以是计划内的常规活动，也可以是计划外的特殊活动。以顾客身份亲身经历是识别一项服务的可能缺陷的有效途径。几乎每种类型的服务，从飞机旅行到汽车修理，从娱乐业到通信业都可以通过实地观察和亲身经历来了解其中的问题。

通过对服务过程的详细流程图(如服务蓝图)进行细致的检查，以找出其中的缺陷和失败点以及服务中存在潜在问题的地方，进行重点监测，形成文件记录，并且对过去的不合格服务进行系统的追踪和分析。一旦找出了潜在的缺陷，就可能对出现不合格的环节进行细致的观察，制订应付不合格服务的计划，以便问题再一次发生时，能进行有效的处理。

(2)处理不合格服务。在顾客看来，不能积极地处理不合格服务，往往是比出现基本的服务问题更为严重的缺陷。服务企业若不能解决已经暴露的不合格服务，则顾客往往更加不能容忍。企业要采取积极的措施以满足顾客的要求，在服务质量体系中，可通过以下几点得到保证。

对员工作必要的培训。不能让员工毫无准备地面对服务问题而做出反应。即使平时对顾客服务较好的员工，处理服务问题时，也会感到有些棘手。在服务质量体系中，通过对员工的沟通能力、创造能力、应变能力和对顾客的理解能力进行培训，使员工有准备地面对不合格服务，是取得良好补救效果的重要保证。

对第一线员工授权。所有的不合格服务大多发生在顾客和第一线员工之间，第一线员工可以最早、最真切地感觉到顾客的不满。培训员工而不对员工充分授权，将无益于解决顾客问题。给员工一定权限去灵活处理顾客的不满与训练员工具有解决不合格服务的能力同样重要。在服务质量体系中，应对此作出明确的规定，如无条件退货、免收车费或免费提供食品和饮料等。

奖惩员工。服务质量体系应当明确规定适宜的奖惩制度。对于能正确识别并在授权范围内采取积极措施处理不合格服务以满足顾客需求的员工进行适当的鼓励或奖励。同时，对那些对不合格服务麻木不仁、听之任之甚至隐瞒搪塞以及面对不满意顾客无所作为、推卸责任甚至进一步冒犯顾客的行为和员工，应当批评教育，甚至惩处。

【案例分析 8-4】

雀巢奶粉碘超标事件

雀巢奶粉碘超标最早发现于 2005 年 4 月下旬，浙江省工商局查出不合格儿童食品后，浙江省有关部门迅速与雀巢中国有限公司取得联系，要求在 15 天内予以答复。雀巢的傲慢和反应迟钝，从这一刻就开始流露：除了 5 月 9 日雀巢方面做出答复承认检测站检验结果外，直到 5 月 25 日浙江省工商局公布抽查结果前，雀巢方面再没有做进一步的解释和跟进，错过了解决危机的最佳时机。而且雀巢对“碘超标事件”，从起初置之不理、拒不交代货物流向，到承诺只换不退，再到同意退货，然后是道歉声明，这些大多是在中国工商行政执法部门、广大媒体、消费者的要求和监督以及律师举证认为存在欺诈的情况下，才一步步得以实现的。在整个事件延续一个多月后的 6 月下旬，雀巢技术总监对整个事件向公众道歉的时候，才最终承认因危机处理不善而使“雀巢为此次事件付出了昂贵的代价”。

分析：服务过程中出现问题是常有的，出现问题要抓住关键时刻管理，采取有力的措施补救。

5. “关键时刻”管理

服务的功能质量水平是由服务买卖双方的相互接触决定的，在这种相互接触中，服务的技术质量被转移到顾客身上。这种顾客与服务企业各种资源相互接触的时空环境，称为“关键时刻”。每个关键时刻都是服务企业将自己的服务质量展示给顾客的机会，如果在关键时刻服务质量发生了问题，要采取补救措施，往往为时已晚。即使想办法去补救，也只能设法主动创造新的关键时刻，企业才有机会展示自己的服务质量。

服务过程是由一系列的关键时刻组成的，要做到对服务过程的管理，必须确定服务过程的关键时刻。

(1)服务圈。服务圈是顾客经历不同关键时刻的模型描述，以顾客为中心，按照顾客在服务过程中的各个阶段，列出顾客与企业相接触的所有关键时刻。图 8-6 所示的是一个顾客在零售店中所经历的服务圈。

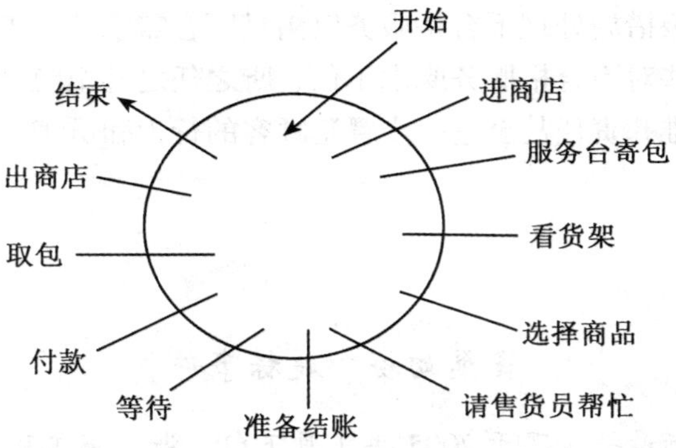

图 8-6　服务圈模型

(2)重要的关键时刻。服务圈中有极少部分的关键时刻特别重要，对重要的关键时刻的管理和控制是服务过程质量控制的关键。重要的关键时刻随行业、产品和服务对象的不同而不同。如上例，可能某些顾客认为等待时间是重要的关键时刻，对另外一些顾客而言，可能售货员的帮助和商品的陈列是重要的关键时刻。顾客在重要关键时刻的感受对于他们对企业服务质量的评价会产生重要影响。

(3)关键时刻模型。为更好地分析关键时刻，一些学者建立了关键时刻模型，它包含两个部分，如图 8-7 所示。

服务企业中，所有与顾客有关的部分都是服务背景，服务背景是在关键时刻中发生的所有的社会、生理和心理上的交流和冲撞。

顾客和员工行为模式。顾客和员工的行为模式会对关键时刻产生很强的影响。行为模式是由很多投入组成的，包括他们的态度、价值观、信仰、期望和感受等。一些投入可能对顾客和员工行为模式的影响是一致的，但有时会相互抵消。行为模式在某种程度上还有很大的不确定性，可能会在某一瞬间改变。

当服务背景、顾客行为模式和员工行为模式三者之间协调一致时，意味着员工

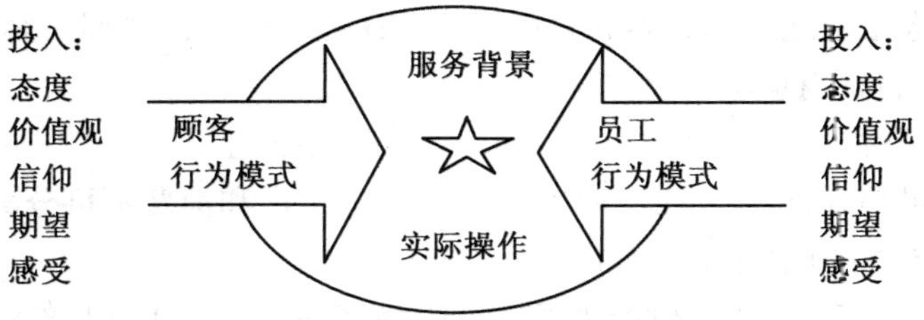

图 8-7　关键时刻模型

和顾客对关键时刻的服务具有相同的看法，服务企业在这些关键时刻就会赢得顾客的信任，顾客对企业的服务质量的评价就会相应提高。相反，当服务背景、顾客行为模式和员工行为模式三者之间不一致时，就可能严重影响关键时刻，导致顾客对服务质量的评价降低。

【知识掌握】

□简答题

(1)服务有哪些特征？

(2)什么是服务质量？服务质量环的功能是什么？

(3)什么是服务的技术质量和服务的功能质量？为什么服务质量是服务的技术质量和功能质量的统一？

(4)服务质量的来源有哪些？

(5)什么是服务质量管理体系？如何理解？建立服务质量管理体系的过程要素有哪些？

□判断题

(1)IBM 公司制造电子计算机等电子设备，因而它不是一个服务企业。(　　)

(2)服务是一系列的活动或过程。(　　)

(3)物质资源不包括技术和装备。(　　)

(4)服务企业的质量体系结构包括组织结构、过程和程序文件三个部分。(　　)

(5)服务圈是顾客经历不同关键时刻的模型描述。(　　)

□选择题

(1)广告的质量管理需要注意(　　)。

A. 与员工直接沟通　　B. 提供有形的说明

C. 持续推进广告宣传　　D. 注意广告长期效果

(2)与顾客接触时应(　　)。

A. 理解顾客　　B. 发现顾客的真实需要
C. 最大限度地提高顾客满意度　　D. 使顾客成为“回头客”

(3)服务的特征有(　　)。

A. 无形性　　B. 差异性
C. 不可储存性　　D. 生产和消费不可分离性

(4)服务质量的来源有(　　)。

A. 设计来源　　B. 供给来源　　C. 关系来源　　D. 生产来源

(5)处理不合格服务的方法有(　　)。

A. 监督服务过程　　B. 对员工进行培训
C. 对第一线员工授权　　D. 奖惩员工

【知识应用】

□实践训练

(1)参观1~2家企业，写一份参观报告，报告内容包括企业服务质量体系的构建和服务过程的质量管理。

实训目的：了解企业服务质量的含义、服务质量体系和过程管理。

实训要求：仔细观察，认真听讲解；结合所学知识，写一份体会。

(2)查阅企业管理的知名网站，写出3~4个网址，对某一自己感兴趣的网页栏目的话题写一篇1000字左右的关于服务质量管理的体会。

实训目的：对服务质量管理的重要性有进一步认识。学习一些企业服务质量管理的经验。

实训要求：认真思考，结合所学知识，用自己的语言写出自己关于企业服务质量的体会。

□案例分析

曙光公司和南京高级技术学校的合作

南京高级技术学校积极推进数字化校园建设，推进以计算机多媒体为核心的教育技术在学校的普及与运用。在学校信息化二期工程建设项目的招标中，曙光公司江苏平台经过与学校各位专家的多次探讨，制订了独特的集群解决方案，并最终在激烈的竞争中脱颖而出，构建可靠的信息化硬件平台，为南京高级技术学校提供数据融合、应用业务系统的整合服务。南京高级技术学校是一所国有公办性质的以培养中高级技能人才为特色的综合性职业学院，学校立足长远，将数字化校园建设作为目前的重要任务。学校信息化二期工程建设项目包含学校信息化建设的各种应用平台，信息中心作为校园的数据中心，管理着全校学生及教师的各种信息。数字化校园的建设，会使得数据中心的应用和业务越来越多，应用和业务系统的数据也会随之膨胀，因此校园网的系统管理工作也会变得越来越复杂。

如何将复杂的情况变得有序？曙光公司针对学校的具体应用需求，提出了相应的集群解决方案，整合出统一的数据中心应用平台。一方面整合了服务器、存储等硬件设备，另一方面采用先进的多层应用体系结构，将现有的各业务系统整合到新的系统平台上。

系统硬件平台建设是“数字校园”应用建设的基础部分，不仅关系到本期应用建设的成败，也关系到未来学校应用建设和发展。曙光公司设计的硬件平台，充分考虑到学校现有的用户规模以及三到五年内的应用发展所需要的系统伸缩性和扩展性要求，最大限度地保护既有的投资，减少对系统的维护成本和未来开发的成本，保证系统在技术上、经济上的可持续发展。

校园网应用系统的核心是数据，数据服务器的选择就异常重要。此方案采用了曙光第二代小型机，产品遵循通用型工业设计标准，并且结合多路 SMP 设计、支持双核 CPU、集成系统内存控制器、多通道高速 I/O 设计、多部件冗余设计，在性能上已经非常接近 RISC 芯片，继承了传统小型机的优点，也突破了传统小型机困扰用户多年的诸多不足。跟传统小型机相比，曙光二代小型机支持 Solaris、Windows、LINUX 等操作系统，满足越来越广泛的 LINUX 应用需求；采用通用型产品设计，从硬件层、操作系统层和应用层大大降低管理难度，维护和升级扩展也非常方便。计算节点采用了曙光 TC2600 服务器，打造高效能计算。TC2600 保证了系统的实际效率、可靠性、可用性、好用性，努力提高单位面积的性能，降低单位面积的功耗和造价；更加重视高端计算的总体拥有成本。它采用整体优化的策略，有效地降低了系统功耗，再加上其人性化的设计、超强的系统扩展能力、卓越的性价比和计算密度，可以覆盖更广泛的用户需求。与传统的服务器相比，TC2600 刀片服务器可提供更有竞争力的整体解决方案，是满足更高计算性能需求和运行关键应用程序的理想平台。

此次，曙光集群成功落户南京高级技术学校，为学校打造了一套集高性能、高可靠性、高可扩展性、高可管理性、高性价比于一体的数字化校园管理网络。曙光公司在努力满足用户需求，为用户提供良好服务的同时，也见证了中国教育信息化的成长。

问题：

(1)曙光公司是如何进行服务质量管理的？

(2)结合案例，谈谈应如何为客户进行服务设计？

□综合实训

1. 实训目的

(1)能用所学知识对服务质量管理状况进行分析。

(2)能结合具体情况提出服务管理的一些措施。

(3)通过实训掌握更多的服务质量理念。

2. 实训内容

背景资料:

(1)一位妇女每星期都固定到一家杂货店购买日常用品，在持续购买了3年后，有一次店内的一位服务员对她态度不好，于是她便到其他杂货店购物。12年后，她再度来到这家杂货店，并且决定要告诉老板为何她不再到他的店里购物。老板很专心地倾听，并且向她道歉。等到这位妇女走后，他拿起计算器计算杂货店的损失。假设这位妇女每周都到店内花25美元，那么12年她将花费1.56万美元。只因为12年前的一个小小的疏忽，导致了他的杂货店少做了1.56万美元的生意!

(2)肯德基在进货、制作、服务等所有环节中，都有严格的质量标准，并有一套严格的规范保证这些标准得到一丝不苟的执行，包括配送系统的效率与质量、每种佐料搭配的精确(而不是大概)分量、切青菜与切肉的顺序与刀刃粗细(而不随心所欲)、烹煮时间的分秒限定(而不是任意更改)、清洁卫生的具体打扫流程与质量评价量化，甚至点菜、换菜、结账、送客、遇到不同问题的文明规范用语、每日各环节差错检讨与评估等上百套工序都有严格的规定。比如肯德基规定它的鸡养到第七个星期，一定要杀，到第八个星期虽然肉长得最多，但肉太老。

实训要求:

(1)以5~6人为一组，进行合理分工，每人应有明确任务。

(2)认真考察当地的一家超市，熟悉其服务质量管理的制度、方法和手段。

(3)根据所学知识，对背景(1)中提供的内容你有何感想?对照你在超市中的实地考察得出什么样的结论?在分析的基础上，为如何改进服务质量管理提出建议。

(4)肯德基成功的经验是什么?对照背景(2)，指出他们服务中的不同之处。

(5)撰写实践报告，并做PPT。

(6)实践报告完成后设课堂讨论课，相互交流实训经验。

第九章 质量经济性与质量成本管理

学习目标

知识目标

在学习完本章之后，你应该能够：

◎了解质量的经济性；

◎明确质量成本的内容及其核算；

◎熟知如何进行质量成本分析；

◎掌握如何进行质量成本控制。

技能目标

◎能结合企业的实际情况，运用所学的质量成本管理理论进行质量成本的分析，并提出相应的具有可行性的质量成本控制措施。

引 例

某制冷公司的质量成本管理

某制冷有限公司始创于1992年9月11日，成立以来，该公司制冷以差异化战略为经营战略，取得了良好的业绩，迅速成长为行业的领先者。然而，在行业进入成熟期后，企业的增长势头受到抑制。为进一步提高管理水平，引进日本丰田的精益生产方式，并在生产过程中逐渐加强了对质量成本的管理与控制。

该公司早在1996年就在中央空调行业率先通过了ISO9001质量管理

体系认证，在质量管理上取得了非常好的成绩。但是，一些质量损失难以从财务核算的角度，对质量体系的有效性进行测量，而在企业的日常管理活动中又存在着许多无效的管理，使企业的经营管理难以得到持续改进。为此，需要一种新的工具来发现这些质量成本的浪费，在经过反复比较后，选择了质量成本法来解决这一问题。

实施前注重培训，提高参与人员素质。该公司为了搞好质量成本工作，成立了以副总经理为组长的推进机构，各部门主管和推进人作为组员，成为工作推动的主力军。此外，对全体员工进行培训，使全员具备必要的知识储备，在此基础上进行了许多的改善工作，推动质量成本工作有序进行，取得了比较突出的成绩。

在实施成熟后，将质量成本制度化。该公司在质量成本法实施成熟后，把业务流程程序化，并将相关内容纳入ISO9001体系中，对文件进行了相应的修订，使质量成本管理制度化并且依据企业的实际情况适时更新与完善，做到以实践来完善理论，而不是拿理论框架来束缚企业自身，做到了理论与实践相结合，并在实践中不断完善、补充相关理论。

分析：该案例在阐述某制冷有限公司实施质量成本管理的背景和实施质量成本管理的措施的基础上，揭示该制冷有限公司实际上实施的是动态质量成本管理，其将上阶段积累的质量控制经验制度化，来指导下阶段的质量控制活动，从而使质量成本持续下降，质量水平逐渐提高，不断推动企业质量的提高和质量成本的优化。

9.1 质量的经济性

质量经济性研究已经有半个多世纪的历史，相关理论、分析方法和研究模型已经比较成熟。朱兰博士在其所著的《质量控制手册》中首次提出了质量经济性(Economics of Quality)概念。在发展历程中，质量经济性因素已经在企业质量控制过程中成为主导因素之一，并日益受到越来越多人的关注。

顾客的要求汇集在产品中，物美价廉实际上反映了顾客的价值取向，而物有所值则表明质量具有经济性的特征，高质量的产品意味着最少的投入，获得最大的效益。因此，产品质量的经济性实质上就是追求产品在整个生命周期中，给生产企业、顾客以及整个社会带来的总损失最小，不仅强调产品要满足其适用性要求，还要讲求经济性，即讲求产品的低成本。简而言之，质量经济性是指用尽可能少的劳动消耗和劳动占有，提供满足用户需要的产品质量，以获得尽可能多收益的特征。

【知识链接 9-1】

质量经济性、质量经济与质量经济学

质量经济性是指用尽可能少的劳动消耗和劳动占有，提供满足用户需要的产品质量，以获得尽可能多收益的特征。质量经济可以定义为“以各个经济主体的知识的质量为主要动力所创造出来的经济”。狭义质量经济学研究的是质量的经济性问题，有时是具体的技术经济问题，它多从企业的角度来研究质量问题。广义质量经济学的研究对象，是关于“质量”的总体性经济理论问题，是一门研究质量问题在社会经济发展中的地位和作用，质量范畴所反映的社会经济关系以及提高质量的社会经济条件的科学，而不是具体的技术经济问题。它不是从企业内部而是从总体上来研究质量问题。

9.1.1　质量经济性分析

从利益和成本两个方面考虑质量的经济性，对企业和顾客都具有深远地意义。在利益方面：顾客必须考虑产品的适用性；企业则需考虑提高产品利润和市场占有率。在成本方面：顾客要考虑产品的安全性、购置费、运行费、保养费、停机损失和修理费以及可能的处置费用；企业则必须考虑识别顾客的需要和设计中的缺陷，包括不满意的产品返工返修、更换、重新加工、生产损失、担保和现场修理等发生的费用以及承担产品责任与索赔的风险等。这些都是产品质量方面有关经济性的问题，也就是说质量问题实质上是一个经济问题。因此，质量经济性分析，是通过对产品的质量、成本和利润之间关系的分析，研究在不同经营条件下经济的质量。

通过加强质量管理，研究产品质量同成本变化的关系，在保证产品的质量，使顾客满意的同时，要保证支付的费用尽可能低，达到质量与经济的协调，提高企业的经济效益。一般从两个方面考虑：一是从企业方面考虑应降低经营资源成本，减少浪费，从而增加企业的收入、利润和市场占有率；二是从顾客方面考虑应降低经营所需资源的成本，减少资源投入，从而增强产品的市场竞争能力，达到提高顾客满意度的目的。现在许多企业越来越认识到，没有顾客就没有市场，就没有企业的效益，企业要提高效益就必须持续增强顾客的满意。可见，质量经济性分析和管理的核心是综合考虑顾客的满意和企业的过程成本，从中寻找最佳结合点，达到兼顾企业与顾客双方利益的目的。

企业的利润一般决定于产品的价格与产品成本的差额，而成本和价格往往又决定于产品的质量水平。根据成本与价格对质量水平的变化关系，就可找到利润最高时的质量水平，但是它并不是产品的最高质量水平。

图 9-1 表示了价格、成本和利润随质量水平而变化的一般关系。由图中可以看

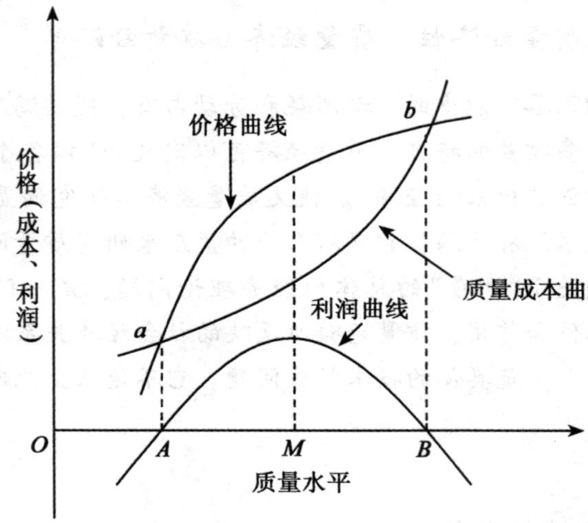

图 9-1　价格、成本、利润和质量水平的关系

出，质量水平为 M 时，利润为最高。质量水平低于 A 或者高于 B 时，都将产生亏损，a、b 两点即为盈亏平衡点。实际上，企业并非都选择质量水平 M 为目标，通常是在 a、b 两点之间的某个质量水平，这要根据市场需求、企业的技术水平、设备能力、销售渠道等因素综合考虑。

【知识链接 9-2】

边际效用递减规律

总效用是指消费者从消费商品中获得的满足程度的总和；边际效用是指某种商品的消费量每增加一单位所增加的满足程度。在一定时间内，在其他商品的消费数量保持不变的条件下，消费者从某种商品连续增加的每一消费单位中所得到的效用增量，即边际效用，是递减的，这种现象我们称为边际效用递减规律，又称戈森定律。

图 9-1 中利润曲线反映了提高质量水平所花费的成本和所取得的利润之间的关系。开始表现为随着提高质量水平所花费成本的不断增加，利润也呈现增长；增长到一定的程度以后，再增加成本时，利润开始减少。利润曲线也就是总效用曲线，是“倒 U”形的，像一个穹顶。图中质量成本曲线反映了成本的增加带来质量水平的增加是递减的，符合边际效用递减规律。

在市场竞争的条件下，质量水平与市场需求有密切关系，因而对市场需求的变化情况进行预测就显得特别重要。我们知道，生产出来的产品通过市场转到用户的手中，用户对质量的要求是变动的和不断提高的，并通过市场反映出来，这就要求产品质量要有灵敏的适应性。但新的质量水平从形成到制造出新的质量水平的成品供应市场，会有一个相当长的周期，这就往往导致新质量水平产品的供应滞后于用户的需求，从而错过了时机。正是由于以上原因，对质量水平以及相应的质量保证耗费同满足市场需求之间的关系进行预测和分析就有重要的意义。美国麻省理工学院的福雷斯特教授(J. W. Forrester)在研究一个公司如何才能获得高利润的快速增长时，提出了一个基本的通用关系。福雷斯特的分析方法可简要归纳如下：产品的质量水平同满足市场潜在需求的百分比有密切的关系，当产品尚未达到一定的质量水平时，不能满足任何的潜在市场需求；当达到一定质量水平后，质量的改善可能很快扩大市场，最后为了更进一步满足市场需求，就要求大大提高质量水平。图 9-2 就表示了这种依存的关系。

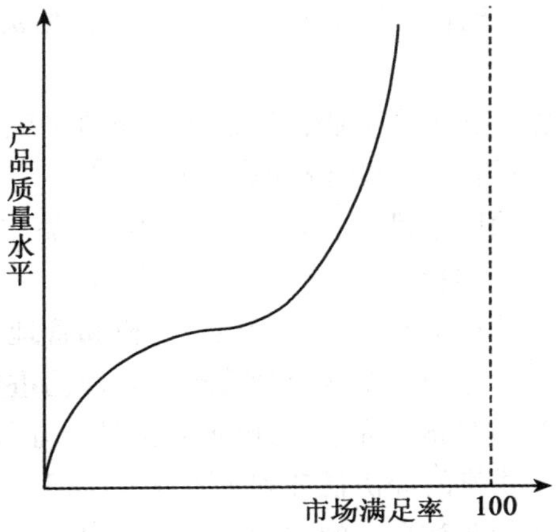

图 9-2　质量水平与满足市场百分比的关系

9.1.2　质量经济性的外延思考

单纯地从成本角度考察质量的经济性，往往会造成短期的行为而忽视了企业的长期发展。以日本本田汽车为例，该公司把提供杰出的服务视为本田的第一要务。当许多公司还在争论成本与顾客满意之间的关系时，本田却从不吝于花钱而牺牲顾客的利益。它的最高主管是工程师出身，他们比其他车厂更注重工程。他们常常在想，一旦把产品交到顾客手中，顾客使用时会遇到什么状况。这个案例给我们的启示是，考察质量经济性目标不能只注重财务上能够直接反映的质量成本，还应该考虑无法直接从财务上反映却能间接为企业带来贡献的因素。特别是在产品处于某一特定的生命周期或企业处于特殊的竞争环境之中，短时期内刻意降低所谓的“剩余质量”，会牺牲企业长期的竞争能力。质量的经济性不仅体现在企业方面，在顾客的使用中也会得到体现。我们假设一个顾客要购买一个灯泡，他有以下产品可供选择：一种是一般的灯泡，价格较低，质量保证性不大；一种是质量较好的灯泡，价格稍贵；最后一种是质量非常好的电灯泡，据说其正常使用寿命是普通产品的几十倍，但价格也是普通产品的几十倍。顾客会购买哪种电灯泡？不同的顾客由于个体经济条件及实际应用的差别，可能会选择后两种产品，正常情况下都不会选择第一种产品。因此，质量对不同的消费者所发挥的经济性是不同的，因为他们对质量和价格等产品的其他因素的需求不同。

质量是产品某些性能的集合，不是某个性能的集合。就电灯泡这种简单的产品而言，其质量指标不仅仅包括使用寿命，还有照明光度、散热程度、耗电节电能力等因素。产品质量也不是企业做好某项工作就可以保证的，而必须做好所有与产品质量有关的活动。以产品质量为核心，延伸到服务质量、工作质量、人才质量、管理质量中去，将产品的质量升华定位于与每个人息息相关的全方位工作质量的提升。

由质量经济性外延思考联系到企业质量管理工作的实践，质量管理应该是一个体系。它包括从高层的质量目标、企业战略到一线员工每一个工序的质量保证，在企业内部贯穿上下。企业的质量目标也是多元化的：产品质量应该达到什么水平，质量成本应该如何控制，怎样看待“剩余质量”问题等。

质量问题实际上是一个经济问题，质量经济分析和管理是一个企业质量经营追求成功的重要环节，也是衡量一个企业质量管理有效性的重要标志。质量成本是质量经济性的主要内容。对质量成本的重视和研究，是企业发现薄弱环节、挖掘潜力、持续降低成本和改进质量的经济任务和重要途径。但质量成本不是质量经济性的全部内容，企业应该从行业和自身的实际发展状况出发，制定涵盖质量管理内容的企业战略，推进企业的质量管理工作。

9.1.3 提高质量经济性的途径

要提高产品质量经济性，首先要了解产品寿命周期。产品的寿命周期包括开发设计过程、生产过程、使用过程。产品寿命周期总成本应包括整个产品寿命周期内的开发设计成本、生产成本和使用成本。因此，提高质量经济性的途径可从以下三个方面着手：

1. 提高产品开发设计过程的质量经济性

产品的质量首先取决于产品的开发设计。由于质量、成本和效益的80%是在开发设计阶段就确定的，除非在开发设计阶段就充分考虑到产品的质量与成本的要求，否则仅仅在制造阶段抓质量与成本是难以奏效的。

开发设计过程的质量经济性管理，关键在于质量设计。质量设计是指在产品设计中，对一个产品提出质量要求，即确定其质量水平，这是产品设计中带有战略性或全局性的一环；无论是老产品的改进还是新产品的研制，都要经过质量设计这个过程。质量设计的首要任务是保证其适用性。产品适用性表现在不同的质量特性上，为此，必须了解顾客的观点和要求，着重点在于系统地调查顾客对哪些质量特性感兴趣，要求满足的程度怎样，顾客对产品关键质量特性的评价如何，使用中会受到哪些客观因素或环境的影响，本企业的生产能力如何，在技术上的优势或劣势在哪里等，只有真正了解顾客的需要，摸清企业的条件，从实际出发，才能达到质量设计的适用性。如果设计不好，达不到顾客的要求，就谈不上经济效益的问题。

质量设计另一个任务是讲求产品的经济性，也就是讲求产品功能、成本和效益，就是要研究质量设计同成本变化的关系，计算产品的成本和投资费用，同时不能忽略产品的使用成本，即从满足顾客的需要出发，用最少的社会劳动消耗，取得最好的社会经济效果。为提高设计质量的经济性，企业应做好三个方面的工作。

(1)做好市场需求预测。由于产品的质量水平与市场需求有紧密的关系，对产品在市场的需求量及变化规律要有科学的预测。每一种产品从进入市场到最后退出市场，都有一个发展过程，可以分为试销、旺销、饱和及衰退四个阶段。一般要进行市场调查，了解产品的目标市场，用户关心的是产品的适用性及使用成本，因此在产品的设计开发阶段就必须考虑产品的使用费用。

(2)完善产品的技术经济指标。即对总体方案进行可行性分析，做到设计上先进、经济上合理、生产上可行，综合地考虑质量的社会经济效益。可以运用可靠性工程、价值工程、正交试验设计等先进技术，实现产品各组件质量特征参数指标的优化设计。

(3)注意质价匹配。质量和价格有时是矛盾的，要提高产品质量往往会增加质量成本，成本增加了又会引起价格的提高。质量成本的不恰当增加，导致价格过高，超过社会一般的购买力，则产品就会滞销；反之，产品质量低劣，价格即使降低也没有市场，这里面有一个合理的质价关系，即产品的质价匹配关系。可见产品设计中质价匹配是一个相当重要的问题，不能盲目地追求先进性，而忽视经济性，否则，设计出来的产品只能成为样品、展品，而不能成为商品。

(4)重视功能匹配。产品的某一个零部件失效又无法替换，而其他部件尽管运行正常，最后也不得不整机丢弃或销毁，这种功能不匹配的质量设计给消费者或用户带来了经济上的损失。因此，理想的功能匹配是指产品的使用寿命和零部件的使用寿命一样长。假定要设计一辆使用期限为 20 年的汽车，从经济上看最好其所有的零部件寿命都为 20 年，而在实际的设计中要做到这一点并不容易，但这是设计的要求和需要达到的目标。不过我们可以把一些易损零件的寿命设计成与汽车的寿命或修理周期成整数倍的关系，并尽量与汽车的大修周期重合。

2. 提高产品生产过程的质量经济性

生产过程的质量，是指产品符合设计要求的质量，因此又称为符合性质量。符合性质量水平对批量生产具有重要意义，它不仅是产品质量的重要标志，而且也是经济性的重要标志，通常用批量生产的合格品率来表示。对于如何降低生产过程的成本这一问题，许多企业都很重视。

合格产品的单位成本费用与符合性水平的关系如图 9-3 所示。图 9-3 中 Y_1表示生产过程中的预防成本和鉴定成本费用，Y_2表示生产的损失成本费用，主要是废品、次品和返修品所造成，于是保证该质量水平的总成本费用等于 Y_1+Y_2。可以看出总成本有一个最低点 A，对应的 Q_0点是最经济的符合性质量水平。当然这是一个理论上的点，实际用 Q_0点附近的区间表示这个最佳值。需要在生产中积累较多的实际经验和数据，才能正确地用最经济的符合性质量水平指导生产活动。同时，我们可以运用各种工序控制方法，对工序质量状况进行分析、诊断、控制和改善。

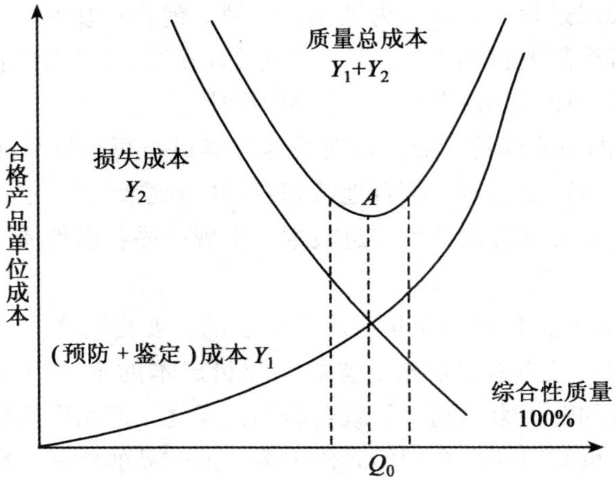

图 9-3　成本与质量的关系曲线

3. 提高产品使用过程的质量经济性

如果企业只考虑产品的制造成本，而忽视整个产品寿命周期内的使用成本，无论从顾客还是从整个社会来看都不是经济的。然而产品的使用成本是许多企业在开展成本降低工作时，容易忽略的部分。在产品使用过程中，提高产品质量经济性的途径应包括两个方面。

(1)降低产品的使用过程的成本。使用过程的费用主要包括两部分内容：①产品使用中，由于质量故障带来的损失。对可修复性产品一般是停工带来的损失，而对不可修复的产品，如宇宙飞行、卫星通信、海底电缆等，则会带来重大的经济损失。②产品在使用期间的运行费用。运行费用包括使用中的人员管理费、维修服务费、运转动力费、零配件及原料使用费等。就运转动力费而言，降低产品的能源消耗即降低了产品的使用成本，带给顾客更多的效益，同时也提高了产品的竞争能力和市场占有率。

(2)考虑延长产品的使用寿命。产品使用寿命长短是产品质量好坏的重要标志之一，同样一件产品，在其他条件大致不变的情况下，如能延长产品的使用寿命，则降低了使用成本，满意程度自然会上升。因此，延长产品使用寿命对增强企业生存能力、发展能力和竞争能力是很重要的。企业应以战略的眼光看待这一问题，针对不同的产品可从不同的方面采取不同的战略措施，如改进产品设计和整体结构、改善零部件质量、使用优质材料和改进工艺、指导顾客正确使用和维护产品等。

【小思考9-1】

木桶原理是否反映了质量经济性的问题?

盛水的木桶是由许多块木板箍成的，盛水量也是由这些木板共同决定的。若其中一块木板很短，则此木桶的盛水量就被短板所限制。这块短板就成了这个木桶盛水量的“限制因素”(或称“短板效应”)。若要使此木桶盛水量增加，只有换掉短板或将短板加长才成。人们把这一规律总结为“木桶原理”，又称“木桶定律”或“短板理论”。

更进一层，我们可以知道：①比最低的木板高出的部分是没有意义的，高出越多，浪费越大；②要想提高木桶的容量，就应该设法加高最短的那块木板的高度，这是最有效也是唯一的途径。这是来自生活中的经验，但朴素的道理却是人类智慧的结晶。

9.2　质量成本的核算

质量成本概念的是由美国质量管理学家菲根堡姆最早提出的，并在美国很快得到了企业界的广泛重视，被许多企业采用，在实践中得到了不断地发展和完善。之后朱兰博士、D. M. 伦德瓦尔以及哈林顿(Harrington)、日本学者市川龙三、相羽弘一等，都曾对质量成本作过系统的研究和论述。如朱兰博士在《质量控制手册》一书中形象地把质量成本称为有待挖掘的“矿中黄金”，并在其质量经济学的理论中主张把质量同成本结合起来，讲究质量的经济性，实现质量同经济效益的统一。从此，关于质量成本的概念有了很大的发展，对推动企业有效开展质量管理工作、促进质量管理理论研究和实践的进一步完善产生了重大作用。

9.2.1 质量成本的含义和构成

质量成本(Quality-related Costs)就是指企业为确保满意的产品质量或服务所发生的费用以及因未能达到既定质量标准而发生的损失总和。

成本的概念并不是新概念，每个企业都要进行成本管理与核算，企业中常见的成本类型有生产成本、销售成本、劳务成本和设计成本等。但是质量成本有别于各种传统的成本概念。以前有很多错误的观念，认为一切与保持和提高质量直接或间接有关的费用，都应计入质量成本，结果导致管理上的混乱，成本项目设置很不规范，使企业之间缺少可比性。例如，有的企业把技术改造、设备大修、职工一般培训、新产品开发设计，甚至把托儿所的费用都一起计入质量成本之中。实际上，质量成本是会计核算中的一个新会计科目。它既发生在企业内部，又发生在企业外部；既和满意的质量有关，又和不良质量有关。质量成本的构成如图9-4所示。

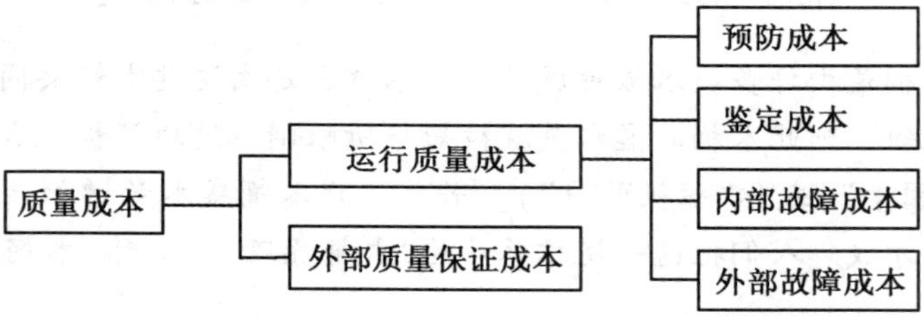

图9-4　质量成本的构成

由图9-4可知，质量成本由两部分构成，即运行质量成本(Operating Quality Costs)和外部质量保证成本(External Assurance Quality Costs)。

运行质量成本是指质量体系运行后，为达到和保持所规定的质量水平所支付的费用。企业质量成本研究的对象主要是运行质量成本。运行质量成本可分为四类：一是预防成本(Prevention Cost)费用；二是鉴定成本(Appraisal Cost)即鉴定所需的试验、检验和验证方面的成本；三是内部故障成本(Internal Failure Cost)带来的经济损失以及处理不合格品所花费的一切费用的总和；四是外部故障成本(External Failure Cost)或故障所引起的一切费用总和。

外部质量保证成本是指在合同环境条件下，根据用户提出的要求，为提供客观证据所支付的各种费用。

严格来说，企业发生的所有费用都和质量问题存在直接或间接的关系，质量成本只是其中和满意质量及不满意质量有直接关系的那部分费用。不能认为质量成本是指高质量所需要的高成本。恰恰相反，质量成本的内容大多和不良质量有直接的关系，或者是为了避免不良质量所发生的费用，抑或发生不良质量后的补救费用。

9.2.2　质量成本核算的概念和方法

1. 质量成本核算的概念

企业的质量成本核算，就是把涉及质量成本发生的所有数据汇总到质量成本科目中，使其真实地反映企业质量成本的发生状况，并以此对其发展的趋势进行预测。质量成本核算的目标是汇总质量预防成本、质量鉴定成本、内部故障成本、外部故障成本和外部质量保证成本。

质量成本核算有三个方面的作用：一是正确归集和分配质量成本，明确企业中质量成本责任的主要对象；二是提供质量改进的依据，提高企业质量管理的经济性；三是证实企业质量管理状况，满足顾客对证据的要求。

企业采用怎样的质量成本核算方法，决定了质量成本核算结果的如何。当前，很多企业未将质量成本核算与产品成本核算有机结合，弱化了成本信息的可靠性，不能很好地对企业管理提供实际支持，这样的问题是由质量成本核算方法不当引起的。

究其原因，主要在于缺乏适当的方法指导。如企业仅从自身出发进行设计和建立的质量成本核算体系将开销巨大，且多因缺乏规范性而难以保证正确和有效。所以具有通用性的质量成本核算方法，对企业质量成本核算具有重要的现实意义。

2. 质量成本核算的方法

目前，质量成本核算主要有三种基本方法。

(1)统计核算方法。质量成本的统计核算，是收集和整理在经济活动中符合质量成本定义的费用的数据材料，并通过分析找出其规律性的过程。这种核算方法的特点是：可以采用货币、实物量、工时等多种计量单位，运用一系列的统计指标和统计图表；可以采用统计的各种方法进行资料获取和处理，例如可以采用普查、重点调查、典型调查和抽样调查等统计调查方法，也可以采用分组等统计方法处理取得的数据。同时，可以看出统计核算方法的目的在于揭示质量经济性的基本规律，并不注重核算资料的完整性。

(2)会计核算方法。现代的会计核算是全面、连续和系统地进行的。它应包括确认、计量、记录和报告四个基本环节，这四个环节各自独立，又相互联系，每个环节又有相应的会计核算的具体方法。质量成本核算是质量成本管理的基础环节。质量成本的会计核算是以货币为计量单位，通过记账、算账和报账等手段，连续地反映和监督质量职能。与统计核算方法相比较，会计核算方法的特点首先是采用货币作为主要的统一量度，比较单一；方法主要以设置账户、复式记账、填制凭证、登记账簿、质量成本计算、编制会计报表等一系列专门的方法为主，可以按照生产经营过程中质量经济业务发生的顺序进行连续、系统、全面和综合的记录和反映，这是只有会计核算方法才能做到的，所以也是会计核算方法最大的优点；在会计核算方法中，“企业会计准则”的使用是核算的基础。而企业会计准则是用以指引行动的一般法则或规定，并不是用来具体规定每一笔实际业务应该如何记录。因此，不同的公司在其会计实务中有大量不同的内容，但该现实并不与采用统一的会计准则相抵触。同时，差异反映了这样一个事实：会计人员在普遍接受的会计准则范围内，有相当的自由去进行职业判断。

(3)会计和统计相结合的核算方法。这种方法是上述两种方法的结合，根据质量成本数据的来源不同分别采用两种处理方法。这种方法的出现，正是质量成本自身的特性造成的。质量成本按其表现形式可划分为显见的质量成本和隐含的质量成本。显见的质量成本是指在企业经营活动过程中，企业实际支付的、需要在再生产过程中得到补偿的那部分质量成本，例如质量培训费、检测试验费等。隐含的质量成本是指在经济活动中，虽然导致企业效益的减少，但企业实际并未支付或发生，在再生产过程中不需要也不可能得到补偿的那部分质量成本，例如质量事故的减产损失、停工损失、产品降级损失和折价损失等。两种质量成本的不同表现可以看出，显见的质量成本更适用于会计方法核算，隐含的质量成本则是采用统计方法核算更简便。

上述三种质量成本核算方法，相互之间既有联系也有区别，对于企业来说，在选择适合自身的核算方法之前，要对不同的核算方法进行详细、深入的比较和研究，才能使核算方法适用于企业的实际情况。

我们从理论基础和适用范围比较一下这三种核算方法，然后再对这三种方法的优缺点进行进一步的分析：

①理论基础的比较。会计核算方法的理论基础是会计学，统计核算方法的理论基础则是统计学，很明显，会计和统计相结合的核算方法的理论基础就是二者兼而有之。

②适用范围的比较。由于质量成本在管理领域中尚未完全普及，我们从开展质量成本核算的情况对企业进行划分。这样，统计核算方法比较适用于刚刚开始质量成本核算与管理的企业；会计与统计相结合的核算方法比较适用于已有一些统计核算经验，初步进行会计核算的企业；会计核算方法比较适用于质量成本管理体系比较健全、质量成本的数据传递畅达、核算力量雄厚并具有十分成熟的核算经验的企业。

三种方法出于自身的特点各有所长也各有不足。统计核算方法的优点是突出重点、简便易行，缺点是数据不精确，核算比较粗糙。会计核算方法则是将质量成本纳入会计核算，有会计核算的数据准确、核算严密、资料全面的优点，缺点是核算工作量大，要求高。会计和统计相结合的核算方法，根据质量成本中不同部分的特点，选用比较容易的方法进行核算，所以具有既简便易行又比较精确的优点，这应该是我国企业质量成本核算应该首先选择的方法。对于统计核算方法，在前面已经做了一定的介绍，而且相对也比较简单，所以在此将重点介绍质量成本的会计核算方法。

9.2.3　质量成本数据的收集及记录

1. 质量成本数据的收集

质量成本数据的收集工作比较复杂，必须进行认真分析，在实践中摸索。

一方面，质量成本按存在形式分类，可分为显见成本和隐含成本。显见成本是实际发生的质量费用，是现行成本核算中需要计算的部分，质量戓本中大部分费用属于此类。隐含成本是一种不是实际发生和支出的费用，但又的确是使企业效益减少的费用。这一部分被减少的收入不直接反映在成本核算中。如产品由于质量问题而发生的降级降价损失，由于质量原因而发生的停工损失等，均属此类费用。区分显见成本与隐含成本，对于开展质量成本管理非常重要，因为这两类成本的核算方法不同。显见成本属于成本的正式开支范围，可以通过会计成本系统，根据原始记录、报表或有关凭证进行核算；而隐含成本不能直接计入成本，但从质量角度来看，隐含成本同企业的销售收入和效益有密切的关系，必须予以考虑。因此，它需要根据实际情况进行补充估算。具体来说，显见成本可以采用会计核算办法，而隐含成本一般采用统计核算方法。

另一方面，质量成本按与产品的联系，可分为直接成本和间接成本。直接成本是指生产、销售某种产品而直接发生的费用，这类费用可直接计入该种产品成本中，如故障成本等。间接成本是指生产、销售几种产品而共同发生的费用，这种费用需要采用适当的方法，分摊到各种产品中去。因此，正确区分直接成本与间接成本，对于准确地计算产品质量成本，有着重要的意义。一般来说，预防成本和部分鉴定成本多属于间接成本，而内部故障和外部故障成本多属于直接成本。

2. 质量成本的记录

在质量成本会计核算的确认和计量工作之后，接下来要做的是质量成本的记录。正确记录质量成本数据是研究质量成本的基础工作，在记录时既要防止重复，又要避免遗漏。无论是记录重复还是记录遗漏，都会给企业造成对质量成本数据的错误判断，并引起后续一系列质量成本管理工作的决策错误。因此，企业为了正确记录质量成本数据，准确核算和分析质量成本，有效支持质量改进和质量管理工作，必须重视记录质量成本数据的原始凭证。

一般来讲，企业的预防成本和鉴定成本是按计划发生的，而且有明确的目的；而企业的质量损失，包括质量内部故障成本和外部故障成本，都是突发的，而且需要进一步分析原因，不仅要有解决质量问题的纠正措施，还要有避免质量问题出现的预防措施。因此，对于企业的预防成本和鉴定成本，企业可按常规的会计账目来提取相关的数据记录；而对于企业的内部、外部故障质量成本，则需专门设计原始凭证，从而使记录的质量成本数据，即内部故障成本和外部故障成本的数据可对应地从会计账目中得到核实，并从原始凭证的数据和原因分析中找出问题和改进对策。记录企业内、外故障成本数据的原始凭证主要有计划外生产任务单、计划外物资领用单、废品通知单、停工损失报告单、产品降级降价处理报告单、计划外检验或试验通知单、退货和换货通知单、客户服务保修记录单、索赔和诉讼费用记录单。为了便于质量成本分析，所有的凭证设计有一些共同的内容，如时间、产品、规格、批号、费用、数量、责任者、发生原因、质量成本科目和审核部门等。例如自制原始凭证“预防成本汇总表”可设计成如表 9-1 所示的格式。

表 9-1　　**预防成本汇总表**

××××年×月×日　　单位：元

项目	预防成本汇总表						合计	
	铸造车间	加工车间	装配车间	检验科	销售科	……	金额	百分比
设计评审费								
过程能力研究费								
可靠性试验费								
文件编制费								
质量信息费								
质量审核费								
质量改进措施费								
质量奖励费								
教育培训费								
职工薪酬								
合计								

根据审核无误的原始凭证按照经济业务事项的内容加以归类，并据以确定会计分类后填制记账凭证。接着依据企业账务处理程序的不同，首先根据原始凭证、汇总原始凭证和记账凭证，登记各种明细分类账；其次根据记账凭证、各种汇总记账

凭证或者科目汇总表逐笔登记总分类账。质量成本核算的总分类账和明细分类账有：

(1)质量成本总分类账；

(2)质量成本——预防成本明细分类账；

(3)质量成本——鉴定成本明细分类账；

(4)质量成本——内部故障成本明细分类账；

(5)质量成本——外部故障成本明细分类账；

(6)质量成本——外部质量保证成本明细分类账。

对于质量成本明细分类账可以采用多栏式明细分类账。其格式如表 9-2 所示。

表 9-2　**质量成本明细分类账**

年		凭证字号	摘要	借方							贷方	余额
月	日			预防成本	鉴定成本	内部故障成本	外部故障成本	外部质量保证成本	……	合计		

9.3　质量成本分析

质量成本分析是质量成本管理的重要环节之一。通过质量成本核算的数据，对质量成本的形成、变动原因进行分析和评价，找出影响质量成本的关键因素和管理上的薄弱环节，为提供质量改进建议提供依据，为降低成本、调整质量成本结构指出方向，并为撰写质量成本报告提供素材。

9.3.1　质量成本分析的内容

1. 质量成本总额分析

质量成本总额分析包括企业质量成本总额的目标分析、财务指标分析和趋势分析。

质量成本总额的目标分析，是指比较报告期内质量成本总额、报告年度内质量成本累计总额与企业质量成本计划控制目标，求出增减额和增减变动率，用此分析企业质量成本计划控制目标的执行情况。

企业质量成本总额的财务指标分析，是指将企业报告期内质量成本总额、报告年度内质量成本累计总额与企业其他有关的经营指标进行比较，计算产值质量成本率、销售收入质量成本率、利润质量成本率、总成本质量成本率和单位产品质量成本等，并与这些财务指标的计划控制目标进行比较分析。这些财务指标从不同的角度反映了企业质量成本与企业经营状况的关系。

企业质量成本总额的趋势分析，是指将企业质量成本的计划目标分析和指标分析中的各种计算结果分别按时间序列作图进行分析，观察各种指标的变动情况，用以推断企业质量成本的变化趋势。

2. 质量成本结构分析

质量成本总额中预防成本、鉴定成本、内部故障成本、外部故障成本和外部质量保证成本的发生额和各自占总质量成本的比重，可用于分析企业质量成本的项目结构是否合理，寻求比较合理的质量成本水平。质量成本结构分析一般包括企业质量成本结构的计划目标分析和结构百分比分析。

企业质量成本结构的计划目标分析，是指根据企业质量成本核算的结果计算报告期内的预防成本、鉴定成本、内部故障成本、外部故障成本和外部质量保证成本的发生额以及这些项目在报告年度内的累计发生额，分别与原定的计划控制目标进行比较，求出增减额和增减变动率，分析各项目计划控制目标的执行情况。

企业质量成本结构百分比分析，是指计算和分析企业在报告期内及报告年度内的预防成本、鉴定成本、内部故障成本、外部故障成本和外部质量保证成本占质量成本总额的比重以及上述各项目之间相互的比例关系。开展企业质量成本结构分析可以对企业质量成本总额的构成情况有清楚的认识，对于企业改进质量、调整质量成本构成、降低质量成本都有很大作用。

3. 质量损失分析

质量损失分析主要包括企业各责任部门的质量损失分析、各责任产品的质量损失分析和外部故障成本分析三个方面。

(1)各责任部门的质量损失分析

造成企业质量损失问题的原因是多方面的，涉及企业的各个部门。对于企业内各责任部门展开质量损失的分析，目的是掌握各部门的质量管理和质量保证状况，这样既可以促使企业各部门自觉加强和改进质量管理工作，又有利于企业领导对各部门的质量管理工作进行监督和控制，及时帮助各部门抓好质量改进工作。

(2)各责任产品的质量损失分析

由于设计、设备、工艺、材料和其他方面的原因，产品之间会有较大的质量差异。考虑到各产品的产量有差别，分析时可采用相对数，如各产品的故障成本与各自销售收入的比率。在此基础上做 ABC 分析，选择重点研究对象。对于经 ABC 分析确定为 A 类的产品，其故障成本的比重可达 70%左右，接着应深入分析 A 类产品故障成本高的原因，究竟是哪个工序、哪个工位、哪个操作者的原因。

(3)外部故障成本分析

同样的不合格产品，交货前和交货后所造成的损失是不同的，外部故障损失涉及企业信誉，它远远大于内部故障成本，这就是单独对外部故障成本进行分析的原因。对外部故障成本进行分析一般从三个方面进行。一是按不合格分类进行分析。按不合格分类进行外部故障成本分析，不仅可以找出质量管理工作中的薄弱环节，还能揭示产品的主要缺陷及其形成的原因。二是按产品分类进行 ABC 分析。按产品分类对外部故障成本进行汇总分析，占外部故障成本总额 70%左右的产品属于 A 类，占 30%左右的为 B 类，其余占 10%左右的为 C 类，从中找出几种外部故障成本较高的产品作为重点研究对象。三是按产品的销售区域分析，不同的地理环境往往有可能引起不同的故障，按地区分析有利于查找原因，分析的结果对于改进产品设计、提高产品质量有很重要的意义。

4. 质量成本差异分析

质量成本差异分析主要是对企业中出现的质量成本严重差异情况作进一步的分析，找出原因，落实责任。实际上，质量成本差异的分析已经贯穿于上面的质量成本总额分析、质量成本结构分析和质量损失分析的过程中。

9.3.2　质量成本分析的方法

质量成本分析方法分为定性分析和定量分析两类。定性分析可以加强企业质量成本管理工作的科学性和实效性，有利于增强领导和员工的质量意识，同时为领导进行决策提供正确信息，帮助管理人员找出改进质量的措施。

定量分析分析的是能够计算出定量的经济效果，可以评价质量体系有效性的指标。其方法主要有以下几种：

1. 指标分析法

指标分析法是根据质量成本数据分析计算有关指标的方法。质量成本指标主要包括总量指标、结构百分比、增减变动和财务比率四类。对于质量成本分析的指标体系在下一节中将详细介绍。

2. 质量成本趋势分析

趋势分析的目的是掌握企业质量成本在一定时期内的变动趋势。其中又分为短期趋势与长期趋势两类。分析一年内各月的变化情况属于短期趋势分析；分析五年以上的变化情况属于长期趋势分析。趋势分析可采用图表形式描述。其最大的优点是在表中可显示具体的数值准确明了，同时在图中可以曲线表达、直观清晰。

3. 排列图分析

排列图分析是把质量成本构成项目按其数值的大小，作出排列图。从图中可以分析出影响质量成本的主要因素、次要因素和一般因素，然后针对主要因素，提出改进措施。采用排列图进行分析，不仅可以找出主要矛盾，而且可以层层深入，逐步展开。

例如，某企业产品质量成本的五个构成项目预防成本、鉴定成本、内部故障成本、外部故障成本和外部质量保证成本进行比较后按数值大小进行排列，其中内部故障成本最大，则说明其是主要因素；接着采用排列图找出影响内部故障成本的关键项目，假设找到的关键项目是废品损失；再继续采用排列图分析各车间所发生的废品损失金额在废品损失总额中所占的比率，找出关键项目；再根据关键项目继续采用排列图，一直分析到一个产品、一道工序、一个工位、一个操作者，直到最后能采取措施为止。这个过程可以用图 9-5 表示。

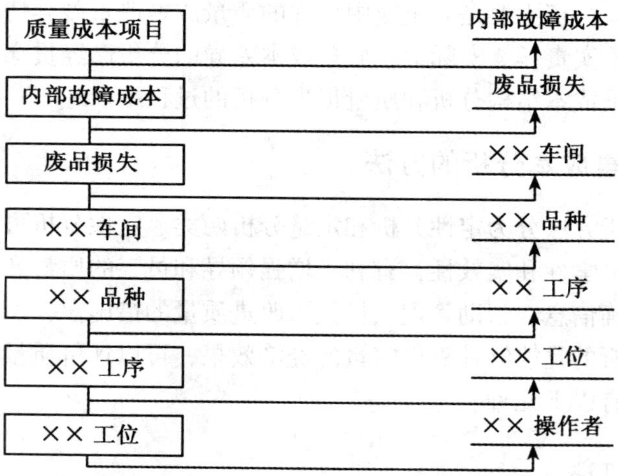

图 9-5　排列图分析法

4. 敏感性分析

敏感性分析是指质量成本四大项目的投入与产出在一定时间内的变化效果或特定的质量改进效果，以指标 α 表示。敏感度可表示为：

$$\alpha = \frac{\text{报告期内外部故障成本} - \text{基期内外部故障成本}}{\text{报告期预防成本与鉴定成本之和} - \text{基期预防成本与鉴定成本之和}}$$

(1) $\alpha>0$，说明内外部故障成本不仅没有降低，反而增加了，表示质量改进的效果很差。

(2) $\alpha=0$，说明报告期内外部故障成本与基期内外部故障成本相同，表示质量改进未取得成果。

(3) $0>\alpha>-1$，说明报告期质量改进取得了一定的成功，但投入大于产出，表示质量改进的效果欠佳。

(4) $\alpha\leqslant-1$，说明投入较少的预防成本和鉴定成本，却使质量显著提高，内外部故障成本大幅度降低，表示质量改进的效果很好。

9.3.3　质量成本分析的指标体系

为了有效地进行质量成本分析，需要建立必要的质量成本分析指标，用来定量地衡量质量的经济性和评价质量管理的有效性。质量成本指标按其用途和考核要求主要由总量指标、结构百分比、增减变动和财务比率四部分组成。

1. 总量指标

质量成本总量指标是指企业为确保满意的产品质量或服务所发生的费用以及因未能达到既定质量标准而发生的损失总和，一般表现为绝对数，是用货币形式反映质量工作直接成果的指标。这类指标一般有质量成本总额、预防成本总额、鉴定成本总额、内部故障成本总额、外部故障成本总额和外部质量保证成本总额。这些指标的含义与会计核算的内容一致。

2. 结构百分比

结构百分比是用百分比表示质量成本各项目的内部结构，它反映质量成本中各组成部分的比例关系，以便寻找适宜的质量成本。结构百分比实际上是一种特殊形式的财务比率，它适用于企业内部考核和分析，还可以作为控制费用支出和故障损失的计划指标。这类指标主要有：

(1) $\text{预防成本占质量成本总额的比率} = \frac{\text{预防成本}}{\text{质量成本总额}} \times 100\%$

(2) $\text{鉴定成本占质量成本总额的比率} = \frac{\text{鉴定成本}}{\text{质量成本总额}} \times 100\%$

(3) $\text{内部故障成本占质量成本总额的比率} = \frac{\text{内部故障成本}}{\text{质量成本总额}} \times 100\%$

(4) $\text{外部故障成本占质量成本总额的比率} = \frac{\text{外部故障成本}}{\text{质量成本总额}} \times 100\%$

(5)内外故障成本占质量成本总额的比率$=\frac{\text{内外故障成本}}{\text{质量成本总额}}\times 100\%$

(6)外部质量保证成本占质量成本总额的比率$=\frac{\text{外部质量保证成本}}{\text{质量成本总额}}\times 100\%$

(7)内外故障成本占预防成本的比率$=\frac{\text{内外故障成本}}{\text{预防成本}}\times 100\%$

(8)内外故障成本占鉴定成本的比率$=\frac{\text{内外故障成本}}{\text{鉴定成本}}\times 100\%$

3. 增减变动

增减变动是指在一定时期内，质量成本总额或其内部各项成本报告期相对于基期的变化量和增减率以及上述各项结构百分比指标的变动。通过对变化原因的分析研究，可以找出导致指标变化的主要原因，以便及时采取措施。这类指标可作为企业部门业绩考核的依据，主要有：

(1)增减变动额

①质量成本变动额=报告期质量成本总额-基期质量成本总额

②预防成本变动额=报告期预防成本-基期预防成本

③鉴定成本变动额=报告期鉴定成本-基期鉴定成本

④内部故障成本变动额=报告期内部故障成本-基期内部故障成本

⑤外部故障成本变动额=报告期外部故障成本-基期外部故障成本

⑥外部质量保证成本变动额=报告期外部质量保证成本-基期外部质量保证成本

(2)增减率

①质量成本变动率$=\frac{\text{质量成本变动额}}{\text{基期质量成本总额}}\times 100\%$

②预防成本变动率$=\frac{\text{预防成本变动额}}{\text{基期预防成本总额}}\times 100\%$

③鉴定成本变动率$=\frac{\text{鉴定成本变动额}}{\text{基期鉴定成本总额}}\times 100\%$

④内部故障成本变动率$=\frac{\text{内部故障成本变动额}}{\text{基期内部故障成本总额}}\times 100\%$

⑤外部故障成本变动率$=\frac{\text{外部故障成本变动额}}{\text{基期外部故障成本总额}}\times 100\%$

⑥外部质量保证成本变动率$=\frac{\text{外部质量保证成本变动额}}{\text{基期外部质量保证成本总额}}\times 100\%$

(3)结构变动

①预防成本占质量成本总额的比率变动=报告期预防成本占质量成本总额的比率-基期预防成本占质量成本总额的比率

②鉴定成本占质量成本总额的比率变动=报告期鉴定成本占质量成本总额的比率-基期鉴定成本占质量成本总额的比率

③内部故障成本占质量成本总额的比率变动=报告期内部故障成本占质量成本总额的比率-基期内部故障成本占质量成本总额的比率

④外部故障成本占质量成本总额的比率变动=报告期外部故障成本占质量成本总额的比率-基期外部故障成本占质量成本总额的比率

⑤内外故障成本占质量成本总额的比率变动=报告期内外故障成本占质量成本总额的比率-基期内外故障成本占质量成本总额的比率

⑥外部质量保证成本占质量成本总额的比率变动=报告期外部质量保证成本占质量成本总额的比率-基期外部质量保证成本占质量成本总额的比率

⑦内外故障成本占预防成本比率变动=报告期内外故障成本占预防成本比率-基期内外故障成本占预防成本比率

⑧内外故障成本占鉴定成本比率变动=报告期内外故障成本占鉴定成本比率-基期内外故障成本占鉴定成本比率

【案例分析 9-1】

某公司 2006 年与 2007 年的各项质量成本数据及其增减额、增减率和结构变动情况的分析如表 9-3 所示。

表 9-3　**公司质量成本规模和结构变动分析表**　单位：万元

项目	规模				结构(%)		
	2006 年	2007 年	增减额	增减率(%)	2006 年	2007 年	结构变动
预防成本	14. 13	11. 55	-2. 58	-18. 26	9	11	2
鉴定成本	32. 97	31. 50	-1. 47	-4. 46	21	30	9
内部故障成本	69. 08	44. 10	-24. 98	-36. 16	44	42	-2
外部故障成本	40. 82	17. 85	-22. 97	-56. 27	26	17	-9
合计	157	105	-52	-33. 12	100	100	0

4. 财务比率

财务比率是用倍数或比例表示的分数式，是质量成本与有关经济指标的比值，是用来反映质量工作水平高低的一种指标。这类指标主要有：

(1)产值质量成本率$=\frac{质量成本总额}{产值总额}\times 100\%$

(2)销售收入质量成本率$=\frac{质量成本总额}{销售收入总额}\times 100\%$

(3)销售利润质量成本率$=\frac{质量成本总额}{销售利润总额}\times 100\%$

(4)总成本质量成本率$=\frac{质量成本总额}{企业成本总额}\times 100\%$

(5)单位产品质量成本率$=\frac{质量成本总额}{合格产品产量}\times 100\%$

(6)利润故障成本率$=\frac{内外部故障成本}{销售利润总额}\times 100\%$

(7)单位产品质量成本率$=\frac{质量成本总额}{合格产品产量}\times 100\%$

(8)产值故障成本率$=\frac{内外部故障成本}{产值总额}\times 100\%$

(9)销售收入故障成本率$=\frac{内外部故障成本}{销售收入总额}\times 100\%$

(10)总成本故障成本率$=\frac{内外部故障成本}{企业成本总额}\times 100\%$

9.3.4 质量成本报告

质量成本报告是在质量成本分析的基础上写成的书面文件，是企业制定质量方针目标、评价质量体系的有效性和进行质量改进的依据。质量成本报告也是企业质量管理部门和财务部门联合对质量成本管理活动或某一典型事件进行调查、分析、建议的总结性文件，供领导及有关部门决策使用。

质量成本报告的内容与形式根据报告呈送对象而有所不同。给高层领导的报告，要求简明扼要地说明企业质量成本计划执行情况及趋势，着重指出报告期内改进质量和降低成本方面的效果及进一步改进的潜力；给中层部门的报告，除了报告总体情况外，还应该根据各部门的特点提供专题分析报告，使他们能从中发现自己部门的主要问题与改进重点。质量成本报告的频次，通常对高层领导较少，以一季度一次为宜；对中层或基层单位，以一月一次为宜，甚至可每旬报送一次，以便及时为有关领导和部门的决策和控制提供依据。质量成本报告应该由财务部门和质量部门联合提出，以保证成本数据的正确性，又有助于分析质量趋势。

1. 质量成本报告的内容

质量成本报告的内容一般包括质量成本数据、质量成本数据附注、质量成本分析情况说明书和质量改进建议四个方面。

(1)质量成本数据

质量成本数据应主要有质量成本核算数据、质量成本指标、质量损失的各种归集和质量成本差异归集四个方面。质量成本核算数据应包括：企业基期质量成本发生额和各构成项目金额；企业报告期内质量成本发生额和各构成项目金额；企业计划年度内质量成本累计额和构成项目累计金额。

质量成本指标应包括总量指标、结构百分比、增减变动和财务比率。总量指标一般有质量成本总额、预防成本总额、鉴定成本总额、内部故障成本总额、外部故障成本总额和外部质量保证成本总额；结构百分比一般有预防成本占质量成本总额的比率、鉴定成本占质量成本总额的比率、内部故障成本占质量成本总额的比率、外部故障成本占质量成本总额的比率、内外故障成本占质量成本总额的比率、外部质量保证成本占质量成本总额的比率、内外故障成本占预防成本的比率和内外故障成本占鉴定成本的比率；增减变动一般有质量成本变动额、预防成本变动额、鉴定成本变动额、内部故障成本变动额、外部故障成本变动额、外部质量保证成本变动额和上述结构百分比的变动；财务比率一般有产值质量成本率、销售收入质量成本率、销售利润质量成本率、总成本质量成本率、单位产品质量成本率、利润故障成本率、销售收入故障成本率、总成本故障成本率和产值故障成本率等。

质量损失的各种归集是企业按责任部门和产品分类归集的质量损失金额以及按质量缺陷、产品分类和顾客特点归集的外部质量损失金额。

质量成本差异归集是企业进行质量成本核算、质量成本指标计算和质量损失各种归集后，对于各项数据中与企业质量成本计划控制目标有偏差的项目，在质量成本报告中按偏差的严重程度排序列表。

(2)质量成本数据附注

质量成本数据附注是为了便于信息使用者理解质量成本数据，而对数据项目含义和成本数据的来源所作的解释。附注是对质量成本数据所作的更详细的补充与说明，也是质量成本报告的重要组成部分。

(3)质量成本分析情况说明书

质量成本分析情况说明书对企业质量成本分析的结果的说明，主要是对质量成本总额分析、质量成本结构分析、质量损失分析和质量成本差异分析等内容的说明。

质量成本总额分析主要包括企业质量成本的计划目标分析、相关指标分析和趋势分析三个方面；质量成本结构分析主要包括企业质量成本构成项目的计划目标分析和结构比例分析两个方面；质量损失分析主要包括企业责任部门质量损失分析、责任产品质量损失分析和外部故障成本分析三个方面；质量成本差异分析主要是对企业中出现的质量成本严重差异情况作进一步的技术经济分析，找出原因，落实责任。

(4)质量改进建议

根据企业质量成本分析结果而提出的质量改进建议，是供企业领导和各有关部进行决策和进一步制定改进措施用的。因此，企业质量改进建议既不是决策方案也不是具体的改进措施，只能是供选择的和指出企业质量改进方向的建议。如减少或避免质量缺陷的改进建议、质量成本构成的合理化建议和质量成本管理的改进建议等。

2. 质量成本报告的形式

质量成本报告的形式通常有报表式、图示式和陈述式三种形式。

报表式采用表格形式整理和分析企业质量成本数据，可供信息使用者简单明了地掌握企业质量成本的全貌。如质量成本构成项目汇总表和按产品质量特征分析汇总的质量成本报告表均属于报表式。

图示式采用主次因素排列图、柱状图、结构图和趋势图等方式整理和分析企业质量成本数据，让信息使用者一目了然地看出企业质量问题的关键所在。

陈述式通过文字叙述方式来描述企业质量成本发生的状况、问题和改进措施，它往往需要与图表结合起来分析，以便使报告更详细、更清楚。

在实际中，质量成本报告一般是将上述三种形式综合使用。采用表格、图示和陈述相结合的方式展示企业质量成本状况、揭示企业质量问题和阐述企业质量改进方向。这种综合的形式能满足企业领导和各有关部门等各层次的需要，有利于根据质量成本报告进行决策和制定企业质量改进措施。当然对于质量成本报告的基本要求是准确、及时、系统和全面。

目前，我们对质量成本的认识和应用还处于发展阶段。严格来说，质量成本并不属于成本会计范畴，而属于管理会计范畴。因此，研究质量成本的目的并不仅仅是为了计算产品成本，而更重要的是寻找改进质量的途径，达到降低成本的目的。

9.4 质量成本控制

质量成本控制是以降低成本为目标，把影响质量总成本的各个质量成本项目控制在计划范围内的一种管理活动。质量成本控制是以质量计划所制定的目标为依据，通过各种手段达到预期效果。因此，质量成本控制是完成质量成本计划、优化质量目标、提高质量水平、加强质量管理的重要手段，是质量成本管理的重点。

【小思考 9-2】

你能从财务管理的角度谈谈质量成本控制的意义吗?

质量成本控制最直接、最易见的优点是降低了静态成本和次品率，提高了质量水平。但从财务管理的角度看还有一个很重要的意义就是降低了资金占用率，减少了现金流出量，增加了现金净流量，从而提高了企业资金的运营能力。

9.4.1　质量成本控制的类型

1. 按照质量成本的形成过程分类

(1)事前控制，是对质量成本目标本身的控制。根据成本—收益原则，从主观上来讲，收集完全的信息需要巨额成本；从客观上来讲，未来具有很大的不确定性，企业不可能预测到未来所有的信息。因此，质量成本目标的制定，要分阶段进行，分别对不同的质量改进阶段制定不同的质量成本目标。即在制定了长期的质量成本目标之后，还要针对不同的质量改进阶段的不同情况拟定短期目标，短期目标随着质量改进阶段的逐步深入而不断调整。目标制定得恰当表示既要有可行性，又要有可控性。目标是控制的依据，要分解、展开到车间、品种、工序、工位和操作者，采用限额费用控制等方法作为各车间控制的标准，以便对成本进行检查和评价。

(2)事中控制，是对质量成本目标完成过程的控制和监督，是质量成本控制活动的重点。事中控制强调明确质量成本控制职能部门的职责和权力，建立规范的责任制度，运用质量成本信息反馈系统。企业可对生产经营全过程进行质量成本控制，即对开发、设计、采购、生产、销售服务几个阶段提出质量成本的要求，分别进行控制，对日常发生的成本对照基期进行检查对比，以便发现问题和采取改进措施，这是监督控制质量成本目标的重点和有效的控制手段。

(3)事后控制，着眼于未来工作的持续改进和质量成本的不断优化。事后控制重点反映了质量成本信息反馈系统的作用。经过事中控制，质量成本被限定在质量成本目标之内，比较控制前后质量成本的变化情况，可以看出质量成本控制的效果，以及质量改进活动的效率状况。将上阶段质量控制所取得的成效作为下阶段质量改进活动的起点，运用上阶段积累的质量控制经验，指导质量控制活动，从而使得质量成本持续下降，质量水平逐渐提高，不断推动企业工作质量以及产品或服务质量的提高以及质量成本的优化。

2. 按照质量成本的控制方式分类

(1)自我控制

企业质量成本的控制，首先是企业内部各部门的自我控制，即各部门内部按照质量成本管理方案，有效地实现企业质量成本计划控制目标。具体的控制活动主要有：一是明确企业质量成本的计划控制目标和质量成本方案；二是实行预防控制，严格执行企业质量成本控制程序，有效实施企业质量成本管理方案；三是对偏离企业质量成本计划控制目标的项目，及时查明原因并提出和实施改进措施。对于行之有效的控制活动，可制定标准化程序，颁布执行。

(2)监督控制

对于企业各部门能否自觉和有效地按计划实施质量成本管理方案和进行自我控制，还需要有监督机制加以约束。企业质量成本管理活动中的监督控制主要有财务监督、质量审核和检查考核等活动。

①财务监督。企业各责任部门的质量成本管理效果，必然表现在财务指标上。因此，在企业质量成本管理中实施财务监督，是一种极其有效的控制手段。

②质量审核。质量成本管理工作的审核内容主要包括：一是审核企业质量成本管理活动是否符合规定的质量成本管理程序和企业的质量成本管理方案的要求，其结果是否达到了规定的质量成本计划控制目标；二是审核企业质量成本管理程序文件、质量成本管理方案以及质量成本计划控制目标是否完善、正确和符合企业质量管理及经营发展目标的要求。因此，质量审核是监督企业各部门对质量成本管理活动进行自我诊断、自我调节和自我改善的重要控制手段。

③检查考核。企业的质量管理部门和财务部门必须密切合作，将质量成本计划控制目标层层展开，落实到各责任部门和责任岗位，并制定严格的考核细则，要与奖励制度、岗位责任制结合起来考核各责任部门、责任岗位的工作业绩，从而达到企业质量成本控制的目的。

9.4.2 质量成本控制的原则

企业在进行质量成本控制的过程中，必须遵循以下基本原则：

1. 成本最低化原则

质量成本控制的根本目的在于通过质量成本管理的各种手段，实现用尽可能少的劳动消耗和劳动占有，提供满足用户需要的产品质量，以获得尽可能多的收益。在实行成本最低化原则时，应注意降低成本的可能性和合理的成本最低化。一方面要挖掘各种降低质量成本的能力，使可能变为现实；另一方面要从实际出发，制定通过主观努力可能达到的合理的最低成本水平。

2. 全面成本控制原则

全面成本管理是全企业、全员和全过程的管理，也称“三全”管理。实现全面质量成本控制的有效途径是在进行质量成本分析时，采用排列图法。这种方法不仅可以找出主要矛盾，而且可以层层深入，逐步展开，一直分析下去，直到最后能采取措施为止。在进行全面质量成本控制时，应防止成本控制人人有责、人人不管的情况。

3. 动态控制原则

质量成本并不是一个静态的概念，所以企业一般要做质量成本的事前控制、事中控制和事后控制。同时质量成本是随着产品的更替、设备的改造经常进行调整的，因此最佳质量成本也是一个变化的数值，企业需要建立一个动态的质量成本闭环控制系统，使质量成本处于最佳的受控状态。如前面所讲的质量成本会计核算系统就是一种质量成本闭环控制系统，其基本理念可以用图 9-6 表示。

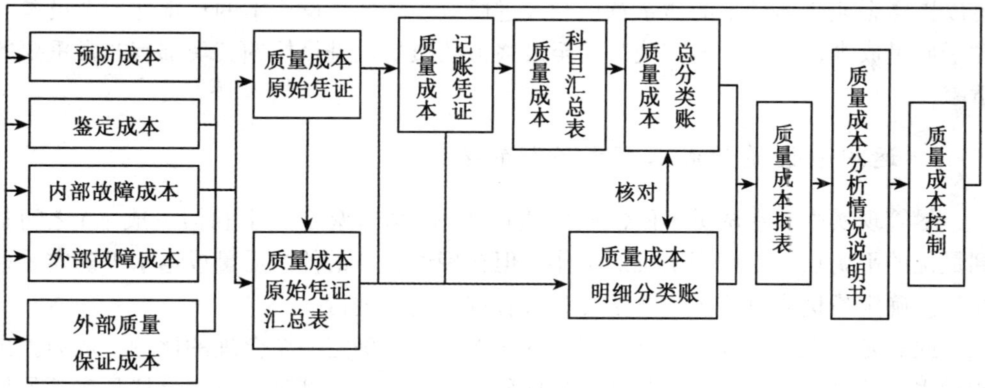

图 9-6 质量成本闭环控制系统

4. 目标管理原则

目标管理的内容包括：目标的设定和分解，目标的责任到位和执行，检查目标的执行结果，评价目标和修正目标，形成目标管理的规划（Plan）、执行（Do）、检查（Check）、操作（Act），即 PDCA 循环。

5. 责、权、利相结合原则

在质量成本控制过程中，要明确责、权、利，实行统一领导、责任归口、分级管理。各部门、各车间、各班组在肩负质量成本控制责任的同时，享有质量成本控制的权力。当然质量管理部门要对各部门、各车间、各班组在质量成本控制中的业绩进行定期的检查和考评，实行有奖有罚。只有真正做好责、权、利相结合的质量成本控制，才能收到预期的效果。

9.4.3 质量成本控制的方法

质量成本控制的方法一般有：限额费用控制的方法、围绕生产过程重点提高合格率水平的方法、运用最佳质量成本模型控制的方法和运用价值工程原理进行质量成本控制的方法等。企业应结合自己的实际情况选用适合本企业的控制方法。在此，我们将重点介绍以下两种控制方法：

1. 限额费用控制的方法

规范的质量成本限额的制定，使得质量改进工作有了一个定量的目标。质量成本限额具有阶段性的特征，即在持续质量改进的不同阶段质量成本限额也会不断变化，从而能够对各阶段的质量改进工作起到很好的指导作用。此外，明确的目标还可以提高企业全体员工的质量意识和改进质量、降低质量成本的自觉性。全员参与对于质量成本控制目标的实现，甚至最终持续质量改进目标的实现都有非常重要的贡献。

2. 运用最佳质量成本模型控制的方法

尽管现实中，在两类不同性质的质量成本(预防鉴定成本和损失成本)之间找到最优的平衡点，是相当困难的工作，但在理论上，最优的质量成本水平确实是存在的。确定最优质量成本的方法可参考合理比例法进行。

此法是根据质量成本各项目之间的比例关系，确定一个合理的比例，从而找出质量水平的适宜区域，而不是确定最优质量成本点。达到某一点的合格品率不易保持，而使合格品率保持在某一范围还是容易做到的。此法将图 9-3 中质量总成本曲线的最低点 A 所处的一段局部放大，放大的图形如图 9-7 所示。图 9-7 将质量总成本曲线分为三个区域：改善区、适宜区和至善区。

如果产品质量处于改善区(质量改进区域)，说明产品质量水平较低，损失成本高，这为企业敲响了警钟，企业应尽快采取措施，追加预防成本和鉴定成本的支出，尽可能地提高产品质量。如果产品质量处于至善区(质量过剩区域)，说明产品质量水平很高，甚至超过用户的需要，出现了不必要的质量成本损失，此时也是不可取的。理想的质量水平区域是适宜区(质量控制区域)，在这一区域内，质量适当、成本低、效益高。

质量成本诸项目间，客观地存在着一个合理的比例，当达到这一合理比例时，质量水平处于适宜区。有关研究人员对制造企业质量成本的平均水平的研究发现：就一般平均而言，质量成本中，预防成本占 10%左右，鉴定成本占 30%左右，损失成本占 60%左右。我国一些企业的实践证明这个比例基本上具有代表性。当然，

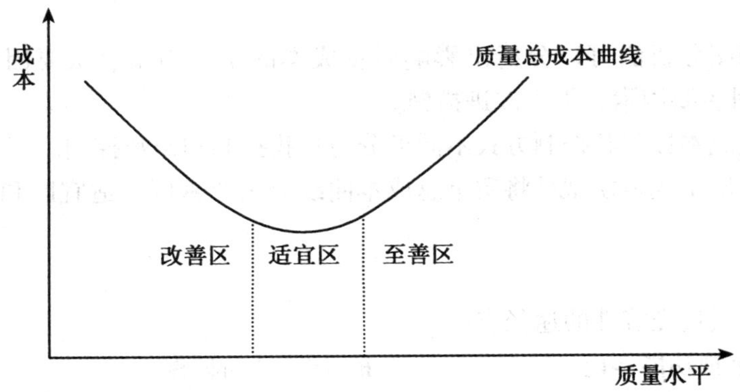

图 9-7　质量成本线

我们不能对此作绝对化理解，还应根据企业自身的具体情况来确定。

【小思考 9-3】

可以进行质量成本控制的措施有哪些？

进行质量成本控制的措施有很多，企业应根据自己的实际情况确定合适的措施。如对于施工项目而言，可以这样做：增加预防成本，强化全员质量意识；降低返工、停工损失，控制预算成本；健全材料验收制度，控制劣质材料带来的额外损失；减少质量过剩支出，等等。

【知识掌握】

□简答题

(1) 什么叫质量的经济性？提高质量经济性的途径有哪些？

(2) 什么叫质量成本？其构成是怎样的？

(3) 简述质量成本分析的内容和方法。

(4) 简述质量成本控制的原则和方法。

□判断题

(1) 质量经济性是指用尽可能少的劳动消耗和劳动占有，提供满足用户需要的产品质量，以获得尽可能多的收益。（　　）

(2) 利润最高时的质量水平，不是产品的最高质量水平。（　　）

(3) 质量水平与满足市场百分比是呈线性关系。（　　）

(4) 质量成本概念的是由质量管理学家朱兰博士最早提出的。（　　）

(5)质量成本会计核算系统的优点是数据准确、核算严密和资料全面等。 (　　)

(6)排列图分析法可以分析出影响质量成本的主要因素、次要因素和一般因素，然后针对主要因素，提出改进措施。 (　　)

(7)质量成本按照其控制方式不同可分为自我控制和监督控制。 (　　)

(8)最佳质量成本模型是将质量总成本曲线分为改善区、适宜区和至善区三个区域。 (　　)

□选择题

(1)提高质量经济性的途径有(　　)。

A. 重视功能匹配　　B. 注意质价匹配

C. 降低产品使用过程的成本　　D. 考虑延长产品的使用寿命

(2)质量成本的构成是(　　)。

A. 预防成本　　B. 鉴定成本　　C. 故障成本　　D. 外部质量保证成本

(3)敏感度可用α表示$\alpha = \dfrac{\text{报告期内外部故障成本} - \text{基期内外部故障成本}}{\text{报告期预防成本与鉴定成本之和} - \text{基期预防成本与鉴定成本之和}}$。在进行敏感性分析时，说明报告期质量改进取得了一定成功，但投入大于产出，表示质量改进的效果欠佳的是(　　)。

A. $\alpha>0$　　B. $\alpha=0$　　C. $0>\alpha>-1$　　D. $\alpha\leqslant-1$

(4)对质量成本进行财务比率分析的指标有(　　)。

A. 产值质量成本率　　B. 销售收入质量成本率

C. 总成本质量成本率　　D. 利润故障率

(5)质量成本按照其形成过程可分为(　　)。

A. 事前控制　　B. 事中控制　　C. 事后控制　　D. 自我控制

(6)进行质量成本控制的原则有(　　)。

A. 成本最低化原则　　B. 全面成本控制原则

C. 动态控制原则　　D. 责、权、利相结合原则

【知识应用】

□实践训练

参观和调查一家企业，看看其质量成本控制的过程和方法，然后写一份参观报告，报告内容包括企业简介、质量成本控制的现状、质量成本控制的缺陷、质量成本的分析情况和质量成本的改进措施。

实训目的：要求学生结合自己所学的理论知识，深入企业了解其质量成本的情况，并结合其缺陷提出建设性意见。

实训要求：仔细观察，认真听讲解，努力收集资料，然后进行综合整理，得出结论。

□案例分析

成本和质量是必须坚守的底线

某企业是中国微型汽车制造领域的领先企业之一，其“低成本、高价值”的运作模式，加上其外国合资方独有的质量管理体系和精益化生产管理方式，形成了其独特的发展模式，为企业的迅速壮大奠定了基础。

据了解，在微型车市场需求增长较缓甚至有所下降的情况下，该企业仅上半年的产销量就超过了 25 万辆，与上年同期相比增长了 45%以上，市场占有率达到 40%。而该企业的主打车型，市场保有量已高达 50 多万辆，在微型商用车领域独领风骚。

微型商用车一般能坐五六个人，还可以装货，而且价格、养护成本等都不高。顾客选择这类车型就是为了挣钱、致富。作为专业的微型车制造企业，该企业必须根据消费者的需求，对产品进行改进、升级，提升产品技术含量，并提供完善的优质服务。这是企业对消费者的责任。

该企业的低成本优势主要源于“创新管理”与“创新理念”。在产品研发上，不排斥国际合作，但一向坚持自己能做的就自己做，能在国内做，就不在国外做。同样的项目，与发达国家的汽车公司合作开发，成本要高出 1/5，这些多出的开发费用很可能会转嫁到客户头上。再说，外国人对我们的市场又了解多少？完全依靠外方力量，花大价钱不一定能取得好效果。

汽车要环保、节能、安全，这是企业要对社会承担的责任，但很可能会增加成本，这部分成本不会转嫁给消费者，而是由企业自身消化。增加的成本怎样才能消化？第一个条件就是企业自主创新，创新一定会带来成本降低。很多新技术应用于产品之上，并得到普及，在提高性能的同时，也相应地降低了成本。目前该企业品牌的产品平均市场售价是 3 万元，这在 5 年前是没有办法投资生产的。第二个条件就是把规模做大。从规模上取得效益，又从规模上降低成本，这是该企业目前所处的优势地位。

该企业坚守“成本和质量是两条底线”，在该企业的工厂内，每一个工人都以全球制造系统为准则，既提高了工作效率，优化了制造流程，也降低了生产成本。对于一个微型车企业来讲，守住了成本和质量的底线，就等于成功了一半。

问题：

(1)该企业是如何坚守“成本和质量是两条底线”的？

(2)结合案例给汽车行业提出质量成本管理方面的措施和要求。

□**综合实训**

1. 实训目的

(1)能用所学知识对企业质量成本管理进行分析；

(2)能结合企业具体情况提出质量经济性分析的一些措施。

2. 实训内容

背景资料：

某硬质合金厂已经确定了目标质量成本。管理人员在分析该车间质量成本时发现，废品损失是最主要的质量成本内容，于是将其作为控制质量成本的重点对象。在确定质量目标成本时，他们对造成废品损失的各个项目逐一分析并参考了历史资料，特别是近年来的资料以及同行业的先进水平，确定以分品种合格率以及全品种综合合格率作为目标值。在2010年实际水平的基础上，确立2011年的目标质量和质量成本为：综合合格率提高5%，不低于87%，质量成本费用下降52万元。

3. 实训要求

(1)以5~6人为一组，进行合理分工，每人应有明确任务；

(2)根据背景资料中企业定的质量成本控制目标，分阶段实施控制，请制订控制计划和控制措施；

(3)利用所学的成本考核指标进行模拟考核；

(4)考核各单位对质量成本管理开展情况，并制定质量改进措施；

(5)撰写实践报告，并做PPT；

(6)实践报告完成后设课堂讨论课，相互交流实训经验。

部分参考答案

第一章

判断题

(1)错；　(2)错；　(3)对；　(4)对；　(5)对

选择题

(1)B；　(2)C；　(3)D；　(4)A；　(5)ABCDE

第二章

判断题

(1)对；　(2)错；　(3)对；　(4)错

选择题

(1)B；　(2)C；　(3)A；　(4)A

第三章

判断题

(1)对；　(2)对；　(3)对；　(4)对

选择题

(1)A；　(2)A；　(3)B；　(4)C；　(5)D

第四章

单项选择题

(1)A;　(2)D;　(3)B;　(4)C

多项选择题

(1)BD;　(2)ABDE;　(3)AB;　(4)BD

实践训练

1. 作 $\overline{X}-R$ 控制图提示:

计算出控制界限

$\overline{X}$ 图控制界限为:

UCL= $\overline{\overline{x}}+A_2\overline{R}=5.4+0.577\times0.6=5.8$

CL= $\overline{\overline{x}}=5.4$

LCL= $\overline{\overline{x}}-A_2\overline{R}=5.4-0.577\times0.6=5.1$

R 的控制限为:

UCL= $D_4\overline{R}=2.114\times0.6=1.3$

CL= $\overline{R}=0.6$

LCL= $D_3\overline{R}=0$

评价该工序的工序状况:

$C_{pk}=0.517$ 小于 1.67，所以有必要加强工序控制和工艺改善，使 C_{pk} 得到提升。

第五章

判断题

(1)错;　(2)对;　(3)错;　(4)错;　(5)对

选择题

(1)ABC;　(2)ABCD;　(3)BC;　(4)ABCD;　(5)ABC

第六章

判断题

(1)对;　(2)对;　(3)错;　(4)错;　(5)对

选择题

(1)B； (2)A； (3)D； (4)AD； (5)C

第七章

判断题

(1) 1； (2)对； (3)对； (4)对； (5) 对

第八章

判断题：

(1)错； (2)对； (3)错； (4)对； (5)对

选择题

(1)ABCD； (2)ABCD； (3)ABCD； (4)ABC； (5)CBCD

第九章

判断题

(1)对； (2)错； (3)错； (4)错； (5)对； (6)对； (7)对；(8)对

选择题

(1)ABCD； (2)ABCD； (3)C； (4)ABCD； (5)ABC

参考文献

[1]韩福荣．现代质量管理学[M]．北京：机械工业出版社，2007.

[2]张公绪．新编质量管理学[M]．北京：高等教育出版社，2003.

[3]全国质量专业人员职业资格考试办公室．质量专业理论与实务(中级)[M]．北京：中国人事出版社，2003.

[4]刘光厅．质量检验[M]．北京：北京理工大学出版社，1990.

[5]王毓芳，郝凤．过程控制与统计技术[M]．北京：中国计量出版社，2001.

[6]于振凡，楚安静，乔丹·于．抽样检验教程[M]．北京：中国计量出版社，1998.

[7]王庆仁，康学政，信海江．抽样检验技术[M]．北京：中国计量出版社，1998.

[8]严珠．在产品质量监督抽样检验中如何选用抽样检验标准[J]．机械工业标准化与质量，2002(12).

[9]于皓．监督抽样检验与检收抽样检验的区别[J]．中国质量技术监督，2001(11).

[10]董维先，王培玲．建立风险意识树立实施统计抽样检验的信心[J]．质量春秋，2000(2).

[11]周富臣．计数抽样检验及其应用[J]．实用测试技术，2000(2).

[12]周玲玲，俞春花．计量调整型抽样检验系统的设计与实现[J]．统计与决策，2004(2).

[13]谷观哲．浅谈计数标准型抽样检验标准 GB/T13262 的使用[J]．质量监督与消费，2003(1).

[14]邹有为，陈巧红．计数抽样检验在质检中的应用[J]．企业标准化，2006(11)．
[15]张善诲．质量管理方法及应用[M]．北京：中国计量出版社，2007.
[16]钟朝嵩．实用品质管理[M]．厦门：厦门大学出版社，2005.
[17]文放怀．新品管手法[M]．广州：广东经济出版社，2004.
[18]齐怀林．品管新七手法实战[M]．广州：广东经济出版社，2006.
[19]水野滋．新全面质量管理七种工具[M]．北京：中国标准出版社，1991.
[20]杨志骅，吴满琳．6σ管理法初探[J]．市场周刊·财经论坛，2003(3)．
[21]杨跃进．6西格玛管理的组织形式[J]．中国质量，2003(4)．
[22]曹光求，董雄报．我国企业实施六西格玛管理的策略浅析[J]．产业与科技论坛，2007(7)．
[23]丁琳，李莜．提高企业核心竞争力推行六西格玛管理势在必行[J]．商品储运与养护，2007(4)．
[24]索清．谈六西格玛管理模式[J]．山西建筑，2003(12)．
[25]祝可嘉，张轶帆．实行6西格玛战略——企业追求卓越的阶梯[J]．中国质量，2003(2)．
[26]徐刚辉．浅析六西格玛管理在企业中的实施[J]．江西冶金，2007(4)．
[27]沙梅芳．浅析六西格玛管理法[J]．中国科技信息，2006(21)．
[28]蒋家东．企业如何推行六西格玛管理[J]．航空标准化与质量，2005(4)．
[29]何琬．六西格玛团队的构架与培训[J]．中国统计，2006(4)．
[30]冯楚胜．六西格玛理论与实施[J]．舰船科学技术，2007(6)．
[31]王丽颖．六西格玛管理模式解析[J]．建设机械技术与管理，2005(5)．
[32]张小洲．六西格玛管理法及实施[J]．嘉兴学院学报，2005(3)．
[33]朱波．六西格玛管理的实施步骤[J]．企业改革与管理，2003(12)．
[34]季忠．精益六西格玛在英格索兰工厂的应用[J]．通用机械，2007(9)．
[35]周天祥，陈秀云．通俗易懂的QCC——亲和图法[J]．中国质量，2003(4)．
[36]黄宜平．浅谈PDPC法在水运质量管理中的应用[J]．湖南交通科技，1989(2)．
[37]宋家定．质量管理新七种工具及其应用(之四)：PDPC法[J]．上海质量，1990(4)．
[38]葛秀才，夏爱根．PDPC法在建筑工程质量管理中的应用[J]．建筑管理现代化，1993(4)．
[39]吴俊钢．浅谈PDPC法在运输质量管理中的应用[J]．铁道技术监督，1999(1)．
[40]陈笃森，张士坚．矩阵图法在优化现场管理中的应用[J]．江苏企业管理，1997(7)．

[41]周天祥．通俗易懂的QCC——矩阵图法[J]．中国质量，2003(12)．
[42]杜斌，夏金昌，张良．用矩阵图分析导电铝线的质量与相关技术间的关系[J]．现代机械，2007(3)．
[43]苏薇芳，李津涛．系统图的应用与体会[J]．质量春秋，1993(6)．
[44]姚云．运用系统图法探求热处理零件质量保证手段[J]．绿洲技术，1992(1)．
[45]陈亿舜．新QC七大手法——企业实施ISO9000的强有力工具[J]．电子质量，1996(6)．
[46]汤洪涛，唐任仲．基于关联图和层次分析法的业务过程分析[J]．浙江大学学报(工学版)，2005(2)．
[47]邢彦锋，金隼，周江奇，陈关龙．基于关联图的车身零件装配序列规划[J]．汽车工程，2006(2)．
[48]唐羽．控制图法和矩阵数据分析法在软件缺陷管理中的应用[J]．现代计算机，2005(1)．
[49]宗蕴璋．质量管理[M]．北京：高等教育出版社，2005.
[50]娄庆松，曹少华．统计基础知识[M]．北京：高等教育出版社，2005.
[51]国家质量监督检验检疫总局质量司．质量专业理论与实务[M]．北京：中国人事出版社，2001.
[52]盘点式考试复习方法研究组．全国质量专业技术人员职业资格考试考点分级精解与习题库[M]．北京：中国水利水电出版社，2008.
[53]张公绪，孙静．新编质量管理学[M]．北京：高等教育出版社，2003.
[54]于启武．质量管理学[M]．北京：首都经济贸易大学出版社，2003.
[55]刘书庆，杨水利．质量管理学[M]．北京：机械工业出版社，2004.
[56]胡铭．质量管理学[M]．武汉：武汉大学出版社，2004.
[57]应可福．质量管理[M]．北京：机械工业出版社，2005.
[58]龚益鸣．质量管理学[M]．北京：清华大学出版社，2003.
[59]周黎明．质量控制技术[M]．广州：广东经济出版社，2003.
[60]杨永华．服务业质量管理[M]．深圳：海天出版社，2000.
[61]唐晓芬．六西格玛质量之旅——管理者读本[M]．北京：中国标准出版社，2002.
[62]徐苏云．大连三洋制冷质量成本管理实例[J]．财会信报，2008-03-31.
[63]刘宏．企业质量经济性管理的研究[J]．质量与管理，2006(10)．
[64]张玖萍．质量成本核算方法探讨[J]．金融管理，2008(2)．
[65]刘广第．质量管理学[M]．北京：清华大学出版社，2003.
[66]刘书庆，杨水利．质量管理学[M]．北京：机械工业出版社，2004.
[67]龚益明．现代质量管理学[M]．北京：科学出版社，2002.

[68]任家霞．施工项目管理与质量成本控制措施研究[J]．科技信息，2008(15)．
[69]王播．不同质量水平下的质量成本控制研究[M]．郑州：郑州大学出版社，2007.
[70]苏加滨．论质量成本的控制[J]．世界标准化与质量管理，2002(10)．
[71]财政部会计资格评价中心．财务管理[M]．北京：中国财政经济出版社，2007.
[72][英]John Harrison，John Lambert，等．资源与运营管理[M]．天向互动教育中心，编译．北京：中央广播电视大学出版社、清华大学出版社，2003.
[73]胡子谷．质量管理[M]．上海：上海交通大学出版社，2004.
[74]韩之俊，许前．质量管理[M]．北京：科学出版社，2003.
[75]宗蕴璋．质量管理[M]．北京：高等教育出版社，2007. 7
[76]全国质量专业技术人员职业资格考试办公室．质量专业理论与实务[M]．北京：中国人事出版社，2004.
[77]张弛，文放怀，张健．现代企业品质管理技术[M]．深圳：海天出版社，2001.

[68] 甘家武，施[illegible]：[illegible]与成本控制措施研究[J]. [illegible]，2008(14).
[69] 王[illegible]. 不同管理水平下的[illegible]成本控制研究[M]. [illegible]：[illegible]大学出版社，20[illegible].
[70] 张[illegible]. [illegible]成本控制[illegible]. [illegible]，2002(10).
[71] [illegible]财政部会计资格评价中心. [illegible]管理[illegible]. 北京：中国财政经济出版社，20[illegible].
[72] [美] John Harrison，John Lambert，等. 文[illegible]管理[M]. [illegible]，[illegible]出版社，[illegible]大学出版社，2003.
[73] [illegible]. [illegible]管理[M]. 上海：[illegible]交通大学出版社，200[illegible].
[74] [illegible]. [illegible]质量管理[M]. [illegible]：[illegible]出版社，2003.
[75] [illegible]. [illegible]管理[M]. [illegible]：[illegible]教育出版社，2007.
[76] 全国[illegible]专业技术[illegible]. [illegible]. 北京：中国人事出版社，2004.
[77] [illegible].